劳动争议处理规则与应对技巧

LABOR DISPUTE

HANDLING RULES AND COPING SKILLS

蔡飞 编著

法律出版社
LAW PRESS·CHINA
北京

图书在版编目(CIP)数据

劳动争议处理规则与应对技巧 / 蔡飞编著. -- 北京:
法律出版社, 2024(2025.7 重印)
ISBN 978-7-5197-8856-8

Ⅰ. ①劳… Ⅱ. ①蔡… Ⅲ. ①劳动争议-处理-研究
-中国 Ⅳ. ①D922.591.4

中国国家版本馆 CIP 数据核字(2024)第 037799 号

劳动争议处理规则与应对技巧
LAODONG ZHENGYI CHULI GUIZE
YU YINGDUI JIQIAO

蔡 飞 编著

责任编辑 陈昱希
装帧设计 李 瞻

出版发行 法律出版社
编辑统筹 法规出版分社
责任校对 翁潇潇
责任印制 耿润瑜
经 销 新华书店

开本 710 毫米×1000 毫米 1/16
印张 21.75 字数 297 千
版本 2024 年 3 月第 1 版
印次 2025 年 7 月第 3 次印刷
印刷 涿州市星河印刷有限公司

地址:北京市丰台区莲花池西里 7 号(100073)
网址:www.lawpress.com.cn
投稿邮箱:info@lawpress.com.cn
举报盗版邮箱:jbwq@lawpress.com.cn
销售电话:010-83938349
客服电话:010-83938350
咨询电话:010-63939796

书号:ISBN 978-7-5197-8856-8
定价:68.00 元
凡购买本社图书,如有印装错误,我社负责退换。电话:010-83938349

序言 Preface

时移世易，提笔又是岁末至！四年前的此时，我为我的首发新书《一本书读懂你不知道的劳动用工风险》写序，却不想到这本书在这期间默默卖了数万册。读者厚望如此，笔者不敢懈怠。因上开花，果上随缘，所以，《劳动争议处理规则与应对技巧》一书来了。

《劳动争议处理规则与应对技巧》在前书的基础上，对最常见的11类劳动争议中涉及裁判规则、答辩思路、应对技巧中的热点及疑难进行提炼总结，对争议较大的裁判问题予以厘清，同时也对劳动争议的程序作出释明。本书所涉及的劳动争议类型包括：(1)经济补偿；(2)赔偿金；(3)代通知金；(4)加班费；(5)未签劳动合同二倍工资；(6)年休假；(7)年终奖；(8)竞业限制；(9)确认劳动关系；(10)工伤认定；(11)工伤（职业病）等级认定及赔付等。

之所以编著此书，是为了助力劳资双方在这高速发展的时代洪流中共担风险、与时俱进、双向互惠。时代在变迁，社会在发展，然而，奋进之路却非坦途。世界百年变局叠加全球疫情，许多领域实现历史性变革、系统性重塑、整体性重构，各企业在劳动用工方面也面临诸多新问题新挑战。面对新形势下的劳动纠纷频发，如何合法合规用工，既是维护员工权益，最大程度调动员工积极性，更是保障企业利益，维持劳资关系和谐稳定，从而实现企业可持续发展的根本性问题。笔者结合实务中接到的案件类型和个人原创公众号“飞劳动法”的读者咨询，进行地毯式挖掘收集，整理了劳动争议的重难点、热点问题，力求做到问题全覆盖、导向前瞻性，以期对大家有所助益。

种一棵树，最好的时间是十年前，其次是现在。笔者当打之年，更要勤于治学，敏于思考。这几年在专业化道路精耕细作，取得小小成绩。经办案件获得最高人民法院2023年案例分析评选一等奖，也是唯一一个获得一等奖的劳动争议案件。该案对于填补新类态领域劳动争议法律空白、统一裁判尺度具有重要意义。此外，获评第七届“全国维护职工权益杰出律师”，2020年度全国律师行业最受关注人物，广州司法局、律师协会深化律师体制改革“30年30人30所”中的30名律师之一等。窃喜之余，更觉受之有愧。草著此书，不足之处，愿闻赐教，以资改进，不胜为盼。

最后，笔拙词穷，祝诸位“福启新岁，万事顺遂”，学法懂法，遇事不慌。

蔡　飞

2024年1月

目录 Contents

专题一 经济补偿争议

如果不是基于友好协商而导致的劳动合同解除或终止，就很有可能产生合同解除或终止的经济补偿争议。经济补偿的法律依据主要是《劳动合同法》第 46 条的规定，另外也散见在其他一些规则中。

从劳动合同解除的角度而言，经济补偿的产生原因主要有三个：一是劳动者基于用人单位在用工过程中的法定过错行使被迫解除权；二是劳动者虽无过错，但确实因本人原因不能从事或不能胜任该工作，或劳动合同订立时所依据的客观情况发生重大变化而导致劳动合同无法继续履行；三是用人单位作经济性裁员时，导致劳动合同的解除。

从劳动合同终止的角度而言，经济补偿的产生原因主要有两个：一是用人单位在合同期满后不与劳动者续签劳动合同；[①] 二是用人单位主体消亡，主要是指用人单位被依法宣告破产的情形以及用人单位被吊销营业执照、责令关闭、撤销或者用人单位决定提前解散的情形。

本专题主要从劳动合同解除或终止的情形出发，将经济补偿的法律规则、支付情形、支付标准予以明确。其中重点论述的是劳动合同解除时所涉的经济补偿问题，主要对双方协商解除、劳资中的一方单方解除的各种情形下，劳动者是否可以获得经济补偿进行说明，尤其是对于《劳动合同法》第 38 条

① 如果达到应当签订无固定期限劳动合同的情形时，而用人单位拒绝签订无固定期限劳动合同，则用人单位须支付违法终止的赔偿金。

规定的劳动者行使被迫解除权的各种情形下的相关常见、争议问题作详细说明。此外，用人单位对劳动者作非过错解除（主要涉及《劳动合同法》第 40 条）、用人单位实施经济性裁员（主要涉及《劳动合同法》第 41 条）等情形也是重要内容。另外，也涉及其他一些特殊情形下的热点、难点问题，至于劳动合同终止时所涉的经济补偿问题，因为争议不大，所以本专题中表述不多。

一、合同解除或终止，劳动者可以获得经济补偿的依据及其规则变化

劳动合同解除或终止时，劳动者在哪些情形下可以获得经济补偿？事实上，相应的规则一直在变化。

1 劳动合同解除或终止，关于须支付经济补偿的情形的规定有哪些？

对此主要有四个规定，但一般而言，司法实践中，裁判所引用的规则主要还是《劳动合同法》的规定，其他规定适用的比较少。

（1）《劳动合同法》第 46 条规定，有下列情形之一的，用人单位应当向劳动者支付经济补偿：①劳动者依照本法第 38 条规定解除劳动合同的；②用人单位依照本法第 36 条规定向劳动者提出解除劳动合同并与劳动者协商一致解除劳动合同的；③用人单位依照本法第 40 条规定解除劳动合同的；④用人单位依照本法第 41 条第 1 款规定解除劳动合同的；⑤除用人单位维持或者提高劳动合同约定条件续订劳动合同，劳动者不同意续订的情形外，依照本法第 44 条第 1 项规定终止固定期限劳动合同的；⑥依照本法第 44 条第 4 项、第 5 项规定终止劳动合同的；⑦法律、行政法规规定的其他情形。

（2）最高人民法院《关于审理劳动争议案件适用法律问题的解释（一）》

第 45 条规定，用人单位有下列情形之一，迫使劳动者提出解除劳动合同的，用人单位应当支付劳动者的劳动报酬和经济补偿，并可支付赔偿金：①以暴力、威胁或者非法限制人身自由的手段强迫劳动的；②未按照劳动合同约定支付劳动报酬或者提供劳动条件的；③克扣或者无故拖欠劳动者工资的；④拒不支付劳动者延长工作时间工资报酬的；⑤低于当地最低工资标准支付劳动者工资的。

（3）《劳动法》第 28 条、第 91 条也有相关的规定。其中第 91 条的规定与《劳动合同法》的规定有较大的差异，但包含在最高人民法院《关于审理劳动争议案件适用法律问题的解释（一）》第 45 条规定中，具体规定为：用人单位有下列侵害劳动者合法权益情形之一的，由劳动行政部门责令支付劳动者的工资报酬、经济补偿，并可以责令支付赔偿金：①克扣或者无故拖欠劳动者工资的；②拒不支付劳动者延长工作时间工资报酬的；③低于当地最低工资标准支付劳动者工资的；④解除劳动合同后，未依照本法规定给予劳动者经济补偿的。

（4）原劳动部办公厅《关于〈中华人民共和国劳动法〉若干条文的说明》第 91 条第 1 款规定，用人单位有下列侵害劳动者合法权益情形之一的，由劳动行政部门责令支付劳动者工资报酬、经济补偿，并可以责令支付赔偿金：①克扣或者无故拖欠劳动者工资的；②拒不支付劳动者延长工作时间工资报酬的；③低于当地最低工资标准支付劳动者工资的；④解除劳动合同后，未依照本法规定给予劳动者经济补偿的。

2 劳动合同终止，无须支付经济补偿的情形有哪些？

根据相关法律规定，主要有五种常见情形，其中《劳动合同法》中有 3 种，结合《劳动合同法实施条例》的规定的有 2 种。

《劳动合同法》第 46 条规定，有下列情形之一的，用人单位应当向劳动者支付经济补偿：“……（五）除用人单位维持或者提高劳动合同约定条件续订劳动合同，劳动者不同意续订的情形外，依照本法第四十四条第一项规定终止固定期限劳动合同的；（六）依照本法第四十四条第四项、第五项规定终止劳动合同的；……”第44条规定：“有下列情形之一的，劳动合同终止：（一）劳动合同期满的；（二）劳动者开始依法享受基本养老保险待遇的；（三）劳动者死亡，或者被人民法院宣告死亡或者宣告失踪的；（四）用人单位被依法宣告破产的；（五）用人单位被吊销营业执照、责令关闭、撤销或者用人单位决定提前解散的；（六）法律、行政法规规定的其他情形。”

结合上述两规则可知，劳动合同终止，无须支付经济补偿的情形有如下三种：（1）劳动者开始依法享受基本养老保险待遇的；[①]（2）劳动者死亡，或者被人民法院宣告死亡或者宣告失踪的；（3）原劳动合同期满，用人单位维持或者提高劳动合同约定条件续订劳动合同，劳动者不同意续订的。

另外，根据《劳动合同法实施条例》第5条[②]以及《劳动合同法》第71条的规定[③]，如下两种情形下，劳动合同的终止也无须支付经济补偿：①自用工之日起1个月内，经用人单位书面通知后，劳动者不与用人单位订立书面劳动合同的（这种名为劳动合同的终止，实际上是劳动合同的解除）；②终止非全日制用工的（这也是名为劳动合同的终止，实际上是劳动合同的解除）。

---

① 《劳动合同法实施条例》规定，劳动者达到法定退休年龄的，劳动合同终止，无须支付经济补偿，与《劳动合同法》的规定有不一致之处。具体可见本书中关于“达到法定退休年龄但未享受养老保险待遇是否存在劳动关系”的详细说明。

② 《劳动合同法实施条例》第5条规定，自用工之日起1个月内，经用人单位书面通知后，劳动者不与用人单位订立书面劳动合同的，用人单位应当书面通知劳动者终止劳动关系，无须向劳动者支付经济补偿，但是应当依法向劳动者支付其实际工作时间的劳动报酬。

③ 《劳动合同法》第71条规定，非全日制用工双方当事人任何一方都可以随时通知对方终止用工。终止用工，用人单位不向劳动者支付经济补偿。

3 《劳动合同法》增加了用人单位哪些解除、终止劳动合同须支付经济补偿的情形？

在《劳动合同法》实施之前，根据相关规则，尤其是配合《劳动法》实施的、由原劳动和社会保障部发布的《违反和解除劳动合同的经济补偿办法》（劳部发〔1994〕481号，已废止）中，在如下的劳动合同终止情形下，用人单位并无支付经济补偿的义务，是《劳动合同法》新增加的劳动者权益。

（1）增加了终止固定期限劳动合同须支付经济补偿金的情形。

（2）增加了宣告破产、用人单位被吊销营业执照、责令关闭、撤销或者用人单位决定提前解散须支付经济补偿金的情形（需注意的是，在用人单位生产经营困难之时，往往会考虑是以裁员的方式减轻用工成本或是将单位直接解散时，如果劳动关系建立的时间跨2008年的，则两者的经济补偿成本完全不同，如果是用人单位裁员的，则经济补偿要从入职之日起计算，如果是用人单位提前解散的，则经济补偿只需从2008年起计算）。

（3）增加了劳动者可以离职并主张经济补偿的权利的情形：①未依法缴纳社保；②用人单位的规章制度违反法律、法规的规定，损害劳动者权益的；③以欺诈、胁迫的手段或者乘人之危，使对方在违背真实意思的情况下订立或者变更劳动合同的；用人单位免除自己的法定责任、排除劳动者权利的；违反法律、行政法规强制性规定的情形致使劳动合同无效的。

4 公司未成立是否要支付解除或终止劳动合同的经济补偿？

《劳动合同法》第93条规定："对不具备合法经营资格的用人单位的违法犯罪行为，依法追究法律责任；劳动者已经付出劳动的，该单位或者其出资人应当依照本法有关规定向劳动者支付劳动报酬、经济补偿、赔偿金；给劳动者造成损害的，应当承担赔偿责任。”由此可知，不具备合法经营资格的用人单位违法雇用劳动者为其工作的，只要劳动者付出了劳动，非法用工单位或者其出资人就应当支付劳动报酬。按照《劳动合同法》的规定，用人单位合法解除、终止劳动关系，并且劳动者不存在过错的，单位就应当支付经济补偿，违法解除的则按照经济补偿的 2 倍向劳动者支付赔偿金。劳动者依照《劳动合同法》第 38 条的规定提出被迫辞职的，单位也应当支付经济补偿。司法实践中，对不具备合法经营资格的用人单位与劳动者之间产生的经济补偿、赔偿金的纠纷，也是按照依法成立的用人单位需要对劳动者承担的经济补偿金或赔偿金支付义务确定。另外，如果用人单位在合法成立前，已经雇用劳动者开始生产经营，一段时间后才取得营业执照的，其向劳动者支付经济补偿、赔偿金的年限，应当从实际用工之日起算。

5 用人单位抗辩经济补偿诉求，有哪些常见的理由或情形？

（1）劳动者以个人原因或以其他非《劳动合同法》第 38 条或其他非法律规定用人单位存在过错、须支付经济补偿的理由解除劳动关系的。

这其中最常见的是劳动者在辞职的申请书或通知书中明确，解除的理由为“个人原因”，一般而言，只要劳动者不以用人单位存在过错为由离职，后续在仲裁/诉讼中再以用人单位存在过错为由主张被迫离职的经济补偿，是不会获得支持的。

（2）劳动者提出，并经双方协商一致解除劳动关系的。

只有用人单位提出解除劳动关系的情况下，用人单位才有支付经济补偿的义务，所以在解除劳动合同的协议书中，由哪一方提出协商，尤为重要。

（3）劳动者在试用期间被证明不符合录用条件而被解除劳动关系的。

这里的劳动合同中约定或规章制度规定录用条件，且必须要求在试用期内被证明不符合，超过就不可以不符合录用条件为由终止劳动关系。

（4）因严重违反用人单位的规章制度而被解除劳动关系的。

这里的“规章制度”的制定尽量履行民主程序且必须公示或告知，尤其是何种情形属于“严重违反规章制度”应明确规定。

（5）因严重失职，给用人单位造成重大损害而被解除劳动关系的。

严重失职，是一种非故意的过错，这种情形下，需要造成重大损害才可解除。这种重大损害需要在规章制度中有明确规定，如损失多少或影响多大属于“重大”（但需要注意的是，有一些损失往往是因为购买了商业保险而难以定性为损失，则需要另外的表述，如定性为“事故金额”）。当然，如果确实影响很大，从常识判断也无争议的，则解除也合法。

（6）因营私舞弊而被解除劳动关系的。

关于“营私舞弊”，在《劳动合同法》的规定中是将“严重失职，营私舞弊，给公司造成重大损害”一起表述的，但这种表述存在问题，前者是过失所致，要求重大损害结果合理，但对于后者故意所造成的结果，主观恶意极大，不应要求有重大损害才可解除，也即以行为而非结果论处，事实上，很多案例也是这样裁判。出于谨慎，需要在规章制度中明确，此情形下即可解除，无须造成损失。

（7）劳动者同时与其他用人单位建立劳动关系，对完成本单位的工作任务造成严重影响，或者经用人单位提出，拒不改正而被解除劳动关系的。

实践中，要证明造成严重影响有难度，而要求用人单位提出且劳动者拒不改正才可解除，单位也难以接受，且劳动者可能往往很容易就提供了兼职单位的解除劳动合同证明。建议单位在规章制度、劳动合同中明确，兼职即为严重违反规章制度。

（8）劳动者以欺诈、胁迫的手段或者乘人之危，使用人单位在违背真实意思的情况下订立或者变更劳动合同而被解除劳动关系的。

按照现时的规则，所谓欺诈，常见情形为学历或经历造假，这种需要在劳动合同或招聘广告中明确学历或工作经历要求，学历或工作经历是劳动关系建立的前提，则可以此为由解除劳动合同。需要注意的是，并不是假学历就一定可以解除劳动合同。除了劳动合同或招聘广告中明确学历或工作经历为建立劳动关系的前提之外，还可考虑在规章制度及劳动合同中明确何种情形属于欺诈。

（9）因被依法追究刑事责任而被解除劳动关系的。

需要注意的是，如仅是采取拘留逮捕的强制措施，不属于被追究刑事责任，有生效的判决才行。在此之前，可以“暂时停止”劳动合同的履行。《关于印发〈关于贯彻执行《中华人民共和国劳动法》若干问题的意见〉的通知》（劳部发〔1995〕309号）第28条就明确规定：“劳动者涉嫌违法犯罪被有关机关收容审查、拘留或逮捕的，用人单位在劳动者被限制人身自由期间，可与其暂时停止劳动合同的履行。暂时停止履行劳动合同期间，用人单位不承担劳动合同规定的相应义务……”根据上述规定可知，此情形下先不要解除劳动合同，但工资、社保可以不发放或不缴纳，等有生效的刑事裁判依据时再处理。

（10）自用工之日起1个月内，经用人单位书面通知后，劳动者不与用人单位订立书面劳动合同而被解除劳动关系的。

这在《劳动合同法实施条例》第5条中有明确的规定：“自用工之日起一个月内，经用人单位书面通知后，劳动者不与用人单位订立书面劳动合同的，用人单位应当书面通知劳动者终止劳动关系，无需向劳动者支付经济补偿，但是应当依法向劳动者支付其实际工作时间的劳动报酬。”此情形下，用人单位无须支付经济补偿，但必须在1个月内发出两个书面的通知。

（11）解除非全日制用工劳动关系的。

《劳动合同法》第71条规定，非全日制用工双方当事人任何一方都可以随时通知对方终止用工。终止用工，用人单位不向劳动者支付经济补偿。

（12）因严重违反劳动纪律而被解除劳动关系的。

这在《劳动合同法》中没有规定，立法者认为，用人单位可以规章制度的方式明确，但事实上，立法且有漏洞，何况一个单位的规章制度。但《劳动法》仍有效，《劳动法》规定，仍可适用劳动纪律对员工进行处分，在该法的第25条中明确，严重违反劳动纪律的，可以解除劳动合同。[①]

（13）解除公益性岗位的劳动合同的。

《劳动合同法实施条例》第12条规定，地方各级人民政府及县级以上地方人民政府有关部门为安置就业困难人员提供的给予岗位补贴和社会保险补贴的公益性岗位，其劳动合同不适用《劳动合同法》有关无固定期限劳动合同的规定以及支付经济补偿的规定。

二、经济补偿标准及支付方式

1 经济补偿的标准如何确定？

《劳动合同法》第47条规定，经济补偿按劳动者在本单位工作的年限确定，以每满1年支付1个月工资的标准向劳动者支付。6个月以上不满1年的，按1年计算；不满6个月的，向劳动者支付半个月工资的经济补偿。

劳动者月工资高于用人单位所在直辖市、设区的市级人民政府公布的本地区上年度职工月平均工资3倍的，向其支付经济补偿的标准按职工月平均工资3倍的数额支付，向其支付经济补偿的年限最高不超过12年。

该条所称月工资是指劳动者在劳动合同解除或者终止前12个月的平均工资。

需要注意的是，经济补偿的标准指的是应发，即扣除相应税、费前的所有劳动报酬，包括季度和年度的奖金等。包括劳动者个人应承担的社会保险及住房公积金，但不包括用人单位承担部分。

---

① 《劳动法》第25条规定，劳动者有下列情形之一的，用人单位可以解除劳动合同：（1）在试用期间被证明不符合录用条件的；（2）严重违反劳动纪律或者用人单位规章制度的；（3）严重失职，营私舞弊，对用人单位利益造成重大损害的；（4）被依法追究刑事责任的。

2 劳动关系跨2008年的，经济补偿如何支付？

2008年1月1日起《劳动合同法》实施，该法对于经济补偿的规定，较之前的规则发生了一些变化，因而，如果劳动关系跨2008年1月1日的情形下，经济补偿的标准分别按《劳动合同法》实施前后的规则处理，如果之前是无须支付经济补偿的，则从2008年1月1日起算。依据是《劳动合同法》第97条第3款的规定："本法施行之日存续的劳动合同在本法施行后解除或者终止，依照本法第四十六条规定应当支付经济补偿的，经济补偿年限自本法施行之日起计算；本法施行前按照当时有关规定，用人单位应当向劳动者支付经济补偿的，按照当时有关规定执行。"

但人力资源社会保障部《关于第五批宣布失效和废止文件的通知》（2017年发布），把《劳动合同法》实施前经济补偿的规定——原劳动部《违反和解除劳动合同的经济补偿办法》废止，于是在一些特定情形下劳动合同解除或终止时，2008年前的经济补偿是否需支付，以及如何支付，又产生了相应的不确定因素，一般来讲，多数地区仍然参考《违反和解除劳动合同的经济补偿办法》的规则认定是否可以享受经济补偿，但可能计算标准会有调整（各地裁判标准不同，以各地的司法实践为准），尤其是涉及分段计算问题。有些地方则为了避免实施混乱，以"一刀切"的方式明确，不再分段计算。

例如，广东省高级人民法院、广东省劳动人事争议仲裁委员会《关于劳动人事争议仲裁与诉讼衔接若干意见》（粤高法发〔2018〕2号）第10条规定，原劳动部《违反和解除劳动合同的经济补偿办法》废止后，经济补偿月数上限、工作年限不满6个月经济补偿计发月数（笔者注：也即不再是不满1年统一按1个月计算）、经济补偿的计发基数问题统一适用《劳动合同法》第47条的规定。根据《劳动合同法》第97条第3款的规定，《劳动合同法》施行之日存续的劳动合同在该法施行后解除或终止的，依照《劳动合同法》第46条规定用人单位应当支付经济补偿的，补偿年限从该法施行之日起计算。在《劳动合同法》施行前，按照当时的规定用人单位应当支付经济补偿的，仍适用当时规定。

3 用人单位连续变更劳动者的用人单位，经济补偿是否连续计算？

应当连续计算，但如果前用人单位已支付经济补偿的除外，相应规则如下：

（1）《劳动合同法实施条例》第10条规定："劳动者非因本人原因从原用人单位被安排到新用人单位工作的，劳动者在原用人单位的工作年限合并计算为新用人单位的工作年限。原用人单位已经向劳动者支付经济补偿的，新用人单位在依法解除、终止劳动合同计算支付经济补偿的工作年限时，不再计算劳动者在原用人单位的工作年限。"

（2）最高人民法院《关于审理劳动争议案件适用法律问题的解释（一）》第46条第1款规定："劳动者非因本人原因从原用人单位被安排到新用人单位工作，原用人单位未支付经济补偿，劳动者依据劳动合同法第三十八条规定与新用人单位解除劳动合同，或者新用人单位向劳动者提出解除、终止劳动合同，在计算支付经济补偿或赔偿金的工作年限时，劳动者请求把在原用人单位的工作年限合并计算为新用人单位工作年限的，人民法院应予支持。"

（3）各地也有相应的明确规定，以广东为例。广东省高级人民法院、广东省劳动争议仲裁委员会《关于适用〈劳动争议调解仲裁法〉、〈劳动合同法〉若干问题的指导意见》① 第22条规定："用人单位恶意规避《劳动合同法》第十四条的下列行为，应认定为无效行为，劳动者的工作年限和订立固定期限劳动合同的次数仍应连续计算：……（二）通过设立关联企业，在与劳动者签订合同时交替变换用人单位名称的；……"

① 该文件虽已失效、但仍是重要参考，故书中仍会涉及。

4 劳动者的工作年限，由谁承担举证责任？

关于工作年限的举证责任，一般由用人单位承担。

最高人民法院《关于审理劳动争议案件适用法律问题的解释（一）》第44条规定："因用人单位作出的开除、除名、辞退、解除劳动合同、减少劳动报酬、计算劳动者工作年限等决定而发生的劳动争议，用人单位负举证责任。"根据上述规定可知，用人单位负有登记和保管劳动者入职资料的义务和责任，用人单位如未能提交反映员工入职情况的直接证据，法院则会采信劳动者主张的入职时间。虽然很多用人单位在员工入职时的确立即与员工签订了劳动合同，但也可能存在没有签订劳动合同或用人单位在仲裁/诉讼中没有据实提供前期所签订的劳动合同的可能，因而仅凭用人单位提供的劳动合同并不能排除在签订该劳动合同前劳动者就已入职的可能性，这就要求用人单位完善人力资源管理，如有相应的入职登记表等，并载明员工的入职时间，以避免争议时的举证不能。

5 劳动者工资收入多少，由单位还是劳动者举证？劳动者主张很高的工资却没有举证怎么办？

一般情况下，本应遵循"谁主张，谁举证"的原则处理，但工资的举证规则较为特殊。《劳动争议调解仲裁法》第6条规定："发生劳动争议，当事人对自己提出的主张，有责任提供证据。与争议事项有关的证据属于用人单位掌握管理的，用人单位应当提供；用人单位不提供的，应当承担不利后果。"另根据最高人民法院《关于民事诉讼证据的若干规定》第95条的规定："一方当事人控制证据无正当理由拒不提交，对待证事实负有举证责任的当事人主张该证据的内容不利于控制人的，人民法院可以认定该主张成立。"根据上述规定可知，举证责任遵循“谁主张，谁举证”的原则，但证据由相对方持有的，则相对方有举证的义务。

至于工资发放标准的证据，很明显是用人单位有义务且有能力提供。原劳动部《工资支付暂行规定》第 6 条第 3 款规定：“用人单位必须书面记录支付劳动者工资的数额、时间、领取者的姓名以及签字，并保存两年以上备查。用人单位在支付工资时应向劳动者提供一份其个人的工资清单。”因此，用人单位对于两年内的工资支付标准、数额等，是有义务且有能力持有的。

例如，《广东省工资支付条例》第 48 条就明确规定，工资标准由用人单位承担举证责任：因工资支付发生争议，用人单位负有举证责任。用人单位拒绝提供或者在规定时间内不能提供有关工资支付凭证等证据材料的，人力资源社会保障部门、劳动人事争议仲裁委员会或者人民法院可以按照劳动者提供的工资数额及其他有关证据作出认定。

用人单位和劳动者都不能对工资数额举证的，由劳动争议仲裁委员会或者人民法院参照本单位同岗位的平均工资或者当地在岗职工平均工资水平，按照有利于劳动者的原则计算确定。

6 经济补偿金数额的 3 倍工资封顶，应按照私营单位还是非私营单位的上年度职工月平均工资计算？

《劳动合同法》第 47 条第 2 款规定，劳动者月工资高于用人单位所在直辖市、设区的市级人民政府公布的本地区上年度职工月平均工资 3 倍的，向其支付经济补偿的标准按职工月平均工资 3 倍的数额支付，向其支付经济补偿的年限最高不超过 12 年。这里的上年度职工平均工资是一个较为宽泛的概念，并未明确是否按照单位所属的经济类型加以区分。国家统计局公布的职工平均工资至少包含城镇私营单位在岗职工平均工资、非私营单位在岗职工平均工资、全口径职工平均工资等类目，其中，非私营单位在岗职工平均工资通常高于其他标准。因此，在劳动仲裁、诉讼中，劳资双方就可能因为应当按照哪一类标准计算劳动者的工资产生争议。在各地法院的裁判中，虽然按照三类统计标准计算的案例都有，但在上述标准中，又以非私营单位在岗职工平均工资作为计算基数的最为常见。在法律无明文规定的情况下，裁判者对采用何种标准享有自由裁量权，但为何在多数案件中，都选择了非私营单位在岗职工平均工资作为计算标准？笔者认为，这可能与我国《劳动法》《劳动合同法》倾斜保护劳动者的立法精神相关，此外，在我国司法实践中，涉及损害赔偿、金钱给付类的案件中，通常是按照“就高不就低”的原则进行计算的，因此法官在裁判时也基本遵循了这一原则。

虽然在劳动法律制度中并未明确规定“就高不就低”的原则，但从其他法律文件中能够得到体现。例如，最高人民法院《关于审理人身损害赔偿案件适用法律若干问题的解释》第 18 条规定，赔偿权利人举证证明其住所地或者经常居住地城镇居民人均可支配收入高于受诉法院所在地标准的，残疾赔偿金或者死亡赔偿金可以按照其住所地或者经常居住地的相关标准计算。被扶养人生活费的相关计算标准，依照前款原则确定。最高人民法院《关于2013 年作出的国家赔偿决定涉及侵犯公民人身自由权赔偿金计算标准的通知》中明确：“《中华人民共和国国家赔偿法》第三十三条规定：‘侵犯公民人身自由的，每日赔偿金按照国家上年度职工日平均工资计算。’根据国家统计局2013 年 5 月 17 日发布的 2012 年城镇非私营单位在岗职工年平均工资（即原‘全国在岗职工年平均工资’）数额，2012 年城镇非私营单位在岗职工年平均工资为 47593 元，按照人力资源和社会保障部提供的日平均工资的计算公式，日平均工资标准为 47593（元）÷12（月）÷21.75（月计薪天数）=182.35 元。”

据此，各级人民法院在 2013 年作出国家赔偿决定时，对侵犯公民人身自由权每日的赔偿金应为 182.35 元。根据这一规定，最高人民法院明确，城镇非私营单位在岗职工平均工资即为原全国在岗职工平均工资。《劳动合同法》第 47 条规定的上年度职工月平均工资应当也可以作此理解。另外，各地区统计部门采用的统计类目名称有所不同，为更好地保护劳动者权益，法院一般也按照统计部门公布的平均工资数据中的最高金额确定 3 倍工资的计算基数。

以下的两个案例中，法院就采取这种原则。

在（2022）粤01民终5107号案中，广州市中级人民法院认为：

根据《劳动合同法》第47条的规定，经济补偿按劳动者在劳动合同解除前12个月的平均工资计算。劳动者月工资高于用人单位所在直辖市、设区的市级人民政府公布的本地区上年度职工月平均工资3倍的，向其支付经济补偿的标准按职工月平均工资3倍的数额支付，向其支付经济补偿的年限最高不超过12年。该条规定没有按企业性质区分上年度职工月平均工资。因此，某公司主张按城镇私营单位在岗职工月平均工资作为赵某平赔偿金的计算基数，依据不足。一审认定的赔偿计算基数更接近赵某平解除劳动合同前12个月的月平均工资，符合该条规定的理解，并无不当，法院予以维持。某公司主张按城镇私营单位在岗职工月平均工资作为计算赔偿金的基数，理由不充分，法院不予支持。

在（2021）京03民终8828号案中，北京市第三中级人民法院认为：

某公司确实存在拖欠张某工资的事实，张某以此为由向某公司提出解除劳动关系，某公司依法应支付张某解除劳动关系经济补偿金。某公司上诉主张一审核算的解除劳动关系经济补偿金有误。对此本院认为，2019年5月底，北京市人力资源和社会保障局、北京市统计局分别发布了两组不同的2018年全市的平均工资数据，北京市人力资源和社会保障局发布了全口径城镇单位就业人员平均工资，而北京市统计局发布的是法人单位从业人员平均工资。过去两局联合发布“北京市职工平均工资”的传统做法不复存在。2019年8月16日，北京市人力资源和社会保障局发布《关于按照法人单位从业人员平均工资计算经济补偿封顶基数的通告》，决定将北京市统计部门发布的北京市法人单位从业人员平均工资，作为《劳动合同法》规定的由当地政府公布的全市职工平均工资来计算经济补偿的封顶基数。经查，2019年北京市法人单位从业人员平均工资为140581元。按此计算，一审法院核定的某公司应当支付的经济补偿金数额正确，故予以维持。

7 经济补偿达到多少数额才需要纳税？

达到当地上年职工平均工资3倍数额以上部分才须缴税。

根据财政部、国家税务总局《关于个人所得税法修改后有关优惠政策衔接问题的通知》（财税〔2018〕164号）第5条第1款的规定：“（一）个人与用人单位解除劳动关系取得一次性补偿收入（包括用人单位发放的经济补偿金、生活补助费和其他补助费），在当地上年职工平均工资3倍数额以内的部分，免征个人所得税；超过3倍数额的部分，不并入当年综合所得，单独适用综合所得税率表，计算纳税。”

假定某市城镇非私营单位在岗职工年平均工资为120000元，每月为10000元，3倍则为360000元，所以如果计算的经济补偿金低于这个数字，是无须缴税的。

《劳动合同法》第47条第2款规定：“劳动者月工资高于用人单位所在直辖市、设区的市级人民政府公布的本地区上年度职工月平均工资三倍的，向其支付经济补偿的标准按职工月平均工资三倍的数额支付，向其支付经济补偿的年限最高不超过十二年。”基于该“双封顶”的规则，劳动者的经济补偿往往难以达到须缴纳个人所得税的标准。

8 用人单位与员工约定在职期间提前发放离职经济补偿是否有效？

司法实践中存在争议。一种观点认为有效，首先，此种发放形式的约定没有违反法律的强制性规定。其次，经济补偿并非劳动者必然能获取的利益，用人单位与劳动者就离职经济补偿的性质、提前发放的方式及数额进行明确约定，只要该约定未排除劳动者的主要权利，是双方的真实意思表示，就不属于无效的范畴。深圳就明确规定，经济补偿可以在每一期劳动合同期满时发放，但劳动合同不必终止。《深圳市中级人民法院关于审理劳动争议案件的裁判指引》第93条规定，对于用人单位与劳动者之间在劳动合同中约定，每一劳动合同履行期满由用人单位发放“解约补偿金”，或用人单位在劳动合同期满终止发放补偿金，后双方依然延续劳动关系的，在用人单位应当支付劳动者经济补偿时，应以其连续工作年限计发，但已领取的上述款项应予以扣除。

另一种观点认为无效，理由是经济补偿是用人单位与劳动者在解除劳动合同时产生的法律后果，在职期间双方劳动合同并未实际解除或终止，因而在职期间发放经济补偿，于法无据。此外，基于劳动关系的从属性，用人单位容易通过拆分工资结构等方式，将劳动者工资转化为在职期间提前发放的经济补偿，因而极易侵害劳动者的合法权益。

以广州为例，广州没有明确规定，但有裁判案例支持有效观点。在（2022）粤01民终9989号案中，广州市中级人民法院认为：

关于工龄补偿问题，某公司称每年向邬某发放工作年限经济补偿金，最后计算经济补偿金时应予以扣除，邬某对此予以否认，主张为年终奖。结合邬某签字确认的发放表可知，某公司在发放该笔费用时，已明确注明为“实发补偿金”“补偿金”“长期服务补偿金”“经济补偿金”等字样，邬某亦有签字确认，若相连几年中每年发放一次的该项费用为奖金，此种表述显然不合常理，如某公司制作的工资条所列内容，其发放的每笔报酬均有详细注明类别，亦不会产生歧义，且双方在终止劳动关系时，某公司亦有主张应在经济补偿金中扣除该笔费用，某公司的上述行为并不违反意思自治原则，亦不违反法律的强制性规定，故法院对邬某的此项主张不予采信，对某公司的此项主张予以采信，双方对仲裁认定的已发放的经济补偿数额为51816.53元均无异议，本院予以确认。

笔者建议，用人单位若要采用此种方式进行约定，可采取在劳动合同中明确约定每月或每年提前支付解除劳动合同的经济补偿金，并在每月发放的工资条列明、让劳动者写承诺书同意提前支付或出具收到经济补偿金的收条等方式，使约定更合理合法。

三、适用《劳动合同法》第36条、第37条规定，协商解除及劳动者单方解除的风险及规避

1 用人单位与劳动者协商一致解除劳动合同时，所约定的经济补偿能否低于法定标准？

关于这个问题，司法实践中存在不同的观点。

有观点认为，经济补偿金的标准属于法定事项，应当严格适用法律规定，不得以约定方式排除法律规定。用人单位约定经济补偿金低于法定标准的做法，损害了劳动者的利益。广东省有裁判案例支持该观点，在（2016）粤03民终3441号案中，裁判认为，对于解除劳动关系经济补偿……因该协议书中对解除劳动关系经济补偿约定的数额低于法定标准，且周某某并未明确表示放弃对不足额部分追索的权利，故某公司仍应按法定标准补足解除劳动关系经济补偿的差额部分。

有观点认为，劳动者协商同意经济补偿金低于法定标准的，应视为对自身权利的处分。除非劳动者能证明解除协议存在欺诈、胁迫、乘人之危等情形，否则解除协议应当尊重双方协商合意优先。首先，最高人民法院《关于审理劳动争议案件适用法律问题的解释（一）》第35条规定，劳动者与用人单位就解除或者终止劳动合同办理相关手续、支付工资报酬、加班费、经济补偿或者赔偿金等达成的协议，不违反法律、行政法规的强制性规定，且不存在欺诈、胁迫或者乘人之危情形的，应当认定有效。前款协议存在重大误解或者显失公平情形，当事人请求撤销的，人民法院应予支持。其次，《最高人民法院劳动争议司法解释（三）的理解与适用》一书中也支持该观点："协商解决纠纷的实效性和营造诚实信用的商业环境的必要性也要求，双方当事人在对合同解除或终止后双方权利义务的协议中作出的不同于法律规定标

准的经济补偿金的条款，应当认定为有效。”

2 辞职申请书与通知书有什么区别？用人单位如何处理？

员工单方解除劳动合同时，一般会写相应的辞职申请书，申请书中往往会写明辞职的理由。这种辞职申请书会引来一些争议，由于这种只是“申请”而非辞职通知书，有人认为应理解为员工发出解除劳动合同的协商。当然，这个还是要看内容的具体表述。对于用人单位而言，为了避免双方的劳动关系处于不确定的状态，应尽快予以回应，明确是否同意（也有裁判者认为，解除劳动合同的申请书事实上是一种单方解除的通知书，用人单位没有不同意的权利），并与劳动者明确劳动合同解除的时间。

3 辞职后发现怀孕了，是否可以撤回辞职通知书？

我们认为不可以。

员工发出解除劳动合同通知属主动提出解除劳动合同行为，《劳动合同法》第37条规定，劳动者提前30日以书面形式通知用人单位，可以解除劳动合同。劳动者在试用期内提前3日通知用人单位，可以解除劳动合同。从法律规定上来看，单方解除有充分的法律依据。

《劳动合同法》第38条规定，用人单位存在不提供劳动保护或劳动条件、未及时足额支付劳动报酬、未依法为劳动者缴纳社会保险费等违法事实的情况下，劳动者有权提出被迫解除劳动合同。不管劳动者主张的事由是否成立，用人单位收到解除通知时，都会导致劳动合同解除的效果。由此可见，《劳动合同法》第38条能够完整包含第37条的规范目的，劳动者依据被迫解除事由提出的辞职同样具有形成权的性质。并且依据《劳动合同法》第38条提出辞职的效果更为彻底，依据第 38 条第 1 款提出辞职的，只需提前通知单位即可，并没有提前 30 日的要求，依据第 2 款提出的，甚至都不需要提前通知。这样一来，从辞职到劳动合同解除就没有过渡期。而且劳动合同的解除是劳动者单方提出的，在被迫辞职成立的情况下，虽然单位存在过错，但法律为其规定的是承担惩罚性经济补偿的罚则，女职工并不能据此要求恢复劳动关系。如果被迫辞职不成立，可以认为劳动关系解除的原因在劳动者，单位也就没有恢复劳动关系的义务。广州市中级人民法院就明确，此种情形下不支持劳动者继续履行劳动合同的请求，广州市劳动争议仲裁委员会、广州市中级人民法院《关于劳动争议案件研讨会会议纪要》第 34 条就明确规定："劳动者依照《劳动合同法》第三十八条规定解除劳动合同后发现已怀孕，又再行请求继续履行劳动合同的，不予支持。"

所以，从理论上来看，解除劳动合同的行为属于形成权，形成权的行使不需要相对人的同意，只取决于权利人的单方意志，只要一方当事人提出，通知到达对方即可产生解除的效力。基于单方意思表示一经到达对方即为生效的典型特征，所以，理论上一般认为行使形成权的意思表示不得撤销。

4 劳动者发出解除劳动合同通知书后，在 30 天通知期内能反悔不离职吗？

根据《劳动合同法》第 37 条的规定，劳动者只要提前 30 日以书面形式将解除劳动合同的意思表示通知用人单位就能发生解除劳动关系的效果，即当用人单位收到解除的书面通知时，解除行为就已经生效。劳动者的单方预告解除权属于形成权，是一个单方法律行为。解除的通知到达用人单位后，其效力同时及于用人单位和劳动者，此时已经不具备撤回的前提条件，若不存在法定的可撤销事由，劳动者不得随意撤销或反悔。劳动者反悔的，该行为实际上是在行使请求权，单位作为相对人，其有权根据实际需要选择接受或拒绝。劳动者辞职后，单位基于工作交接、人事管理等的需要，通常会安排辞职的劳动者进行离职交接、薪资结算等相关事宜，并且根据用工需求招聘新的岗位继任者。在此情况下，如果允许劳动者单方撤销辞职通知，必然会对单位的工作秩序造成不利影响。此外，若劳动者在辞职的通知期限内患病或非因工负伤需要治疗的，劳动合同可依法顺延至医疗期满之日解除，此种情形下，劳动者也不享有反悔或撤销的权利。只有在出现工伤并且属于应当保留劳动关系等特殊情况时，劳动者才可能根据自己的意愿决定是否撤销或反悔。以下两案即持这种观点：

在（2021）川民申393号案中，四川省高级人民法院认为：

案涉离职申请表载明2019年6月26日提出辞职申请并明确7月25日离职，属于《劳动合同法》第37条规定的劳动者提前30日或3日单方预告解除的方式，无须用人单位作出是否同意的意思表示，属于形成权，解除的意思一经到达对方即发生法律效力。2019年7月2日曾某最早发出撤回或撤销离职申请的意思，已经超过撤回解除意思表示的时间，不发生撤回的后果，也不得对单方意思表示进行撤销，二审认定本案不构成违法解除劳动合同并无不当。

在（2014）沪二中民三（民）终字第1300号案中，上海市第二中级人民法院认为：

根据《劳动合同法》第37条的规定，劳动者提前30日以书面形式通知用人单位，可以解除劳动合同。即法律授权劳动者只要提前30日以书面形式通知用人单位就可以解除劳动合同，劳动者的辞职报告或辞职申请本身并不需要经过用人单位的批准或者同意。劳动者递交辞职报告单方解除劳动合同行为所指向的权利内容，属于解除劳动合同的形成权。劳动者在递交辞职报告时即已完成单方作出的于某日将解除劳动合同的意思表示，作为形成权的作为方式，毫无疑问已经完成了整个表意行为，因此劳动者不得单方撤销其解除劳动合同的意思表示。由于劳动者递交辞职报告行使的是形成权，形成权一旦行使，就不能撤销。本案中，郭某于2013年6月11日提出辞职，并明确其最后工作日期为2013年7月9日，该辞职申请到达某骏上海公司之时即已生效，但某骏上海公司并没有要求郭某延长其最后工作时间至提前30日通知期满，系某骏上海公司对其自身权利的处分，于法无悖。郭某主张其提出辞职后公司予以挽留，故其撤销了辞职申请，某骏上海公司对此不予认可，郭某亦无证据佐证，故某骏上海公司于2013年7月9日为郭某开具退工单并无不当。现郭某要求某骏上海公司支付其违法解除劳动合同的赔偿金没有事实与法律依据，法院不予支持。

5 协商解除劳动合同并履行完毕后，可主张重大误解要求撤销吗？重大误解应当如何认定（为什么发现怀孕后要求撤销协议不可以，但工伤却往往可以）？

根据民法理论，重大误解是指交易人在与相对人达成交易协议时，对于具有交易上重要性的内容存在错误认识，并基于该错误作出了与内心真意不一致的意思表示，导致其交易目的落空的情形。《民法典》第147条规定，基于重大误解实施的民事法律行为，行为人有权请求人民法院或者仲裁机构予以撤销。由于重大误解需要根据个案进行判断，法律并未规定统一的标准，裁判者对此具有一定的自由裁量权。在劳动用工领域，最高人民法院《关于审理劳动争议案件适用法律问题的解释（一）》第35条规定，劳动者与用人单位就解除或者终止劳动合同办理相关手续、支付工资报酬、加班费、经济补偿或者赔偿金等达成的协议，不违反法律、行政法规的强制性规定，且不存在欺诈、胁迫或者乘人之危情形的，应当认定有效。前款协议存在重大误解或者显失公平情形，当事人请求撤销的，人民法院应予支持。重大误解的前提是交易相对人对交易的内容存在误认，即若重大误解的行为人如果知道真实情况，就不会与相对人订立协议或达成交易。在协商解除劳动合同的协议中，较为典型的重大误解情形是劳动者发生工伤后，用人单位在劳动能力鉴定意见尚未作出之前即与劳动者签订了协商解除劳动合同的协议，当鉴定意见评定伤残等级后，劳动者发现协商解除协议的补偿标准低于法定标准，从而主张在签订协议时存在重大误解要求撤销的，可能会得到支持。虽然

《工伤保险条例》规定了不同伤残等级应当享受的工伤待遇，但在劳动能力鉴定意见尚未作出时，劳动者无法根据相应等级明确自己的工伤待遇标准，此时单位提出协商解除，可能对劳动者造成一定的误导。当然，如果协商解除协议确定的补偿标准高于工伤保险待遇的，也属于重大误解，但这样的误解对劳动者有利，若其以重大误解为由申请撤销的，该行为有违诚信，法院可能不予支持。在用人单位提出协商解除的情况下，若其以重大误解为由申请撤销的，同样属于不诚信的行为，也很难获得支持。与此相对，另外一种常被冠以重大误解之名的撤销事由是女职工在签订协商解除协议后发现自己怀孕，认为在签订协商解除协议时存在重大误解，并以此为由要求撤销协议继续履行劳动合同，此类情况一般不会得到法院支持。上述两种情形最本质的区别在于，以支付工伤待遇补偿为协商解除基础的情况下，补偿标准属于协议内容，对协议内容的误认才可能构成法律意义上的重大误解。劳动者在协议签订后才发现怀孕，该事实超出了协议内容的范围，主张重大误解是不恰当的。如果在协商解除期间，女职工预判到自己可能怀孕的，可以将该事实纳入协商的范围，从而保障自身权益。

在（2019）吉01民终1904号案中，长春市中级人民法院认为：

对于李某主张其因重大误解，才与某公司签订《协商解除协议书》，并向原审法院提供了公司工作人员与其协商解除劳动合同时的录音证据，根据该录音，能够证明公司的工作人员多次向李某阐述即使李某被认定为工伤，其得到的相应补偿数额亦没有与公司协商解除劳动合同获得的补偿数额多，致使李某对其补偿问题产生重大误解。同时，鉴于李某的知识水平，其与某公司签订《协商解除协议书》时无法预见到因患职业病被认定为五级伤残，故原审法院以李某存在重大误解为由，根据最高人民法院《关于审理劳动争议案件适用法律若干问题的解释（三）》第10条①，即“劳动者与用人单位就解除或者终止劳动合同办理相关手续、支付工资报酬、加班费、经济补偿或

① 该司法解释已失效，现对应条文为最高人民法院《关于审理劳动争议案件适用法律问题的解释（一）》第35条。

者赔偿金等达成的协议，不违反法律、行政法规的强制性规定，且不存在欺诈、胁迫或者乘人之危情形的，应当认定有效。前款协议存在重大误解或者显失公平情形，当事人请求撤销的，人民法院应予支持”的规定，撤销了李某与某公司签订的《协商解除协议书》并恢复了二者之间的劳动关系并无不当，应予维持。

在（2018）京0105民初40870号案中，北京市朝阳区人民法院认为：

第一，最高人民法院《关于审理劳动争议案件适用法律若干问题的解释（三）》第10条规定，劳动者与用人单位就解除或者终止劳动合同办理相关手续、支付工资报酬、加班费、经济补偿或者赔偿金等达成的协议，不违反法律、行政法规的强制性规定，且不存在欺诈、胁迫或者乘人之危情形的，应当认定有效。前款协议存在重大误解或者显失公平情形，当事人请求撤销的，人民法院应予支持。根据该条款的规定，只要劳动者与用人单位签订的协商解除协议不存在违反法律、行政法规，且不存在欺诈、胁迫或者乘人之危的法定情形，协议就应当认定为有效。本案中，《协商解除劳动关系协议》的内容并未违反法律、行政法规的强制性规定，龚某亦未举证证明某公司在签订协议的过程中存在欺诈、胁迫或者乘人之危的情形，故该协议合法有效。第二，最高人民法院《关于审理劳动争议案件适用法律若干问题的解释（三）》第10条第2款赋予了当事人对于所签协议的撤销权，该撤销权的行使只有两个条件，存在重大误解或者显失公平。根据龚某提交的录音，双方在签订协议前已进行了充分协商，龚某亦就怀孕的相关问题与某公司进行了沟通，故其对于怀孕以及协议生效的法律后果均已知悉，该协议的签订并不存在重大误解的情形。另，该协议约定了解除劳动合同的经济补偿金，补偿金的数额不低于法律规定的计算标准，约定的劳动合同解除日期相较签订日期延后了1个月，充分给予了龚某进行调整及办理工作交接的时间；而龚某在录音中曾表示自己在签订协议前提出可能要怀孕的问题，但协议里并未设置特别条款就其若怀孕劳动合同如何处理进行约定，其以签署协议的行为作出了自身的意思表示对该协议予以认可，故该协议亦不存在显失公平的情形。第三，《劳动合同法》第42条规定，女职工在孕期、产期、哺乳期的，用人单位不得依照本法第40条、第41条的规定解除劳动合同，该条款并未规定用人单位不得与怀孕女职工协商解除劳动合同，故不论龚某在签订协议前怀孕抑或签订协议后怀孕，某公司均可与其就劳动合同解除事宜进行协商，龚某亦可就此充分发表意见，因龚某可以自身意愿决定是否签订该协议，故其作为完全民事行为能力人，应慎重对待签署协议的法律后果。综上，龚某与某公司签订的《协商解除劳动关系协议》不违反法律、行政法规的强制性规定，不存在欺诈、胁迫或者乘人之危且不存在重大误解或者显失公平的情形，法院认为该协议体现了双方当事人的真实意思表示，应属合法有效，其效力应受到法律保护，故龚某关于撤销《协商解除劳动关系协议》，继续履行劳动合同的请求缺乏事实及法律依据，法院不予支持。

四、劳动者单方辞职可获得经济补偿的认定

1 劳动者单方辞职可获得经济补偿，主要有哪些规定？

主要有以下4个规定。

（1）《劳动合同法》第46条规定，有下列情形之一的，用人单位应当向劳动者支付经济补偿：“（一）劳动者依照本法第三十八条规定解除劳动合同的……”

（2）最高人民法院《关于审理劳动争议案件适用法律问题的解释（一）》第45条规定，用人单位有下列情形之一，迫使劳动者提出解除劳动合同的，用人单位应当支付劳动者的劳动报酬和经济补偿，并可支付赔偿金：①以暴力、威胁或者非法限制人身自由的手段强迫劳动的；②未按照劳动合同约定支付劳动报酬或者提供劳动条件的；③克扣或者无故拖欠劳动者工资的；④拒不支付劳动者延长工作时间工资报酬的；⑤低于当地最低工资标准支付劳动者工资的。

（3）《劳动法》第91条规定，用人单位有下列侵害劳动者合法权益情形

之一的，由劳动行政部门责令支付劳动者的工资报酬、经济补偿，并可以责令支付赔偿金：①克扣或者无故拖欠劳动者工资的；②拒不支付劳动者延长工作时间工资报酬的；③低于当地最低工资标准支付劳动者工资的；④解除劳动合同后，未依照本法规定给予劳动者经济补偿的。

（4）原劳动部办公厅《关于〈中华人民共和国劳动法〉若干条文的说明》第 91 条第 1 款规定，用人单位有下列侵害劳动者合法权益情形之一的，由劳动行政部门责令支付劳动者工资报酬、经济补偿，并可以责令支付赔偿金：①克扣或者无故拖欠劳动者工资的；②拒不支付劳动者延长工作时间工资报酬的；③低于当地最低工资标准支付劳动者工资的；④解除劳动合同后，未依照本法规定给予劳动者经济补偿的。

2 《劳动合同法》第 38 条的第 1 款和第 2 款相比，劳动者行使被迫解除权是否一律需要提前通知？

《劳动合同法》第 38 条规定了劳动者可单方解除并可以获得经济补偿的情形：用人单位有下列情形之一的，劳动者可以解除劳动合同：（1）未按照劳动合同约定提供劳动保护或者劳动条件的；（2）未及时足额支付劳动报酬的；（3）未依法为劳动者缴纳社会保险费的；（4）用人单位的规章制度违反法律、法规的规定，损害劳动者权益的；（5）因本法第 26 条第 1 款规定的情形致使劳动合同无效的；（6）法律、行政法规规定劳动者可以解除劳动合同的其他情形。

用人单位以暴力、威胁或者非法限制人身自由的手段强迫劳动者劳动的，或者用人单位违章指挥、强令冒险作业危及劳动者人身安全的，劳动者可以立即解除劳动合同，无须事先告知用人单位。

上述条文规定了特定情形下，劳动者可以立即解除劳动合同，无须事先告知用人单位，从这里似乎可以得出一个结论，适用第 1 款解除时，劳动者还是需要履行一定的提前通知义务。当然，仅从第 2 款的规定来反证第 1 款，即认定劳动者须提前通知，过于牵强，以下是笔者觉得须提前通知的理由。

第一，从立法技术层面上来看。措辞严谨的《劳动法》是明确将两者区别的，只有在第2款的情形下，劳动者才不需要提前通知用人单位。

第二，从规定内容上来看，第1款规定主要针对的是用人单位损害劳动者的劳动保护、劳动报酬、福利等主要是经济利益受损害的情形，而第2款规定针对的是劳动者的人身自由及安全可能被危害的情形，针对的是劳动者的自由、健康等人身权利，两者在内容上有根本区别。

第三，从立法意图上来看，通过上面的第二点可以看出，在第38条第1款及第2款中企业对于劳动者权益的侵犯程度是完全不同的，对于第二种已涉及人身安全的情形下，如果还机械地要求劳动者通知用人单位才可以解除劳动合同，则损害有进一步扩大的可能性，更不符合自由、生命健康权优于财产权利的法律之本意。由此也就能理解，为什么即使在用人单位的违法行为已损害劳动者的经济利益或对于人身损害并不明显的情况下（劳动保护不足）之所以没有规定劳动者可以立即解除劳动合同，是为了尽量将经济利益的损失降至最低，不能因为用人单位损害了劳动者的经济利益，劳动者就可以不顾用人单位的利益，不作任何的交接，不给用人单位合理的时间做准备以降低损失，这种损害他人经济利益以保护自己经济利益的行为，显然不属于合理的、理性的行为，既然不合理，就更遑论合法性了。

第四，两者所违反的法律类型也不同，第1款违反的是劳动法及行政法律规定，而第2款所违反的是刑事法律规定。对于第2款的行为所构成或可能构成的犯罪行为，《刑法》均有明确的规定，其中第244条第1款规定："以暴力、威胁或者限制人身自由的方法强迫他人劳动的，处三年以下有期徒刑或者拘役，并处罚金；情节严重的，处三年以上十年以下有期徒刑，并处罚金。"根据该规定，只要存在强迫劳动的情形，即已构成"强迫劳动罪"，而第134条第2款规定："强令他人违章冒险作业……因而发生重大伤亡事故或者造成其他严重后果的，处五年以下有期徒刑或者拘役；情节特别恶劣的，处五年以上有期徒刑。"根据该规定，强令他人违章冒险作业，在发生重大伤亡或其他严重后果的情况下，即已构成强令违章冒险作业罪。由此也可理解，在用人单位已违反或可能违反刑事法律规定，已构成或可能构成犯罪的情况下，单独规定劳动者不需要提前通知用人单位，其立法的意义在于明显区别用人单位仅违反劳动法及劳动行政法规的情况下，劳动者应适当提前通知用人单位解除劳动合同。

第五，从立法的变化来看，也可印证这一点。在用人单位违约或违反法律规定的情形下，关于劳动者解除劳动合同权利的法律规定，也体现了在保护劳动者合法权益的前提下，更加兼顾合理的及社会效益的慎重态度。1995年1月1日起实施的《劳动法》第32条中规定，“（二）用人单位以暴力、威胁或者非法限制人身自由的手段强迫劳动的；（三）用人单位未按照劳动合同约定支付劳动报酬或者提供劳动条件的”。当时是没有区别用人单位损害劳动者财产权益还是人身权益的，而2008年1月1日起实施的《劳动合同法》，则将两者作了明确的区分，这足以证明立法者在这个问题的处理上更加缜密。

以上是笔者的个人理解，但基于劳动法律规则对劳动者侧重保护的立法本意以及司法要求，因而裁判者对于劳动者是否须提前通知而解除并不会过于关注。不过在司法实践中，也确有裁判持这样的观点，认为没有适当的提前，并不合理，因而认为劳动合同并没有解除。

3 劳动者申请仲裁是否可视为解除劳动合同？

原则上，劳动者单方解除劳动合同的，须履行通知用人单位的义务才能发生劳动合同解除的效果。但在现实中，有些劳动者在没有通知单位的情况下直接就双方有争议的事项申请仲裁，当用人单位收到仲裁申请书副本时，是否可以视为双方劳动关系已经解除，理论上存在一些争议。有人认为应当根据不同的情况分别讨论。如果劳动者在申请仲裁时明确将解除劳动关系的意思表示写入仲裁申请书，或虽未明确作出解除劳动合同的表示，但其主张的权利是以劳动关系解除为前提的，如要求支付经济补偿金的，在此情况下，用人单位收到仲裁申请书副本之日，即表示劳动者已经将解除劳动关系的意思表示通过申请仲裁以及仲裁机构送达申请书副本的行为，以书面形式通知了用人单位。如果劳动者解除的依据是《劳动合同法》第37条，按照该条规定进行审查，可能存在期限上的瑕疵，但因为劳动者的辞职权属于形成权，只须通过单方行为就可以实现，即使存在通知期限瑕疵，但尚不足以影响解除的效力。劳动者若依据《劳动合同法》第38条规定的各项理由解除的，无论解除事由是否成立，因劳动者享有任意解除权，仲裁申请书副本到达用人单位时，仍能发生解除的效果。

笔者所见，司法实践中基本都认为从用人单位收到具有解除劳动合同或支付经济补偿请求的申请书副本之时为劳动关系解除之时。

五、《劳动合同法》第38条中“未按照劳动合同约定提供劳动保护或者劳动条件”的认定

1 超时加班是否属于不提供劳动条件？劳动者可否主张被迫离职的经济补偿？

有观点认为，超时加班剥夺了劳动者的休息权利，而合理的休息属于劳动条件之一，因而超时加班属于不提供劳动条件，可以行使被迫解除权。但有观点认为，加班超过36小时的问题，属于《劳动合同法》第17条劳动合同条款之一“工作时间和休息休假”的内容，但并不属于《劳动合同法》第38条规定的可被迫解除的情形，也即工作时间和休息休假的相关问题并不是被迫解除的事由之一。《劳动合同法实施条例》第18条第10项的规定为“用人单位违反法律、行政法规强制性规定的”劳动者可以解除劳动合同，因而，该法条也只是赋予劳动者解除劳动关系的权利，并未赋予原告可据此获得经济补偿的权利，所以以月超时36小时作为获取经济补偿的理由，无法律依据。在以下的两个案例中裁判者均持第二种观点：

在（2017）粤04民终1518号案中，珠海市中级人民法院认为：

关于经济补偿金。肖某某提出解除劳动合同时的理由是用人单位的规章制度违反法律、法规的规定，损害劳动者权益，其在诉讼中又提出用人单位违反法律、行政法规的强制性规定，事实依据是华某公司延长工作时间超过每月36小时。法院认为，本案中，华某公司并未以规章制度的方式规定加班工作时间。《劳动合同法实施条例》第18条规定的“用人单位违反法律、行政法规强制性规定”，劳动者与用人单位解除劳动合同的情形中，并非所有用人单位违反法律、行政法规强制性规定的情况下劳动者均有权解除劳动合同，而应是用人单位违反法律、行政法规强制性规定的行为损害了劳动者权益的，劳动者才有权解除劳动合同。另外，《劳动法》第41条规定：“用人单位由于生产经营需要，经与工会和劳动者协商后可以延长工作时间，一般每日不得超过一小时；因特殊原因需要延长工作时间的，在保障劳动者身体健康的条件下延长工作时间每日不得超过三小时，但是每月不得超过三十六小时。”从该条的文字含义和立法原意看，不超过36小时的前提是用人单位单方面的“生产经营需要”，且并未明确“经与工会和劳动者协商”的结果必须是劳动者同意，因此，该条文目的在于禁止用人单位主动安排劳动者非自愿加班超过时限，而对于用人单位与劳动者均同意延长工作时间的情形并未明确规定。本案中，并无证据显示华某公司存在强迫加班行为或对其不加班行为会采取惩罚措施的事实，且肖某某已领取了相应的加班工资，故应认定肖某某的加班行为是自愿的。在劳动者本身依法有权选择拒绝加班的情形下，却同意加班并领取加班工资，不足以认定用人单位已违反了法律、行政法规的强制性规定，也难谓损害了劳动者的权益。劳动者又以此为由提出解除劳动合同，有违诚信原则。在此情况下，故肖某某提出解除劳动合同的行为并不符合《劳动合同法》《劳动合同法实施条例》规定的劳动合同解除并由用人单位支付经济补偿金的条件，一审判决对其此项请求予以驳回亦无不当，法院予以维持。

在（2021）粤0112民初16572号案中，广州市黄埔区人民法院认为：

虽然邓某某每月的加班时间超过36小时，但某公司已按法定标准支付了加班工资，邓某某也确认之前并未向某公司提出过异议，可视为邓某某对加班是自愿的。在劳动者本身有权拒绝超时加班的情况下，其同意加班并领取了加班工资，并不足以认定用人单位违反了法律、行政法规的强制性规定。现邓某某以此为由提出解除劳动合同，并不符合《劳动合同法》第 38 条第 6 项的规定，其主张解除劳动合同经济补偿金，法院不予支持。

2 公司调整工作内容或工作地点没有和员工商量，员工是否可以离职并主张经济补偿？

这一问题比较复杂，按照《劳动合同法》第 17 条的规定，劳动合同应当具备“工作内容和工作地点”的内容，而根据《劳动合同法》第 35 条的规定，用人单位与劳动者协商一致，可以变更劳动合同约定的内容。变更劳动合同，应当采用书面形式。变更后的劳动合同文本由用人单位和劳动者各执一份。根据上述规定，似乎变更需要协商一致。但在实际用工的过程中，一般会赋予用人单位合理的用工自主权。

一种调整是用人单位在合法行使用工自主权且不损害劳动者权益的情况下，会认为其调整合法。例如，广东省高级人民法院、广东省劳动人事争议仲裁委员会《关于审理劳动人事争议案件若干问题的座谈会纪要》（粤高法〔2012〕284 号，已废止，但仍是重要参考）第 22 条规定，用人单位调整劳动者工作岗位，同时符合以下情形的，视为用人单位合法行使用工自主权，劳动者以用人单位擅自调整其工作岗位为由要求解除劳动合同并请求用人单位支付经济补偿的，不予支持：（1）调整劳动者工作岗位是用人单位生产经营的需要；（2）调整工作岗位后劳动者的工资水平与原岗位基本相当；（3）不具有侮辱性和惩罚性；（4）无其他违反法律法规的情形。

用人单位调整劳动者的工作岗位且不具有上款规定的情形，劳动者超过 1 年未明确提出异议，后又以《劳动合同法》第 38 条第 1 款第 1 项规定要求解除劳动合同并请求用人单位支付经济补偿的，不予支持。

另一种调整是视为实际履行确认，如上述的粤高法〔2012〕284 号座谈会纪要第 22 条第 2 款中明确，超过 1 年不提异议的不可以再主张被迫离职的经济补偿，又如，最高人民法院《关于审理劳动争议案件适用法律问题的解释（一）》第 43 条规定："用人单位与劳动者协商一致变更劳动合同，虽未采用书面形式，但已经实际履行了口头变更的劳动合同超过一个月，变更后的劳动合同内容不违反法律、行政法规且不违背公序良俗，当事人以未采用书面形式为由主张劳动合同变更无效的，人民法院不予支持。"

根据以上论述可知，并非调整工作内容或工作地点等就可以享有被迫解除。另外，我们注意到，用人单位格式合同中经常引用《劳动合同法》第 35 条的规定，明确"用人单位与劳动者协商一致，可以变更劳动合同约定的内容。变更劳动合同，应当采用书面形式。变更后的劳动合同文本由用人单位和劳动者各执一份"。这样约定既限制了用人单位合理的用工自主权，也引发争议，应予以删除。另外，也应根据《民法典》第 140 条①的规定，在合同中明确，不提异议视为同意。

六、《劳动合同法》第 38 条中"未及时足额支付劳动报酬"的认定

1 用人单位降低基本工资标准，提高绩效工资、奖金等项目的标准，劳动者可否行使被迫解除权？

如果这种变更对劳动者造成了不利影响，劳动者据此解除劳动合同并要求支付解除劳动合同的经济补偿的，很有可能获得支持。例如，广州市劳动人事争议仲裁委员会、广州市中级人民法院联合发布的《关于劳动人事争议

① 《民法典》第 140 条规定，行为人可以明示或者默示作出意思表示。沉默只有在有法律规定、当事人约定或者符合当事人之间的交易习惯时，才可以视为意思表示。

仲裁与诉讼衔接若干问题的意见综述》（穗劳人仲委〔2019〕5号）中对此就有明确的规定："8. 用人单位改变劳动者的工资结构，降低基本工资标准，提高绩效工资、奖金等项目的标准，对劳动者造成不利影响，劳动者据此解除劳动合同并要求支付解除劳动合同的经济补偿的，应予支持。"

在用人单位调整了工资结构后，虽部分人因为不适应竞争而导致工资降低，但多数人的工资确实都提高了的情况下，如发生相应的劳动争议的，用人单位应举证整体工资的情况，以证明劳动者工资普遍增加的事实进而证明这种调整并非出于降低劳动者薪酬的目的，整体上反而有利于劳动者。

另外，我们也应理解，根据《劳动法》第47条的规定，用人单位根据本单位的生产经营特点和经济效益，依法自主确定本单位的工资分配方式和工资水平。也就是说，即便是薪酬待遇有一定的降低，如果出于合理的理由且在合理的范围之内，在司法实践中这种调整往往也会得到裁判机构的认可。

出于降低用工风险、促进和谐用工的目标，我们建议如果公司需对薪酬标准进行调整，尽量按照《劳动合同法》的规定，履行相应的民主程序，以争取更大的合理、合法性。

2 拖欠加班费是否可行使被迫解除权？

根据《关于工资总额组成的规定》，加班费是法定的工资组成项目之一，性质属于劳动报酬。据此，用人单位拖欠加班费的，劳动者以此为由提出被迫解除劳动关系，符合《劳动合同法》第38条第1款第2项应当支付经济补偿的情形。但加班费是在标准工作时间之外提供劳动取得的收入，在支付的数额、加班时间的认定等方面与正常出勤工资存在一些区别，因此在实践中以拖欠加班费为由提出被迫辞职并主张经济补偿的，需要考虑的因素更多，认定的标准也更为严格。另外，对于拖欠加班费能否成为被迫辞职的理由，各地也存在不同的意见。

一般来讲，根据规则，克扣或拖欠加班费可以成为被迫辞职的事由，但要在查明存在拖欠加班工资的基础上，结合案件事实判断用人单位是否存在拖欠加班费的故意，认定是否须向劳动者支付经济补偿。因此，在审理过程中，裁判者除了审查有无拖欠加班费的事实外，还会根据双方对加班费的支付是否存在有效的约定、用人单位是否制定了明确可操作的加班审批制度、劳动者对于拖欠加班费是否提出过异议等方面，对是否存在拒不支付的故意进行认定。经过综合判断，如果认为单位不支付加班费存在故意，则支持劳动者的诉求；如果劳动者认为单位拖欠加班费，在未与单位协商，或者双方对加班费的计算方法、数额存在争议，仍处于沟通协商过程中，劳动者在此期间提起劳动争议程序，一般不能认为单位存在故意拖欠的情形，关于经济补偿的主张也将不能得到支持。因此当劳动者认为单位没有及时足额支付加班费的，应当首先本着诚实信用的原则与单位进行协商或提出异议，若单位拒绝支付，可以在劳动争议程序中提出被迫辞职的主张，才有可能得到支持。

也有观点认为，拖欠加班费不是被迫辞职的理由，依据是《劳动合同法》第 85 条，该条规定将劳动报酬和加班费进行分别列举，故此劳动报酬不应包括加班费，劳动者不能以此为由提出被迫解除劳动关系的主张。不过这样的观点值得商榷，《劳动合同法》第 85 条规定，用人单位有下列情形之一的，由劳动行政部门责令限期支付劳动报酬、加班费或者经济补偿；劳动报酬低于当地最低工资标准的，应当支付其差额部分；逾期不支付的，责令用人单位按应付金额 50% 以上 100% 以下的标准向劳动者加付赔偿金：（1）未按照劳动合同的约定或者国家规定及时足额支付劳动者劳动报酬的；（2）安排加班不支付加班费的。我们认为，该条规定之所以将劳动报酬和加班费进行并列式的列举，其目的在于对常见的拖欠劳动报酬的表现形式进行说明，是对不支付加班费的形式作强调，而不是把加班费从劳动报酬中剔除，且该条规定对应的只是单位是否需要承担支付加付赔偿金的责任，与劳动者能否要求支付经济补偿无关。另外，《劳动法》第 91 条明确规定，“用人单位有下列侵害劳动者合法权益情形之一的，由劳动行政部门责令支付劳动者的工资报酬、经济补偿，并可以责令支付赔偿金：……（二）拒不支付劳动者延长工作时间工资报酬的……”原劳动部办公厅《关于〈中华人民共和国劳动法〉若干条文的说明》第 91 条第 1 款规定："用人单位有下列侵害劳动者合法权益情形之一的，由劳动行政部门责令支付劳动者的工资报酬、经济补偿，并可以责令支付赔偿金：……（二）拒不支付劳动者延长工作时间工资报酬的……"第 2 款规定："本条中的'无故'同第五十条的说明相同。'工资报酬'可以理解为延长工作时间所依法应得的劳动报酬。"最高人民法院《关于审理劳动争议案件适用法律问题的解释（一）》第 45 条对此也予以明确规定："用人单位有下列情形之一，迫使劳动者提出解除劳动合同的，用人单位应当支付劳动者的劳动报酬和经济补偿，并可支付赔偿金：……（四）拒不支付劳动者延长工作时间工资报酬的……"综上可知，拖欠加班费可以成为被迫辞职的理由。

不过，一般来讲，在日常的生产经营中，加班费是否应当支付、支付多少，常常有争议，劳动者以此为由主张离职，司法实践中难以获得支持，以下案例中，一、二审的裁判者意见就不一致，最终二审法院改判认为拖欠加班工资有争议，不构成被迫的事由。

在（2021）粤 01 民终 21568 号案中，广州市中级人民法院认为：

虽如上所述，某公司应向黄某支付 2019 年 6 月至 2020 年 10 月的加班费 10445.95 元，但某公司的《员工手册》中明确规定因工作需要加班，需提前申请，而黄某加班时确实未提出申请，且未有证据显示黄某提起仲裁前曾向某公司追索过加班费，故双方对加班费是否应当支付存在争议，某公司并不存在拖欠加班费的故意，黄某以此为由主张被迫解除劳动关系理由不成立，一审法院判决某公司向黄某支付解除劳动关系经济补偿金有误，本院予以纠正。

3 用人单位不按月足额发放产假工资，女职工能否解除劳动合同并获得经济补偿？

这个问题在司法实践中存在争议，以广东省的司法意见为例，倾向于认为单位拖欠产假工资，劳动者以未及时足额支付劳动报酬为由主张被迫解除劳动合同要求支付经济补偿的，应予支持。

《广东省职工生育保险规定》第 17 条规定：职工按照规定享受产假或者计划生育手术休假期间，其生育津贴由用人单位按照职工原工资标准逐月垫付，再由社会保险经办机构按照规定拨付给用人单位。有条件的统筹地区可以由社会保险经办机构委托金融机构将生育津贴直接发放给职工。职工已享受生育津贴的，视同用人单位已经支付相应数额的工资。生育津贴高于职工原工资标准的，用人单位应当将生育津贴余额支付给职工；生育津贴低于职工原工资标准的，差额部分由用人单位补足。

根据上述规定可知，在产假期间，用人单位应当按照逐月垫付生育津贴，生育津贴属于产假工资中的一部分，如果用人单位拖欠员工产假工资或者未及时补足女职工生育津贴与原工资标准的差额，女职工依据《劳动合同法》第 38 条要求解除劳动关系并向用人单位主张经济补偿金是很有可能获得支持的。

需注意的是，根据该规定，社保部门核发的生育津贴一般是发放至用人单位账户，且具有滞后性，但用人单位不得以未收到社保部门核发的生育津贴为由而不及时支付，否则女职工同样可以行使被迫解除权。

不过这个解除权意义不大，一般来讲，如果女职工行使了被迫解除权，则会损失后面的生育津贴及哺乳期待遇，当然，如果劳动者的工龄足够长且有其他特殊情形的除外。

4 劳动者能否以用人单位未足额发放停工留薪期工资为由行使被迫解除权?

认定劳动者是否有权解除劳动合同的关键，在于判断用人单位未足额发放停工留薪期工资是否属于《劳动合同法》第 38 条第 1 款规定的“未及时足额支付劳动报酬”的情形。对此，司法实践中持有不同观点。

（1）认为停工留薪期工资属于劳动报酬，用人单位未足额支付停工留薪期工资属于"未足额支付劳动报酬"的情形。广州市中级人民法院、深圳市中级人民法院的裁判案例支持该观点。

在（2019）粤01民终18020号、18021号案中，广州市中级人民法院认为：

关于解除劳动合同的经济补偿金……但有鉴于城某公司未依法足额支付停工留薪期工资金额达15539.65元，原审认定郭某以城某公司克扣工资，被迫离职为由，主张该公司支付解除劳动合同经济补偿金的理由成立，合法有据，判决予以支持郭某的该项请求并无不当。

在（2019）粤03民终9109号案中，深圳市中级人民法院认为：

关于被迫解除劳动合同的经济补偿金问题。被上诉人提出被迫与上诉人解除劳动关系时，上诉人确实存在未及时足额支付被上诉人医疗期期间工资的违法行为，被上诉人据此提出解除劳动关系，理由成立，被上诉人要求上诉人支付解除劳动合同的经济补偿符合法律规定，应予支持。

（2）认为停工留薪期工资属于工伤保险待遇，用人单位未足额支付停工留薪期工资不构成"未足额支付劳动报酬"的情形。

在（2019）苏05民终5200号案中，苏州市中级人民法院认为：

该案的争议焦点为劳动者能否以用人单位未及时足额支付停工留薪期工资为由解除劳动合同并主张经济补偿金。对此，根据《劳动合同法》第38条的规定，用人单位未及时足额支付劳动报酬的，劳动者可以单方解除劳动合同并主张经济补偿金，但停工留薪期工资并非该条规定的"劳动报酬"，理由如下：首先，从法律渊源上看，停工留薪期工资规定在《工伤保险条例》当中，而劳动报酬则规定在《劳动法》《劳动合同法》当中。其次，从性质上看，停工留薪期是劳动者因工遭受事故伤害或者患职业病需要暂停工作接受工伤医疗，并保持原工资福利待遇不变的期间，用人单位支付停工留薪期工资是基于劳动者因工伤或患职业病而暂停工作的事实，不以劳动者提供劳动为对价，在性质上等同于"误工费"。而劳动报酬是劳动者提供劳动的对价。最后，从主观状态上看，停工留薪期工资在劳动者治疗终结之前，其支付的标准、期限本身处于不确定状态，需要司法机关进行裁判，用人单位在此之前未支付或者未足额支付停工留薪期工资并不存在主观恶意。相反，劳动法律、法规对劳动报酬的支付规定有明确的标准及周期，如无特殊理由，用人单位未及时足额支付劳动报酬其主观上存有恶意。综上，停工留薪期工资属于工伤保险待遇，并非劳动报酬，劳动者以用人单位未及时足额支付停工留薪期工资为由解除劳动合同并主张经济补偿金，依法不应得到支持。

5 员工能否以用人单位未支付未休年休假工资为由行使被迫解除权?

一种观点认为，未休年休假工资属于劳动报酬，不及时足额支付，员工可以以此为由离职，并要求用人单位支付经济补偿金。大致的理由是《职工带薪年休假条例》《企业职工带薪年休假实施办法》均规定，对职工应休未休的年休假天数，用人单位应当按照职工日工资收入的300%支付年休假工资报酬。上述规定均直接将未休年休假工资明确为"工资报酬"，故未休年休假工资是劳动者应得的劳动报酬，支付未休年休假工资亦是用人单位应当履行的法定义务。因此，劳动者以用人单位欠付未休年休假工资为由解除劳动合同的，用人单位应当支付经济补偿。

重庆市的裁判机关就持这种裁判观点，在（2021）渝01民再98号案中，重庆市第一中级人民法院认为：

因未休年休假工资属于劳动者可依法获得劳动报酬的范围，千某公司未足额支付该款，故汤某某以未享受年休假待遇为由解除劳动关系，千某公司应当支付解除劳动合同的经济补偿金。

另一种观点认为，未休年休假工资属于福利待遇，不属于劳动报酬，劳动者以此为由离职不应当获得经济补偿金。广东省高级人民法院、广东省劳动人事争议仲裁委员会《关于审理劳动人事争议案件若干问题的座谈会纪要》（粤高法〔2012〕284号，已废止，但仍是重要参考）第27条规定，用人单位未按照法律规定或劳动合同的约定及时足额向劳动者发放年休假工资或高温津贴，劳动者以用人单位未及时足额支付劳动报酬为由主张解除劳动合同的，不予支持。深圳地区司法实践中同样持上述观点，《深圳市中级人民法院关于审理劳动争议案件的裁判指引》第 92 条就明确规定：“劳动者以用人单位未依法支付未签订书面劳动合同二倍工资、年休假工资和高温津贴为由提出被迫解除劳动合同并要求经济补偿的，不予支持。”

我们认为，根据《职工带薪年休假条例》第 5 条第 3 款规定，“对职工应休未休的年休假天数，单位应当按照该职工日工资收入的 300% 支付年休假工资报酬”。此处的“300% 支付年休假工资”，无法直接体现“劳动者付出体力或脑力劳动所得的对价”，难以定性为“劳动报酬”范畴。因此，即使用人单位未及时支付未休年休假工资，员工亦不能以此为由离职，并要求用人单位支付经济补偿金。

不过需要注意的是，2023 年 12 月 12 日发布的最高人民法院《关于审理劳动争议案件适用法律问题的解释（二）（征求意见稿）》第 5 条规定，劳动者主张用人单位支付未休年休假工资报酬、加班费的仲裁时效适用《劳动争议调解仲裁法》第 27 条第 4 款规定的，人民法院应予支持。根据上述规则，最高人民法院似乎认为未休年休假工资也属于劳动报酬的性质。

6 用人单位不发放高温津贴，劳动者可否行使被迫解除权？

关于这个问题，各地司法裁判不统一。

就广东省而言，劳动者以用人单位未支付高温津贴主张被迫解除劳动合同并要求经济补偿的，一般不予支持。广东省高级人民法院、深圳市中级人民法院对此就有相应的规定，明确不得行使被迫解除权。

有此地方则认为可以行使被迫解除权，例如，江西省人力资源和社会保障厅、江西省财政厅《关于调整高温津贴标准有关问题的通知》（赣人社发〔2012〕71 号）第 6 条规定，切实保障劳动者的合法权益。从 2012 年起，用人单位未按规定标准向劳动者支付高温津贴的，视为拖欠或克扣工资，劳动者有权向人力资源和社会保障部门举报或依法申请劳动争议仲裁。根据上述规定可知，既然视为拖欠或克扣工资，则符合《劳动合同法》第 38 条的规定，劳动者可以行使被迫解除权。

七、《劳动合同法》第38条中“未依法为劳动者缴纳社会保险费”的认定

1 劳动者以用人单位未足额缴纳社保为由主张解除劳动合同，能否获得经济补偿？

《劳动合同法》第38条第1款第3项规定，“用人单位有下列情形之一的，劳动者可以解除劳动合同：……（三）未依法为劳动者缴纳社会保险费的”。该法第46条第1项规定，“有下列情形之一的，用人单位应当向劳动者支付经济补偿：（一）劳动者依照本法第三十八条规定解除劳动合同的”。

根据法律规则，“未依法为劳动者缴纳社会保险费的”员工是可以离职并获得经济补偿的。所谓未依法，应当包括未缴纳、部分时间未缴纳、未按标准基数缴纳，如严格按照法律的规定，则相当一部分的劳动密集型企业的员工均可纷纷离职并主张经济补偿，这显然是一些劳动密集型企业存在历史欠账时所不能承受之重，于是司法实践中，多有变通的做法。关于这个问题，我们仅就最常见的未按标准基数缴纳的情形作讨论，基于司法实践并不统一，这里主要是说明广东的标准，并将其他一些典型代表地区的做法进行对比。

（1）不可以获得经济补偿。

①广东省高级人民法院、广东省劳动争议仲裁委员会《关于适用〈劳动争议调解仲裁法〉〈劳动合同法〉若干问题的指导意见》（已废止，但仍是重要参考）第24条第2款规定：“《劳动合同法》实施后，用人单位未按当地规定的险种为其建立社会保险关系，劳动者请求解除劳动合同并要求用人单位支付经济补偿金的，应予支持，但经济补偿金支付年限应从2008年1月1日起开始计算。劳动者以用人单位未足额缴纳或欠缴社会保险费为由请求解除

劳动合同并要求用人单位支付经济补偿金的，不予支持。”

②广州市中级人民法院《关于印发〈醉酒驾驶案件审判参考〉等八个审判参考的通知》的“劳动人事争议部分”第190条规定，劳动者以用人单位在《劳动合同法》实施前未按当地规定的险种缴纳社会保险费为由，请求解除劳动合同并支付经济补偿金的，不予支持。

《劳动合同法》实施后，用人单位未按当地规定的险种为其建立社会保险关系，劳动者请求解除劳动合同并支付经济补偿金的，应予支持，但经济补偿金支付年限应从2008年1月1日起开始计算。

劳动者以用人单位未足额缴纳或欠缴社会保险费为由请求解除劳动合同并支付经济补偿金的，不予支持。

③北京市高级人民法院《关于劳动争议案件法律适用问题研讨会会议纪要》第31条规定：《劳动合同法》实施后，用人单位未按本市规定的险种为劳动者建立社会保险关系，劳动者请求解除劳动合同并要求用人单位支付经济补偿金的，应予支持，但经济补偿金支付年限应从2008年1月1日起开始计算。劳动者以用人单位未足额缴纳或欠缴社会保险费为由请求解除劳动合同并要求用人单位支付经济补偿金的，不予支持。

这一点上，广东和北京非常一致。

（2）附条件可获得经济补偿。

有地方规定，此情形属于可获得经济补偿的情形，但须先提供行政部门的要求、责令等。[①]

①《天津法院劳动争议案件审理指南》（津高法〔2017〕246号）第27条第2款规定：“劳动者主张社会保险费缴费计算不符合法律规定，应当提供社会保险征缴部门或者劳动监察部门出具的限期补缴通知书或者限期整改指令书等证据予以证明。劳动者未举证证明的，对其主张不予支持；劳动者已举证证明且用人单位未在限期内改正的，应当支持劳动者的主张。”

---

① 此是天津市高级人民法院的规定，不过天津市人社局的规定是无须提供行政部门的要求、责令等，天津的用人单位须注意两者的冲突。

不过天津市高级人民法院的这个规定和天津市人力资源和社会保障局后来的规定冲突，《天津市贯彻落实劳动合同法若干问题实施细则》（津人社规字〔2023〕7 号）第 18 条规定，用人单位应当依法为劳动者缴纳社会保险费，因用人单位原因导致未缴纳或未足额缴纳社会保险费的，劳动者可以依据《劳动合同法》第 38 条规定解除劳动合同，并要求用人单位支付经济补偿。

用人单位与劳动者约定不缴纳或少缴纳社会保险费的，双方约定无效，应视为因用人单位原因导致未缴纳或未足额缴纳社会保险费。

②深圳也曾明确需要支付，但现在已调整。2015 年深圳市中级人民法院发布的《关于〈审理劳动争议案件的裁判指引〉的适用》第 25 条明确规定："对于用人单位未依法缴纳社会保险，劳动者是否可以提出被迫解除劳动合同，2008 年广东省高级人民法院、广东省劳动人事争议仲裁委员会《关于适用〈劳动争议调解仲裁法〉、〈劳动合同法〉若干问题的指导意见》第 24 条与《深圳经济特区和谐劳动关系促进条例》第 15 条第 2 款的规定存在不一致之处。我院在 2009 年制定《关于审理劳动争议案件若干问题的指导意见（试行）》时就已明确应当优先适用《深圳经济特区和谐劳动关系促进条例》第 15 条第 2 款的规定。本条所称的'用人单位未依法为劳动者缴纳社会保险费'既包括用人单位根本没有按法定险种为劳动者建立社会保险关系，也包括用人单位没有按法定标准或法定期限为劳动者缴纳社会保险费。同时，本条所称的'用人单位在劳动者要求之日起 1 个月内未按规定缴纳'，既包括用人单位在 1 个月内未依法为劳动者缴纳之后的社会保险费，也包括用人单位在 1 个月内未依法为劳动者补缴法律法规或政策允许补缴范围内的社会保险费。"

深圳市中级人民法院从 2023 年 10 月起就明确要看具体情形，不能轻易支持劳动者的经济补偿要求，比如如果劳动对此存在过错的，就不支持经济补偿。①

① 参见深圳市中级人民法院劳动争议审判庭：《未足额缴纳社保之经济补偿金的支付》，载《深圳市劳动争议审判通讯》（第 44 期）。

（3）有些地方尚未明确。

例如，江苏省高级人民法院《关于审理劳动争议案件的指导意见》（苏高法审委〔2009〕47 号）第 16 条规定，因劳动者自身不愿缴纳等不可归责于用人单位的原因，导致用人单位未为其缴纳或未足额缴纳社会保险费，或者未参加某项社会保险险种，劳动者请求解除劳动合同并主张用人单位支付经济补偿的，不予支持。

如非用人单位原因不足额缴纳的，不支持经济补偿，那么是否反推如用人单位原因不足额的，则应支付经济补偿？笔者见过该省相应的案例就是这样的裁判结果。因实践中若严格按此标准操作，估计大量企业都无法应对。

2 员工声明放弃缴纳社保，能否以未缴纳社保为由离职并获得经济补偿？

各地规定不同，具体如下：

（1）广东的做法是，要求单位补缴而单位不补缴才可以获得经济补偿。

广东省高级人民法院《关于审理劳动人事争议案件若干问题的座谈会纪要》（粤高法〔2012〕284 号，已废止）第 25 条规定：用人单位与劳动者约定无须办理社会保险手续或将社会保险费直接支付给劳动者，劳动者事后反悔并明确要求用人单位为其办理社会保险手续及缴纳社会保险费的，如用人单位在合理期限内拒不办理，劳动者以此为由解除劳动合同并请求用人单位支付经济补偿，应予支持。

（2）北京的做法是可获得经济补偿。根据北京市高级人民法院、北京市劳动人事争议仲裁委员会《关于审理劳动争议案件法律适用问题的解答》第 25 条的规定，对于劳动者要求用人单位不缴纳社会保险，后又以用人单位未缴纳社会保险为由提出解除劳动合同并主张经济补偿的，依法缴纳社会保险是《劳动法》规定的用人单位与劳动者的法定义务，即便是因劳动者要求用人单位不为其缴纳社会保险，劳动者按照《劳动合同法》第 38 条的规定主张经济补偿的，仍应予支持。

（3）深圳可以行使被迫解除权，但需要先提出缴纳的申请才可，且经济补偿只能从2008年1月1日起算，也即“用人单位未依法为劳动者缴纳社会保险费的，劳动者应当依法要求用人单位缴纳，用人单位在劳动者要求之日起一个月内未按规定缴纳的，劳动者有权提出解除劳动合同，用人单位应支付经济补偿，但经济补偿的支付年限应从2008年1月1日起计算”。

（4）浙江是不可获得经济补偿。根据浙江省高级人民法院《关于审理劳动争议纠纷案件若干疑难问题的解答》第11条的规定，劳动者不愿意缴纳社会保险费，并书面承诺放弃参加社会保险的，该书面承诺无效。劳动者可以此为由解除劳动合同，但要求用人单位支付经济补偿金的，不予支持。

需要注意的是，最高人民法院《关于审理劳动争议案件适用法律问题的解释（二）（征求意见稿）》第23条第1款、第2款规定，用人单位与劳动者有关不缴纳社会保险费的约定无效。劳动者与用人单位约定不缴纳社会保险费，劳动者以用人单位未依法缴纳社会保险费为由请求支付经济补偿的，人民法院应予支持。如果上述规定最终发布，那么各地的司法实践就可以得到统一——即便有了声明，用人单位同样不能免除支付经济补偿的法律责任。

3 其他单位代缴纳社会保险，劳动者可以主张被迫离职吗？

《社会保险法》第57条规定：“用人单位应当自成立之日起三十日内凭营业执照、登记证书或者单位印章，向当地社会保险经办机构申请办理社会保险登记。社会保险经办机构应当自收到申请之日起十五日内予以审核，发给社会保险登记证件……”第58条规定：“用人单位应当自用工之日起三十日内为其职工向社会保险经办机构申请办理社会保险登记……”

从上述法律规定可知，社会保险的缴费单位应当是与劳动者建立劳动关系的用人单位。用人单位委托第三方缴纳社会保险违反了《社会保险法》等法律的规定，似乎应当赋予劳动者被迫解除权。

例如，广州市劳动人事争议仲裁委员会、广州市中级人民法院民事审判庭《关于劳动争议案件座谈会的意见综述》第12条规定，以其他单位名义代劳动者缴纳社会保险不合法。若劳动者以用人单位未依法缴纳社会保险费为由主张解除劳动合同，用人单位须向劳动者支付经济补偿金。用人单位违反了《社会保险法》第4条“用人单位和个人依法缴纳社会保险费”和第10条“职工应当参加基本养老保险，由用人单位和职工共同缴纳基本养老保险费”的规定，若劳动者据此主张被迫解除劳动合同的，用人单位应当向劳动者支付经济补偿金。

但是，实务中，代缴社保往往是为了解决异地用工的社保问题，用人单位并无违法的恶意，劳动者享受社保待遇的权益并没有受损。因此，也有观点认为，用人单位委托第三方购买社会保险，劳动者应当要求纠正，用人单位未纠正的，劳动者才可依据《劳动合同法》第38条规定解除劳动合同。

八、《劳动合同法》第38条中“用人单位的规章制度违反法律、法规的规定，损害劳动者权益”的认定

1 只要用人单位制定的规章制度违法，可能存在损害劳动者权益的，劳动者就可行使被迫解除权吗?

根据《劳动合同法》第38条第1款第4项“用人单位的规章制度违反法律、法规的规定，损害劳动者权益的”的规定，劳动者可以主张被迫离职，并可获得经济补偿。但“损害劳动者权益”，是指可能损害还是指已实质损害时才可解除，并没有进行明确。但客观来看，用人单位往往劳动法律专业性不强，一篇冗长的规章制度很难避免有个别违法的内容，因而不应过于苛求，而从维护劳动关系稳定的角度来看，也不应对于过错解除权过度授予。所以很多人认为，此条款的本意，应是指规章制度的适用已产生了实质的损害，

才可行使被迫解除权，不过珠海市中级人民法院的下面这个判决，就是未要求以损害结果为前提，这也告诫用人单位，制定规章制度时，应注意合法，不应过于随意、任性。

在王某某与珠海某线路板有限公司劳动合同纠纷案中［（2015）珠中法民一终字第316号］，珠海市中级人民法院明确：

规章制度违法，损害了劳动者的权益，因而劳动者可行使被迫解除权，进而可获得经济补偿。裁判认为，王某某认为新的薪酬制度侵犯了其劳动报酬权益，以“公司单方面变更合同（工资制度）延长工作时间，强迫签订并履行不合法不合理的工作制度和劳动制度”为由提出解除劳动合同，符合《劳动合同法》第38条第1款第4项、第46条第1项的规定，即用人单位的规章制度违反法律、法规的规定，损害劳动者权益的，劳动者可以解除劳动合同，用人单位应当向劳动者支付经济补偿金，故珠海某线路板有限公司应当依法向王某某支付解除劳动合同的经济补偿金。珠海某线路板有限公司关于新的薪酬制度中没有计算平时延长时间的加班工资并不意味也不必然得出珠海某线路板有限公司不会支付平时加班的加班费、公司后来实际支付了平时延长时间的加班费、劳动者待遇并未减少的上诉理由即使成立，也不能由此否定其《公司薪酬管理制度》本身侵犯了劳动者的权益，法院对其上诉请求不予支持。一审判决珠海某线路板有限公司应当向王某某支付相应的经济补偿金并无不当，法院予以维持。

九、《劳动合同法》第38条中“因本法第二十六条第一款规定的情形致使劳动合同无效”的认定

1 以劳动合同无效为由行使解除权存在什么样的争议？

《劳动合同法》第38条规定，劳动者或用人单位存在“因本法第二十六

条第一款规定的情形致使劳动合同无效的”，第39条规定，“因本法第二十六条第一款第一项规定的情形致使劳动合同无效的”对方均可以解除劳动合同，但这个规定却带来不少争议。

争议一：无效合同，通常是指当然无效、绝对无效的合同。一般而言，过多地确认合同无效，于合同各方或社会或国家均不一定有益，因而一般各国立法只将严重损害国家、社会利益或者第三人利益的合同认定为无效合同。在《劳动合同法》第26条[①]关于劳动合同无效的规定中，显然第一种情形（第26条第1款第1项规定的情形）不属于这种法定应作无效评价的类型，从法理上来看，这种归类为可撤销或效力未定之类的合同，无疑更具合理性。

争议二：这个合同无效可解除的规定也带来困惑，既然合同无效，就不存在解除之说，因为合同解除必然是以有效成立为前提。当然，有人解释说，这里的无效指的是合同条款无效，但解除的是实际履行的劳动关系。

基于以上原因，有人建议将上述第26条规定的合同划分为：法定无效及可撤销的劳动合同，并删除“解除”的表述。

十、非《劳动合同法》第38条规定的特定情形下，劳动者是否享有被迫解除权的疑难情形说明

1 企业搬迁时，劳动者能否以此为由离职获得经济补偿金？

一般来讲，用人单位搬迁的，如果没有造成明显的影响，劳动合同是继续履行的。如广东省人力资源和社会保障厅《关于做好企业转型升级过程中劳资纠纷预防处理工作的意见》（粤人社规〔2013〕3号）中规定，“企业在

---

① 《劳动合同法》第26条第1款规定，下列劳动合同无效或者部分无效：（1）以欺诈、胁迫的手段或者乘人之危，使对方在违背真实意思的情况下订立或者变更劳动合同的；（2）用人单位免除自己的法定责任、排除劳动者权利的；（3）违反法律、行政法规强制性规定的。

本市行政区域内搬迁，职工上下班可乘坐本市公共交通工具，或企业提供交通补贴、免费交通工具接送等便利条件，对职工生活未造成明显影响的，劳动合同继续履行”。

并且，如果严格按照法律规定，劳动者并无该权限，但实际上多是放宽限制，不过也需要对劳动者造成“明显”的影响才可以此为由离职获得经济补偿金。

按照《劳动合同法》第 40 条的规定，这种情形下，解除权在于用人单位，并没有赋予劳动者的单方解除权，但司法实践中，明确赋予劳动者单方解除权，例如：

（1）广东省高级人民法院《关于审理劳动争议案件疑难问题的解答》（粤高法〔2017〕147 号，已废止，但仍是重要参考）第 9 条规定，因企业搬迁引起的劳动合同履行问题如何处理？

企业因自身发展规划进行的搬迁，属于劳动合同订立时所依据的客观情况发生重大变化，用人单位应与劳动者协商变更劳动合同内容。未能就变更劳动合同内容达成协议的，劳动者要求解除劳动合同以及用人单位支付解除劳动合同的经济补偿金的，予以支持。但如企业搬迁未对劳动者造成明显的影响，且用人单位采取了合理的弥补措施（如提供班车、交通补贴等），劳动者解除劳动合同理由不充分的，用人单位无须支付解除劳动合同的经济补偿金。

（2）深圳市中级人民法院《关于审理劳动争议案件的裁判指引》（深中法发〔2015〕13 号）第 80 条规定，用人单位在深圳市行政区域内搬迁，劳动者要求用人单位支付经济补偿的，不予支持。用人单位由深圳市行政区域内向深圳市行政区域外搬迁，劳动者要求支付经济补偿的，应予支持。

此外，在司法实践中，有些裁判文书因无法找到准确的法律依据，也有认为此属于用人单位未按照劳动合同约定提供劳动条件的情形，所以员工可适用《劳动合同法》第 38 条的规定予以解除。

2 工伤职工因自身原因离职，能获得经济补偿吗？

一种观点认为无须支付。理由是，工伤职工解除劳动关系据以主张经济补偿金的依据是《劳动合同法》第 38 条第 1 款第 6 项和第 46 条第 1 项的规定。上述条款内容的含义是，在法律、行政法规对于劳动者有权解除劳动关系的具体情形作出规定的情况下，劳动者依照相关规定解除劳动合同时，可要求单位支付经济补偿金。根据《工伤保险条例》第 36 条和第 37 条的规定，被鉴定为 5 至 10 级伤残的工伤职工，经本人提出，可以与用人单位解除劳动关系。但《劳动合同法》第 38 条规定的是在用人单位存在过失的情况下，劳动者才享有单方解除权，这实际上是法律强加给用人单位的一种惩罚性义务。因此其他法律、行政法规所规定的解除事由也须满足单位过错这一要件。《工伤保险条例》第 36 条和第 37 条规定的劳动者单方解除权，并不以单位存在过错为前提，因此《工伤保险条例》的规定不能被《劳动合同法》第 38 条的文义包含，也就不符合应当支付经济补偿金的情形。江苏、湖南等地支持该观点。

另一种观点认为应当支付。理由是，《劳动合同法》第 38 条第 1 款第 6 项仅规定了法律、行政法规规定劳动者可以解除劳动合同的其他情形，且根据该法第 46 条第 1 项的规定，劳动者依据第 38 条解除劳动关系的，用人单位就应当支付经济补偿，不应对法律、行政法规规定的其他解除事由作出限制性的解释，应当作出对劳动者有利的解释才符合倾斜保护劳动者的立法目的。广东、辽宁、重庆等地认同这一观点。

3 低于当地最低工资标准支付劳动者工资，劳动者能否享有被迫解除权？

根据最高人民法院《关于审理劳动争议案件适用法律问题的解释（一）》

第45条的规定，用人单位低于当地最低工资标准支付劳动者工资，迫使劳动者提出解除劳动合同的，用人单位应当支付劳动者的劳动报酬和经济补偿，并可支付赔偿金。

另外，《劳动法》第91条也规定，以低于当地最低工资标准支付劳动者工资的，劳动行政部门应责令支付劳动者的工资报酬、经济补偿，并可责令支付劳动者赔偿金。

我们认为，低于最低工资标准，哪怕双方有约定，也因违反法律的强制性规定而无效，因而无论如何工资都不应低于最低工资标准。如低于最低工资标准，劳动者除可适用最高人民法院《关于审理劳动争议案件适用法律问题的解释（一）》的规则行使被迫解除权外，还可主张足额支付劳动报酬或劳动合同无效而行使被迫解除权。

4 用人单位不与劳动者签订书面的劳动合同，劳动者可以以此为由离职并获得经济补偿吗？

虽然在司法实践中，很多劳动者以此为由行使被迫解除权，但显然不可以。《劳动合同法》对于劳动可以离职并获得经济补偿的情形有明确的规定，不签订劳动合同不属于此情形。不签订书面劳动合同的法律后果也很明确，达到一定的条件时，就会产生2倍工资及视为订立无固定期限劳动合同的法律后果。

5 公司被拆分，劳动者可辞职并获经济补偿吗？

根据《劳动合同法》第34条的规定，用人单位发生合并或者分立等情况，原劳动合同继续有效，劳动合同由承继其权利和义务的用人单位继续履行。

关于这个问题，我们可以参考广东省的明确规定。广东省人力资源和社会保障厅《关于做好企业转型升级过程中劳资纠纷预防处理工作的意见》第2条第3项“关于劳动合同继续履行问题”规定：“根据《劳动合同法》第三十三条的规定，企业变更名称、法定代表人、主要负责人或者投资人（股东）等事项，不影响劳动合同的履行。根据《劳动合同法》第三十四条的规定，企业发生合并或者分立等情况，原劳动合同继续有效，劳动合同由承继其权利和义务的企业继续履行。”

广东省人力资源和社会保障厅、广东省经济和信息化委员会、广东省住房和城乡建设厅、广东省对外贸易经济合作厅、广东省地方税务局《关于妥善解决当前劳资纠纷重点问题的通知》中也对此有明确的规定。

6 用人单位没有依法缴纳住房公积金，员工可以离职并主张经济补偿吗？

不可以，按照《劳动合同法》的规定，只有未依法缴纳社保的情形下才可以离职并获得经济补偿。

十一、《劳动合同法》第40条中“劳动者患病或者非因工负伤，在规定的医疗期满后不能从事原工作，也不能从事由用人单位另行安排的工作”的认定

1 患病或非因工负伤医疗期满，不能从事原工作和另行安排的工作，可否在没作劳动能力鉴定情况下解除劳动合同？

根据《劳动法》第26条第1项“劳动者患病或者非因工负伤，医疗期满后，不能从事原工作也不能从事由用人单位另行安排的工作的”和《劳动合

同法》第 40 条第 1 项“劳动者患病或者非因工负伤，在规定的医疗期满后不能从事原工作，也不能从事由用人单位另行安排的工作的”的规定，对于劳动者患病或者非因工负伤的情形，在医疗期满后，不能从事原工作也不能从事由用人单位另行安排的工作的，用人单位提前 30 天通知即可解除劳动合同。也就是说，在这种情况下，用人单位享有解除合同的权利。

然而，原劳动部《关于贯彻执行〈中华人民共和国劳动法〉若干问题的意见》（劳部发〔1995〕309 号）第 35 条规定：“请长病假的职工在医疗期满后，能从事原工作的，可以继续履行劳动合同；医疗期满后仍不能从事原工作也不能从事由单位另行安排的工作的，由劳动鉴定委员会参照工伤与职业病致残程度鉴定标准进行劳动能力鉴定。被鉴定为一至四级的，应当退出劳动岗位，解除劳动关系，办理因病或非因工负伤退休退职手续，享受相应的退休退职待遇；被鉴定为五至十级的，用人单位可以解除劳动合同，并按规定支付经济补偿金和医疗补助费。”

也就是说，根据原劳动部的规定，不能从事原工作也不能从事由单位另行安排的工作时，还需要进行劳动能力鉴定。在鉴定出相应的劳动能力等级后，方可解除劳动合同。甚至是员工医疗期满仍未痊愈，实质上已不能按期回公司上班的情形下，也不能径行解除劳动合同。

然而，笔者认为，仅通过机械的劳动能力等级鉴定并不能真正衡量劳动者能否胜任工作，除此之外，《劳动法》《劳动合同法》均未涉及解除劳动合同之前的劳动能力鉴定。原劳动部文件之所以提及劳动能力鉴定，侧重于考虑对伤残者进行救济的标准及方式的问题，而非用人单位的劳动合同解除权，不宜将其理解为行使解除权的前提条件。在现实中，劳动能力鉴定更为波折，由于非因工负伤的劳动能力鉴定之行业标准正在重新调整，部分地区如广州现在不进行相关鉴定，若以此便否定用人单位的劳动合同解除权，显然不甚合理。

这个问题在实践中争议颇多。笔者检索了近十年的各地法院裁判案例，总的趋势是，最初多数法院认为，对劳动者进行劳动能力鉴定是医疗期满不能胜任工作的情形下，单位能够合法解除或终止劳动合同的必要条件或前置程序，若单位未为劳动者申请鉴定，就以《劳动法》第 26 条第 1 项或《劳动合同法》第 40 条第 1 项的规定，以劳动者在病伤医疗期满不能从事原工作和另行安排的工作为由，通知劳动者解除劳动合同，将面临承担违法解除责任的法律风险。只有在劳动者拒绝鉴定的情况下才可能例外地认为单位可以合法解除。上海、江苏两地较早认为劳动能力鉴定并不属于医疗期满解除劳动合同的前置程序。江苏省的观点认为劳动能力鉴定仅对劳动者能否要求单位支付医疗补助费产生影响，即在没有符合规定的劳动能力鉴定结论的情况下，单位无须向劳动者支付医疗补助费，用人单位解除医疗期满职工的劳动合同，只要符合《劳动法》或《劳动合同法》的规定就不属于违法解除。上海市的法院的观点认为，劳动者只要属于病伤医疗期满不能胜任原工作和另行安排的工作而被用人单位解除劳动合同的，单位除支付经济补偿金外还应支付医疗补助费，且不以劳动能力鉴定结论作为支付医疗补助的依据。近两年，北京市也改变了坚持多年的裁判观点，在笔者看到的 2020 年之前的相关案例中，北京各法院都认为单位必须为劳动者申请劳动能力鉴定才能合法解除，2021 年后，观点发生转变，只要符合《劳动合同法》第 40 条第 1 项所规定的情形，单位即可依法解除劳动合同，无须进行劳动能力鉴定，且因《违反和解除劳动合同的经济补偿办法》（劳部发〔1994〕481 号，已废止），即便劳动者符合可获得医疗补助费的条件，也因没有明确的数额标准而无须支付。根据现行有效的《关于贯彻执行〈中华人民共和国劳动法〉若干问题的意见》（劳部发〔1995〕309 号，以下简称 309 号文）第 35 条的规定，用人单位依然负有在劳动者医疗期满不能从事原工作和另行安排的工作的情况下，为其申请劳动能力鉴定的义务，但从条文的表述看，用人单位履行该项义务并不必然导致劳动合同解除的结果，而只是可作为是否解除的参考，不宜作为刚性的解除劳动合同的前置程序。另外，上述 309 号文是原劳动部的规章，从法律位阶的角度考虑，如果将其劳动能力鉴定的规定作为《劳动合同法》第 40 条第 1 项的必备要件进行叠加适用，除可能增加用人单位和劳动者的负担，还可能影响劳动合同法的效力权威性。故此笔者认为，劳动能力鉴定并非用人单位解除病伤医疗期满职工的必经程序。附两个案例的裁判意见。

在（2021）京02民终5360号案中，北京市第二中级人民法院认为：

关于违法解除赔偿金，雷某在医疗期满后不能从事原岗位工作，也不能从事另行安排的工作，某公司在支付雷某经济补偿金及代通知金的情况下，与其解除劳动合同符合《劳动合同法》第40条第1项的规定，属于合法解除。雷某上诉称某公司未在解除劳动合同前对其进行劳动能力鉴定属违法解除，主张某公司应支付其违法解除赔偿金，无法律依据，法院不予支持。

在（2021）沪02民终12003号案中，上海市第二中级人民法院认为：

某公司据此与陆某解除劳动合同符合《劳动合同法》关于劳动者患病或非因工负伤，在规定的医疗期满后不能从事原工作，也不能从事由用人单位另行安排的工作的，用人单位可解除劳动合同的情形，但用人单位应当向劳动者支付经济补偿金。一审法院判令某公司支付陆某解除劳动合同的经济补偿金，于法有据，法院予以确认。

2 员工身患重病，用人单位能否解除劳动合同？

笔者认为可以。

首先，关于用人单位可以解除患病职工劳动合同，法律上是有明确的规定的。

根据《劳动合同法》第40条的规定，“有下列情形之一的，用人单位提前三十日以书面形式通知劳动者本人或者额外支付劳动者一个月工资后，可以解除劳动合同：（一）劳动者患病或者非因工负伤，在规定的医疗期满后不能从事原工作，也不能从事由用人单位另行安排的工作的……”也就是说，只要具备医疗期满后不能从事原工作，也不能从事由用人单位另行安排的工作的情形，用人单位即可解除劳动合同。

其次，用人单位的行为也不应认为道德上的缺失。

（1）法律规定其实已凝结了一般的道德。尤其对于劳动法律而言，其已包含了对于劳动者倾斜的保护，其中医疗期的规定显然更是已经考虑了对劳动者的倾斜保护。对应的企业责任——对于在医疗期内即使未能提供任何劳动的员工，也须支付病假工资、缴纳社会保险以及履行其他用人单位应尽的义务，这是企业承担社会责任的体现。

（2）员工身患重病固然不幸，但于企业而言，作为以营利为目的的法人，职工患病于其也是不幸的。

其一，患病职工重病无法提供劳动，而企业同时仍须承担相应的用工成本，此超出其建立劳动合同的预期，而重病职工尤其是一些刚入职即患病的职工，对于企业的贡献已远低于企业对其所承担的义务，也即用人单位在法定医疗期内承担用人单位的相应职责，已履行了其道德上的义务，无继续再作相应付出之责任。

其二，重病职工之不幸，更应由健全的社会机制予以保障，于企业而言，其未必能承担得起这样的责任，尤其是一些小企业。让企业承担可以测算的法定义务，利于企业的健康和稳定发展，让其更好地持续反哺社会，此才是企业的根本责任所在。

笔者认为，虽然从法律规则适用上来看可解除劳动合同，但我们希望企业能主动为困难的职工提供更多的照顾。

3 职业病危害工作者离职前没有做职业病体检，可以解除劳动合同吗？

不可以，即使双方协商一致已经解除劳动合同，解除协议也无效。

根据《劳动合同法》第 42 条第 1 项的规定，从事接触职业病危害作业的劳动者未进行离岗前职业健康检查的，用人单位不得依照该法第 40 条、第 41 条的规定解除劳动合同。此项规定虽然没有排除用人单位与劳动者协商一致解除劳动合同的情形，但根据《职业病防治法》第 35 条的规定，“对从事接触职业病危害的作业的劳动者，用人单位应当按照国务院卫生行政部门的规定组织上岗前、在岗期间和离岗时的职业健康检查，并将检查结果书面告知劳动者……对未进行离岗前职业健康检查的劳动者不得解除或者终止与其订立的劳动合同”。由此，用人单位与职业病危害工作者之间签订的解除协议，违背了《职业病防治法》第 35 条规定，系无效协议。该观点有《最高人民法院公报》2017 年第 5 期上刊载的（2016）沪 02 民终 7986 号案的支持。

此外，最高人民法院《关于审理劳动争议案件适用法律问题的解释（二）（征求意见稿）》第 22 条对此也有明确的规定，用人单位未按照国务院安全生产监督管理部门、卫生行政部门的规定组织从事接触职业病危害作业的劳动者进行离岗前的职业健康检查，双方协商一致解除劳动合同后，劳动者请求继续履行劳动合同的，人民法院应予支持，但有下列情形之一的除外：（1）一审法庭辩论终结前用人单位已经组织劳动者进行职业健康检查且经检查劳动者未患职业病的；（2）用人单位组织劳动者进行职业健康检查，劳动者无正当理由拒绝检查的。

十二、《劳动合同法》第 40 条中“劳动者不能胜任工作，经过培训或者调整工作岗位，仍不能胜任工作”的认定

1 什么叫不胜任工作？

根据原劳动部办公厅《关于〈中华人民共和国劳动法〉若干条文的说明》第 26 条第 3 款的规定：“本条第（二）项中的‘不能胜任工作’，是指不能按要求完成劳动合同中约定的任务或者同工种、同岗位人员的工作量。用人单位不得故意提高定额标准，使劳动者无法完成。”

实践中，所谓的定额标准，只是考核方式之一或者甚至只是其中一个项目或指标，不胜任工作的外延实际上是非常大的，比如，作为团队的领导，其团队的离职率、管理情况、沟通能力以及本人的工作态度等都可作为考核指标。

2 如何对员工进行考核或如何证明员工不能胜任工作？

如以客观数量为目标的考核，客观、直接，是充分有效的证据，即使劳动者否认，也可以作为裁判的依据。但如果是以非数量为目标的考核，就会产生极大风险。在此情形下，有如下建议：

首先，考核制度的制定要履行民主程序，并且制度需要告知，也即要按《劳动合同法》第 4 条规定履行相应的程序。

其次，考核的依据要详尽、可操作性强，考核内容要尽量过滤考核者的自由裁量，保证客观。

再次，与被考核者保持友好的沟通，考核过程和结果均由劳动者签名确认，如能做到这一点，证明力就会非常强。

最后，在劳动合同中约定，如果劳动者不签名确认考核过程和结果，用人单位可以用公告或者发邮件等方式告知，并规定如有异议应在多长时间内提出，否则视为认可。

3 证明员工考核合理，应走怎样的程序及保留什么样的证据？

（1）入职时签订《岗位职责说明书》，明确员工的职责及任务。

（2）考核目标要量化、确定，不能是一个虚化的目标，如销售类工作，要达成多少的销售额，而管理类工作，应该达到多少的分数。同时也要确保工作量及工作目标的合理性，权利义务对等，且要让员工签名确认（《周、月工作计划表》）。

（3）工作过程中，要及时进行考核及回顾《周、月工作进展回顾表》。

（4）工作过程中，发现员工存在问题，应及时提醒，并给出改正意见（《工作改进建议表》）或者由员工总结工作及提升计划（《工作改进计划》），不能一下子就作出不合格的结论。如有必要，则作重新的调整及确认（《工作计划调整表》）。

（5）明确什么样的考核结果属于不胜任工作。

（6）考核期限具有合理性。根据不同的岗位及行业，确定考核的期间。比如，以一个月为考核期间，明显不合理。

（7）考核次数具有合理性。可以的情况下，分解考核，如分月、季度或半年绩效考核。

（8）一定考核时长后，最终形成一份判断能否胜任工作的《绩效考核表》。

（9）考核结果让员工签收，并告知有权复核。但员工往往会拒绝签名确认，为避免这种情况，企业应在劳动合同中约定：如员工拒绝对绩效考核结果签名确认的，企业可以通过快递、公告等方式告知绩效考核结果，员工如果有异议的，应在3个工作日内提交书面的申辩意见，逾期不提交申辩意见的，则视为员工对绩效考核结果的确认。

4 用人单位在劳动合同期限内通过“末位淘汰”或“竞争上岗”等形式单方解除劳动合同，是否构成违法解除劳动合同？

此情形构成违法解除。

最高人民法院2016年11月30日公布的《第八次全国法院民事商事审判工作会议（民事部分）纪要》第29条明确，用人单位在劳动合同期限内通过“末位淘汰”或“竞争上岗”等形式单方解除劳动合同，劳动者可以用人单位违法解除劳动合同为由，请求用人单位继续履行劳动合同或者支付赔偿金。

最高人民法院民事审判第一庭负责人表示，“末位淘汰”与解除劳动合同之间不能等同，解除劳动合同必须要依法进行。从劳动合同法看，我国法律没有允许用人单位与劳动者在劳动合同中约定以“末位淘汰”为由解除劳动合同，可见企业管理考核中的末位员工被“淘汰”，缺乏法律依据。

以排位作为是否胜任工作的标准明显错误，排位在后虽然不能胜任工作的可能性更大，但并非等于不能胜任工作，在一帮优秀的人中，即便排在末位，也很优秀。另外，不胜任工作也需要先调整岗位或经培训仍不胜任才可解除。

2013 年 11 月 8 日，最高人民法院发布的第五批指导性案例（指导案例 18 号）——中兴通讯（杭州）有限责任公司诉王某劳动合同纠纷案中也予以明确。

5 末位淘汰违法，那么末位降职降薪是否合法（排名末位如何适用）?

末位淘汰解除劳动合同，肯定违法，但末位降薪降职具有合法的可能性。

此处须强调的是，虽然排名在末位降薪降职有最高人民法院案例支持，但为确保合理合法，还是需要双方有相应的约定才更加合理、合法，毕竟不同的个案，裁判还是会有较大的差异。

《最高人民法院公报》2021 年第 2 期（总第 292 期）公布戴某军诉台玻长江玻璃有限公司追索劳动报酬纠纷案中就认为：

用人单位依据末位淘汰制对员工实行奖优惩劣，对排名靠后的员工采取调岗调薪等措施，是企业经营自主权的重要内容，只要该调岗调薪行为是基于企业生产经营管理的合理需要，且不违反法律规定和单位依法制定的规章制度，劳动者主张该调岗调薪行为违法的，人民法院不予支持。

十三、《劳动合同法》第 40 条中“劳动合同订立时所依据的客观情况发生重大变化，致使劳动合同无法履行，经用人单位与劳动者协商，未能就变更劳动合同内容达成协议”的认定

1 用人单位生产经营严重困难，已停工停产，单位可以直接解除劳动合同吗？

常识上好像没有问题，但按照法律规则却不行。《劳动合同法》第 40 条第 3 项规定：“有下列情形之一的，用人单位提前三十日以书面形式通知劳动者本人或者额外支付劳动者一个月工资后，可以解除劳动合同：……（三）劳动合同订立时所依据的客观情况发生重大变化，致使劳动合同无法履行，经用人单位与劳动者协商，未能就变更劳动合同内容达成协议的。”

按照上述的规定，即便无法履行劳动合同，也是先要协商变更劳动合同，且协商不成才可以。

另外，生产经营严重困难，严格来讲，不属于可依据《劳动合同法》第 40 条第 3 项规定的情形。

原劳动部办公厅《关于〈中华人民共和国劳动法〉若干条文的说明》第 26 条第 4 款规定：“本条中的‘客观情况’指：发生不可抗力或出现致使劳动合同全部或部分条款无法履行的其他情况，如企业迁移、被兼并、企业资产转移等，并且排除本法第二十七条所列的客观情况。”

上述说明第 27 条第 1 款规定，“用人单位濒临破产进行法定整顿期间或者生产经营状况发生严重困难，确需裁减人员的，应当提前三十日向工会或者全体职工说明情况，听取工会或者职工的意见，经向劳动行政部门报告后，可以裁减人员”。根据该规定，生产经营严重困难，似还不属于“客观情况”

重大变化。当然，也有人理解为，上述规定仅是特指不包括裁员情形。

不过在司法实践中，考虑到实际情况，有裁判认为，可以直接解除，无须先经协商不成的程序。例如，广东省高级人民法院、广东省劳动人事争议仲裁委员会《关于劳动人事争议仲裁与诉讼衔接若干意见》（粤高法发〔2018〕2号）第5条规定“非因劳动者原因致用人单位生产经营陷入严重困境，有丧失清偿能力的可能并致用人单位停产、限产，用人单位可以根据《劳动合同法》第四十条第三项的规定解除劳动合同并支付经济补偿……”但笔者认为，司法实践中的裁判规则并不一致，笔者建议用人单位不要轻易以经营困难为由解除劳动合同，并且在解除前还应先履行协商调整变更劳动合同的程序，协商不成的情形下才可解除劳动合同。

2 用人单位以经营架构调整为由解除劳动合同，为什么会败诉？

很多企业以组织架构调整为由主张适用《劳动合同法》第40条第3项“劳动合同订立时所依据的客观情况发生重大变化，致使劳动合同无法履行，经用人单位与劳动者协商，未能就变更劳动合同内容达成协议的”情形来解除劳动合同，但这种理解是错误的。一般来讲，只有发生不可抗力或者企业迁移、被兼并、企业资产转移等一些主要来自外部的非自主因素，致使劳动合同全部或部分条款无法履行的状况，双方不能协商一致的情况下，用人单位才拥有解除劳动合同的权力。至于经营架构调整，不属于法定的“客观情况发生重大变化”，而属于用人单位的主观行为，用人单位没有解除劳动合同的权利，用人单位以此为由解除劳动合同，大概率会认定为违法。

在（2016）川04民终566号案中，攀枝花市中级人民法院认为：

《劳动合同书》系双方当事人的真实意思表示，且不违反法律规定，应合法有效，双方均应诚信履行。该合同明确约定王某的工作岗位是管理岗位，其实际担任职务是生产副总经理。某公司以供应链架构进行优化和调整，王某的工作岗位在新的组织架构中被取消，导致双方签订劳动合同时所依据的客观情况发生重大变化，致使劳动合同无法履行，将王某的工作岗位由生产副总调整为包装工双方也未能协商一致为由，解除了与王某的劳动合同，根据原劳动部办公厅《关于〈中华人民共和国劳动法〉若干条文的说明》第26条第3项规定，“客观情况”指：发生不可抗力或出现致使劳动合同全部或部分条款无法履行的其他情况，如企业迁移、被兼并、企业资产转移等，并且排除第27条所列的客观情况。第27条规定，“用人单位濒临破产进行法定整顿期间或者生产经营状况发生严重困难，确需裁减人员的，应当提前三十日向工会或者全体职工说明情况，听取工会或者职工的意见，经向劳动行政部门报告后，可以裁减人员”，即“客观情况”排除了“用人单位濒临破产进行法定整顿期间或者生产经营状况发生严重困难”的情形。由此可见，客观情况的界定应以“非主观因素”为标准，但也排除了第27条规定的情形，至于部门岗位取消，应根据取消的原因界定，本案是由于某公司生产经营状况发生困难，经济效益下滑出现严重亏损，管理层单方决定取消王某的工作岗位，属于企业自主管理范畴，不属于客观情况。

十四、经济性裁员的易错程序

1 为什么说经济性裁员中，与工会或职代会协商是极容易被忽视的法定程序？

该程序之所以容易被忽视，是因为《劳动合同法》第41条规定“……用人单位提前三十日向工会或者全体职工说明情况，听取工会或者职工的意见后，裁减人员方案经向劳动行政部门报告，可以裁减人员……”此处极易造成一种误解，即成立工会的企业，在此过程中向工会说明情况并听取职工的意见后，程序即合法。但笔者认为这种观点是错误的，因为根据《劳动合同法》第4条第2款的规定，“用人单位在制定、修改或者决定有关劳动报酬、工作时间、休息休假、劳动安全卫生、保险福利、职工培训、劳动纪律以及劳动定额管理等直接涉及劳动者切身利益的规章制度或者重大事项时，应当经职工代表大会或者全体职工讨论，提出方案和意见，与工会或者职工代表平等协商确定”，而经济性裁员当属于“重大事项”，因此应当“经职工代表大会或者全体职工讨论”“提出方案和意见”，并非仅履行第 41 条规定的程序即可。正是因为实务中对于第 4 条及第 41 条未能结合解读，导致部分企业认为只要向工会说明情况、听取工会意见即可快速启动相应程序。

2 企业可以用额外支付 1 个月工资的方式替代经济性裁员提前 30 天说明情况的程序性要求吗？

不可以。《劳动合同法》第 40 条规定，“有下列情形之一的，用人单位提前三十日以书面形式通知劳动者本人或者额外支付劳动者一个月工资后，可以解除劳动合同”。而《劳动合同法》第 41 条规定，“有下列情形之一，需要裁减人员二十人以上或者裁减不足二十人但占企业职工总数百分之十以上的，用人单位提前三十日向工会或者全体职工说明情况，听取工会或者职工的意见后，裁减人员方案经向劳动行政部门报告，可以裁减人员”。对比上述两规定可知，只有在《劳动合同法》第 40 条的情形下，才可以以 1 个月的工资代替 30 日书面通知的义务，而在《劳动合同法》第 41 条中，并没有明确可以以代通知金的方式替代提前 30 天予以说明的义务。

实践中，如用人单位没有履行提前 30 天说明情况的法定程序，则很可能会导致整个裁员程序违法，如引发相关讼争，则须承担违法解除劳动合同的法律后果。

3 裁员是审批同意还是备案？

经济性裁员不应属于审批的事项，法律上规定是备案即可。根据《劳动合同法》第41条的规定，企业进行经济性裁员仅须将“裁减人员方案经向劳动行政部门报告”即可，据此无须许可或审批。另原劳动部办公厅《关于〈中华人民共和国劳动法〉若干条文的说明》第27条第3款中，也明确强调了“‘报告’仅指说明情况，无批准的含义”，可见，原劳动部认为，仅是作说明而已，没有批准的含义。

但实践中却有很多的不确定性。根据人力资源社会保障部的《企业裁减人员规定（征求意见稿）》（以下简称《裁减规定》）第12条的规定，人力资源社会保障行政部门收到企业裁员报告后，对报告材料齐全的，应当当场向企业出具收讫回执并予以备案；对报告材料不齐全的，应当告知企业限期补正。根据该规定，企业劳动行政部门有审查并要求限期补正的权限。

不少地方政府也自行设定了相应的审批规则，对裁员作相应限制，要审核同意，例如，《关于印发〈广州市企业经济性裁员实施意见〉的通知》（穗劳计字〔1998〕7号，已废止，却是《劳动法》实施后再发布的规定）直接规定，“劳动行政部门不同意裁员的，企业应与职工继续履行劳动合同”。广东省劳动和社会保障厅《企业裁员、停产、倒闭及职工后续处理工作指引》（粤劳社函〔2008〕1950号）中也规定，“劳动保障部门对于裁员事项提出意见或建议的，企业应当认真研究，依法逐一解决并作出书面报告，直至劳动保障部门最终认可”。

另外，广州也曾明确，如果劳动保障部门没有在规定的时间内回复，则视为没有异议。在广州市《关于加强对用人单位规模性裁员管理的通知》（穗府办函〔2007〕177号，已废止）中规定：劳动保障部门自收到用人单位规模性裁员报告之日起15日内，认为不符合法定裁员条件的，应当提出书面意见；同时抄送同级劳动争议仲裁机构、劳动就业服务管理机构和社会保险经办机构，有关社会保险机构不予办理有关停保手续。劳动保障部门逾期不答复的，视作没有异议。

笔者认为，按照现行的法律规定，裁员应该是备案而非审批，从实践经验来看，在裁员前与行政部门、工会等机构充分沟通、协商，对于化解矛盾、减少争议，尤其是防控群体事件极有意义。

4 用工所在地和用人单位所在地不同，裁员向哪里报告？

法律上并没有明确的规定，也只是原则性地规定“向当地劳动行政部门报告裁减人员方案以及工会或者全体职工的意见，并听取劳动行政部门的意见”。笔者的建议是，用人单位所在地及用工所在地，均应提交报告，以免发生不确定的风险。

5 用人单位裁员完成后又须继续裁员，是否还要再履行一次裁员的程序？

需要，否则将承担违法解除劳动合同的法律责任。不少用人单位分批准裁员，在第一次裁员完成后，往往会认为前面的程序已经走完，那么后面要裁员时，将补充名单交人社部门即视为已履行完毕裁员的程序。笔者认为，这种观点是错误的。每一次裁员，都应履行相应的程序“用人单位提前三十日向工会或者全体职工说明情况，听取工会或者职工的意见后，裁减人员方案经向劳动行政部门报告”，否则，很有可能会被认定违法。

参考《裁减规定》第 8 条规定，企业向本企业工会或者全体职工说明情况后，应当提出裁员的初步方案，包括下列内容：(1) 裁员依据的法定情形；(2) 裁员范围、裁员数量和比例；(3) 被裁减人员的选择标准；(4) 裁员时间及实施步骤；(5) 被裁减人员经济补偿方式和标准。另外，《企业经济性裁减人员规定》(劳部发〔1994〕447 号) 第 4 条第 2 项规定，提出裁减人员方案，内容包括：被裁减人员名单，裁减时间及实施步骤，符合法律、法规规定和集体合同约定的被裁减人员经济补偿办法。由此可知，裁员的方案中，本来就包括了裁员的名单及数量，在裁员结束后又补充名单，数量明显与原来的报备不符，显然不符合裁员报备的要求。

在广州市某数码科技有限公司、郑某劳动争议案［（2017）粤01民终1348号］中，二审法院就持这样的态度，肯定了一审的判决：

某公司在2014年10月16日并未向劳动行政部门提交相应的会议记录，证明某公司已向工会说明情况，听取工会意见。某公司在本案中提交的2014年10月16日会议纪要，内容虽是关于补充裁员方案的会议，但其中记载向工会说明并获得工会同意增加的裁员人数为5人，与其司最终向劳动部门提交的补充裁员名单为6人并不相符，且未经向劳动部门报告备案，故一审法院对某公司提交的2014年10月16日会议纪要的证明效力不予采纳。某公司没有证据证实补充裁员方案已向工会说明情况，听取工会意见，其以裁员为由解除与郑某劳动合同不符合《劳动合同法》第41条第4项规定，构成违法解除劳动合同。

十五、经济性裁员的实质要件

1 裁员规则上，《劳动合同法》与《劳动法》有哪些差别？

相较于《劳动法》的规定，《劳动合同法》增加了裁员的可行性及适用范围。根据《劳动合同法》的规定，裁员有以下两个客观条件：

（1）经济条件。企业陷入严重的困境（与《劳动法》的规定一致）。包括“依照企业破产法规定进行重整的”以及“生产经营发生严重困难的”情形。

（2）经营条件。重大变化（这是《劳动法》没有的规定）。企业虽没有发生经营困难，但企业因自身发展需要或经营环境发生重大变化。包括“企业转产、重大技术革新或者经营方式调整”以及“其他客观经济情况发生重大变化”的情形。

根据《劳动法》第27条和《企业经济性裁减人员规定》（劳部发〔1994〕447号）第4条的规定，用人单位可以进行经济性裁员的法定条件只有两个：一是用人单位濒临破产进行法定整顿期间，确需裁员的；二是用人单位生产经营状况发生严重困难，确需裁员的。

但是《劳动合同法》在上述两条件的基础上又增加了企业转产、重大技术革新或者经营方式调整，经变更劳动合同后，仍需裁减人员的及其他因劳动合同订立时所依据的客观经济情况发生重大变化，致使劳动合同无法履行的两种情况。改变了以前强调企业需陷入经营困难才可裁员的规则，增加了经济性裁员的可行性。

2 《劳动合同法》第41条规定的4个裁员理由中，选择哪个理由最好？

笔者认为，选择第四个理由“其他因劳动合同订立时所依据的客观经济情况发生重大变化，致使劳动合同无法履行的”风险较低。因为其他的理由都不容易成立，且容易被推翻，当然如果确实是符合第一个理由“依照企业破产法规定进行重整的”，有破产的事实那么没有问题；但第二个理由“生产经营发生严重困难的”这个严重困难往往不被认可，尤其短期、暂时的困难不被认可；而第三个理由“企业转产、重大技术革新或者经营方式调整，经变更劳动合同后，仍需裁减人员的”，还需要先变更劳动合同，操作不易确定。

当然，笔者建议，企业在裁员的过程中，还是要结合具体情况选择最合适的事由。

3 裁员提前30天，到底是向工会/全体职工说明什么情况？

法律上没有明确，可以参考《裁减规定》第7条的规定，企业采取第5条规定措施后仍须裁减人员的，应当提前30日向本企业工会或者全体职工说明下列情况：（1）企业出现《劳动合同法》第41条第1款规定的具体情形、产生的原因，并提供有关生产经营状况资料或者相关证明；（2）所出现的情形对企业生产经营的影响程度、影响范围（部门、岗位等情况）；（3）企业已经采取的减少裁员的措施。

4 裁员方案包括哪些内容？

可参考《裁减规定》第8条的规定，企业向本企业工会或者全体职工说明情况后，应当提出裁员的初步方案，包括下列内容：（1）裁员依据的法定情形；（2）裁员范围、裁员数量和比例；（3）被裁减人员的选择标准；（4）裁员时间及实施步骤；（5）被裁减人员经济补偿方式和标准。

5 裁员备案需要提供哪些材料？

各个地方的劳动行政部门有自己的特殊规定。一般需要提供包括但不限于如下材料：企业营业执照、企业符合实行裁员的情况说明、裁员企业的职工经济补偿方案、裁员企业提前30日书面向工会或职工说明情况的相关资料、企业工会对裁员的书面意见、企业解除劳动合同职工花名册、审计报告、公示裁员的说明等。

6 经济性裁员中的“客观经济情况发生重大变化”是否要求必须亏损？

经济性裁员的规定中，客观经济情况发生重大变化是《劳动合同法》第

41 条第 1 款的兜底规定，其重大变化的含义首先应当结合该款的立法目的来理解。出现人员冗余是经济性裁员的必备要件，无论按照该款规定的哪一项事由进行裁员，都必须以出现较大量的人员冗余为基础。依据《企业破产法》进行重整以及生产经营发生严重困难，其本质都是因为经济效益下滑导致的劳动力冗余，而企业转产、重大技术革新或经营方式调整，则是由于情势变更导致的劳动力过剩。现实中，经济效益下滑或情势变更所呈现出的状态多种多样，并不限于本款所列举的情形。当用人单位面临需要较大量裁员的困境时，可以考虑当前的形式是否属于受到经济效益下行的影响，影响的严重程度如何，以及是否符合《民法典》第 533 条规定的情势变更的构成要件。如果具有足够的关联性，就可以参考该款规定进行经济性裁员。如果单位并未陷入经济危机，只是出现了订立劳动合同时不能遇见且不可归责于劳资双方的重大情势变更需要裁员的，可能同时符合《劳动合同法》第 40 条第 3 项和第 41 条第 1 款第 4 项的规定，应当适用哪一项事由，需要结合预裁减的具体人数或职工占比以及所在地劳动保障行政部门对于企业裁减人员的倾向性意见或具体规定，作出对本单位较为有利的裁员方案。

在（2022）粤 20 民终 146 号案中，中山市中级人民法院认为：

根据民事诉讼的相对性审查规则，该法院二审针对上诉请求的有关事实和适用法律进行审查。二审中双方当事人的主要争议焦点是某公司是否违法解除与陈某的劳动关系。劳动者的合法权益和用人单位的经营自主权应受法律平等保护。某公司提供的证据显示其 2020 年度虽然还是盈利状态，但盈利能力较 2019 年下降近 90%，我国现有法律并未禁止此种仍在盈利但盈利状态大幅度下滑的企业亦可采取经济性裁员的方式进行经营调整。经营调整必然涉及内部结构调整，鉴于疫情、企业线上转型的影响，某公司已实际退租陈某所在的中山市办公用房，本案确实属于订立合同时客观经济情况发生重大变化的情形，某公司有权利根据经营需要进行经济性裁员。从程序上看，某公司以经济性裁员为由解除与陈某劳动合同前制订了《人员优化方案》，向工会征求了意见取得了工会的同意，并向当地劳动保障部门进行了报告，符合经济性裁员的法定程序。某公司此次裁员共涉及 200 多人，并非针对陈某，某公司在解除合同前与陈某进行了调岗、补偿协商，在双方无法达成一致意见的情形下，某公司解除与陈某的劳动关系符合法律规定，某公司只须向陈某支付解除劳动合同的经济补偿，无须支付违法解除劳动合同赔偿金，一审认定某公司应支付陈某违法解除劳动合同赔偿金错误。

7 经济性裁员有哪些优先留用的人员？

除了《劳动合同法》规定的三类人员外，还有退役士兵。

根据《劳动合同法》第41条第2款的规定，企业进行经济性裁员时，应当优先留用以下三类人员：（1）与本单位订立较长期限的固定期限劳动合同的；（2）与本单位订立无固定期限劳动合同的；（3）家庭无其他就业人员，有需要扶养的老人或者未成年人的。

此外，根据《退役士兵安置条例》第36条第3款的规定，接收退役士兵的企业在裁减人员时，应当优先留用退役士兵。

8 如何正确理解裁员中有“优先留用”问题？优先是绝对优先吗？

优先不是绝对，此仅为一个原则性的规定。“优先留用”的前提是职工从事工作岗位或工作内容基本相同。如果职工的工作内容存在差异，企业可以根据工作需要选择匹配的职工。

《劳动合同法》第41条以及《退役士兵安置条例》第36条对于优先录用人员，进行了明确的规定，所谓“优先留用”，是指同等条件下的优先留用，在不同等条件下，即职工在工作经验、工作能力、绩效考核结果、学历、身体健康等存在差异的情况下，企业可以依据自身需要从优选择。

实践中，企业裁减特殊人员时，关键是确定“比较范围”和“同等条件”，决定是否解除可能在留用范围内人员，并明确解除的理由。

“在同等条件下优先招用”，是指被裁减人员与其他应聘者在专业、资格、学历、经验等方面条件相同或差不多时，优先录用被裁减人员。

笔者认为，优先招用是一个程序权利，企业有通知被裁减人员进行应聘的法定义务；究竟有哪些方面为“同等条件”，根据企业现实需求确定。

十六、女职工与劳动合同终止

1 女职工的“三期”对劳动合同的终止产生哪些影响？

按照法律规则，处在“三期”中女职工非因重大过错，不得解除或终止劳动合同，2021 年 8 月 20 日，第十三届全国人民代表大会常务委员会第三十次会议通过《关于修改〈中华人民共和国人口与计划生育法〉的决定》，其中将第 18 条第 1 款修改为：“国家提倡适龄婚育、优生优育。一对夫妻可以生育三个子女。”自此，三个子女[①]合法化，根据《劳动合同法》第 42 条的规定“劳动者有下列情形之一的，用人单位不得依照本法第四十条、第四十一条的规定解除劳动合同：……（四）女职工在孕期、产期、哺乳期的……”因而从理论上，处在“三期”中的女职工不得因《劳动合同法》第 40 条的无过错情形被解除劳动合同：（1）劳动者患病或者非因工负伤，在规定的医疗期满后不能从事原工作，也不能从事由用人单位另行安排的工作的；（2）劳动者不能胜任工作，经过培训或者调整工作岗位，仍不能胜任工作的；（3）劳动合同订立时所依据的客观情况发生重大变化，致使劳动合同无法履行，经用人单位与劳动者协商，未能就变更劳动合同内容达成协议的。另外，也不得基于《劳动合同法》第 41 条的裁员情形而被解除劳动合同。

另外，根据《劳动合同法》第 45 条的规定“劳动合同期满，有本法第四

---

① 注意这个表述，是三个子女，而不是三胎。

十二条规定情形之一的，劳动合同应当续延至相应的情形消失时终止。但是，本法第四十二条第二项规定丧失或者部分丧失劳动能力劳动者的劳动合同的终止，按照国家有关工伤保险的规定执行”。也就是说，即便是劳动合同期满，但女职工处于“三期”之内的，同样不得终止劳动合同。

一般来说，处在“三期”中的女职工的无过错解除或终止劳动合同，须延续至哺乳期结束。但《妇女权益保障法》的修订，却导致了不必要的困惑。该法已由中华人民共和国第十三届全国人民代表大会常务委员会第三十七次会议于2022年10月30日修订通过，自2023年1月1日起施行。其中第48条规定：“……女职工在怀孕以及依法享受产假期间，劳动（聘用）合同或者服务协议期满的，劳动（聘用）合同或者服务协议期限自动延续至产假结束……”《劳动合同法》明确劳动合同期满的情况下，自动续延至哺乳期终止。两者均为全国人大制定的法律，如何适用相信会产生不少的争议，须裁判机构作权威释法。

十七、年龄与劳动合同的解除、终止

1 在本单位连续工作满15年，且距法定退休年龄不足5年的，可以解除或终止劳动合同吗？

《劳动合同法》第42条规定：“劳动者有下列情形之一的，用人单位不得依照本法第四十条、第四十一条的规定解除劳动合同：……（五）在本单位连续工作满十五年，且距法定退休年龄不足五年的……”

根据上述规定可知，本单位连续工作满15年，且距法定退休年龄不足5年的劳动者，除非有严重违反用人单位规章制度或劳动纪律的情形，否则不得解除劳动合同，尤其是如下几种常见的劳动合同解除或终止情形下，该类劳动者受到特殊保护，不得解除或终止劳动合同：（1）劳动者患病或者非因工负伤，在规定的医疗期满后不能从事原工作，也不能从事由用人单位另行安排的工作的；（2）劳动者不能胜任工作，经过培训或者调整工作岗位，仍不能胜任工作的；（3）劳动合同订立时所依据的客观情况发生重大变化，致使劳动合同无法履行，经用人单位与劳动者协商，未能就变更劳动合同内容达成协议的；（4）劳动合同期满仍然要继续留用；（5）经济性裁员中不得辞退。

十八、伤病与劳动合同终止

1 有职业病风险的岗位，合同期满后用人单位是否可直接终止劳动合同？

不能，需要先进行离岗检查。

《职业病防治法》第 35 条第 2 款规定，“……对未进行离岗前职业健康检查的劳动者不得解除或者终止与其订立的劳动合同”。《劳动合同法》第 42 条第 1 项规定，“劳动者有下列情形之一的，用人单位不得依照本法第四十条、第四十一条的规定解除劳动合同：（一）从事接触职业病危害作业的劳动者未进行离岗前职业健康检查，或者疑似职业病病人在诊断或者医学观察期间的”，由以上规定可知，即使劳动合同期满，对于从事职业病危害工作的员工，若未进行离岗检查，用人单位也不能终止劳动合同。

2 职工在本单位患职业病或者因工负伤并被确认丧失或者部分丧失劳动能力，解除或终止劳动合同有哪些限制？

在本单位患职业病或者因工负伤并被确认丧失或者部分丧失劳动能力的，则按照国家有关工伤保险的规定执行。

（1）不得因为《劳动合同法》第40条规定的情形解除劳动合同，如即便劳动者不胜任工作也不可解除。同时，也不得因为《劳动合同法》第41条规定的经济性裁员情形而解除劳动合同。

（2）一般而言，职工因工致残被鉴定为一至六级伤残，用人单位不得因劳动合同期满而终止劳动合同。职工因工致残被鉴定为七级至十级伤残的，合同期满且停工留薪期满可终止劳动合同。

另外，对于患病或者非因工负伤，在规定的医疗期内的劳动者而言，医疗期未满的，则用人单位也不可解除或终止劳动合同。

十九、劳动合同终止、解除与其他

1 劳动合同届满之日是法定节假日的，需要顺延至下一个工作日吗?

不需要。理由在于：第一，劳动合同的期限是双方约定内容，不属于法律强制的内容，应当尊重双方当事人的意思自治。第二，根据原劳动部《关于实行劳动合同制度若干问题的通知》（劳部发〔1996〕354号）第5条第2款的规定，劳动合同的终止时间以合同期限最后一日的24时为准。也就是说，劳动合同期限届满之日不存在因法定节假日而顺延的情形。

2 用人单位拒绝出具解除或终止劳动关系的书面证明，劳动者可以主张哪些赔偿?

主要的损失包括如下两种：

（1）赔偿无法就业的损失。如劳动者能证明其求职，但因为没有离职证明，导致其无法入职的，则相应的工资待遇损失应作赔偿。

（2）赔偿失业保险待遇损失。人力资源和社会保障部《实施〈中华人民共和国社会保险法〉若干规定》第 19 条规定，用人单位在终止或者解除劳动合同时拒不向职工出具终止或者解除劳动关系证明，导致职工无法享受社会保险待遇的，用人单位应当依法承担赔偿责任（《社会保险法》第 85 条规定，用人单位拒不出具终止或者解除劳动关系证明的，依照《劳动合同法》的规定处理。也就是说，给劳动者造成损害的，应当承担赔偿责任）。

此处对用人单位有一提示：不管员工有什么样的过错，均不得以任何理由不出具解除或终止劳动合同的证明，因为两者是不同的法律关系。

3 用人单位将解除劳动合同的原因记载在解除劳动合同证明上，该做法是否违反法律规定？

该问题在司法实务中争议较大。

有观点认为，根据原劳动部《关于实行劳动合同制度若干问题的通知》第 15 条、《劳动合同法实施条例》第 24 条的规定：“用人单位出具的解除、终止劳动合同的证明，应当写明劳动合同期限、解除或者终止劳动合同的日期、工作岗位、在本单位的工作年限。”因此，离职原因不属于离职证明的必要载明事项，除非劳动者主动要求记载。而劳动者获取离职证明的目的是再次就业，离职证明上载明离职原因如“违反规章制度”等，可能会对劳动者再次就业造成不利影响。

还有观点认为，法律未禁止将解除劳动合同原因记载在解除劳动合同证明上，而且用人单位对离职情况的客观描述也是必要的，不应认定为损害劳动者的平等就业权利。

司法实践中有不同的观点。甚至同一地区同一时期，就有裁判完全相反的案例，本书所列举的广州市中级人民法院两个同时期的案例，就持两种完全相反的观点。

在（2017）粤01民终9895号案中，广州市中级人民法院认为：

关于重新出具离职证明的问题。依照《劳动合同法实施条例》第24条的规定，用人单位出具解除或终止劳动合同证明，仅限于写明劳动合同期限、解除或终止劳动关系日期、工作岗位、在本单位的工作年限，并未包括解除劳动关系的原因或涉及劳动者能力、品行等情况的描述。某公司向陈某某出具的《离职证明》载明双方劳动关系解除原因不符合上述规定，某公司应严格按照上述条文的规定向陈某某重新出具劳动合同解除的证明。

在（2018）粤01民终17016号案中，广州市中级人民法院认为：

《劳动合同法实施条例》第24条规定明确了用人单位出具解除、终止劳动合同证明应当具备的内容，但并未禁止将解除劳动合同的依据载于解除或者终止劳动合同证明书上，且中交四航公司出具的《解除（终止）劳动合同证明书》记载的解除劳动合同依据亦不构成违反《就业促进法》第3条“劳动者依法享有平等就业和自主择业的权利。劳动者就业，不因民族、种族、性别、宗教信仰等不同而受歧视”之规定，李某某也未能提供证据证明《解除（终止）劳动合同证明书》记载的解除劳动合同依据不实，故李某某要求某公司删除《解除（终止）劳动合同证明书》第3条并重新出具解除劳动合同证明文件缺乏理据，法院不予支持。

专题二 赔偿金争议

本专题所论述的赔偿金，仅指用人单位违法解除或终止劳动合同所产生的赔偿金，在劳动合同的解除或终止时，关于违法解除或终止劳动合同的赔偿金也是最常见的劳动争议之一，其主要法律依据来自《劳动合同法》第 48 条、第 87 条的规定。《劳动合同法》第 48 条规定，用人单位违反本法规定解除或者终止劳动合同，劳动者要求继续履行劳动合同的，用人单位应当继续履行；劳动者不要求继续履行劳动合同或者劳动合同已经不能继续履行的，用人单位应当依照本法第 87 条规定支付赔偿金。第 87 条规定，用人单位违反本法规定解除或者终止劳动合同的，应当依照《劳动合同法》第 47 条规定的经济补偿标准的 2 倍向劳动者支付赔偿金。

本专题主要就用人单位解除或终止劳动合同时须依据的实体和程序规则的理解与适用中的疑难、常见问题予以说明。其中最主要的内容是就用人单位解除劳动合同的行为是否符合《劳动合同法》第 39 条规定实体要件的一些情形作说明。另外，也有一些涉及《劳动法》第 25 条规定的劳动纪律的内容。至于劳动合同的终止问题，因为内容不多，且在经济补偿争议专题中也有表述，为免重复，本专题中仅有几点内容的涉及。

需要明确的是，如果用人单位违法解除劳动合同，《劳动合同法》第 48 条规定，用人单位违反本法规定解除或者终止劳动合同，劳动者要求继续履行劳动合同的，用人单位应当继续履行，除非是劳动合同已经不能继续履行的。虽然继续履行劳动合同的仲裁请求不少，且裁判结果争议较大，但因为争议焦点不多，本书暂不另行论述。

一、赔偿金的法律依据、标准

1 用人单位可能须承担解除或终止劳动合同赔偿金的常见情形有哪些及依据？

用人单位是否须承担违法解除或终止劳动合同的赔偿金，主要是看这些情形下，用人单位解除或终止劳动合同否存在违法的情形，既有程序原因①，也有实体原因。从实体上来看，主要包括用人单位作过错解除、无过错解除、经济性裁员、劳动合同终止等情形。

（1）过错解除及相应规定。

第一，《劳动合同法》第 39 条规定，劳动者有下列情形之一的，用人单位可以解除劳动合同：①在试用期间被证明不符合录用条件的；②严重违反用人单位的规章制度的；③严重失职，营私舞弊，给用人单位造成重大损害的；④劳动者同时与其他用人单位建立劳动关系，对完成本单位的工作任务造成严重影响，或者经用人单位提出，拒不改正的；⑤因本法第 26 条第 1 款第 1 项规定的情形致使劳动合同无效的；⑥被依法追究刑事责任的。

第二，《劳动法》第 25 条规定，劳动者有下列情形之一的，用人单位可以解除劳动合同：①在试用期间被证明不符合录用条件的；②严重违反劳动纪律或者用人单位规章制度的；③严重失职，营私舞弊，对用人单位利益造成重大损害的；④被依法追究刑事责任的。

需要注意的是，上述两个规定中，最容易被忽略的就是《劳动法》规定

---

① 程序原因主要是解除劳动合同没有通知工会、经济性裁员没有提前 30 日向工会或者全体职工说明情况，或听取工会或者职工的意见后，裁减人员方案未向劳动行政部门报告等。

可以以“严重违反劳动纪律”为由解除劳动合同，而《劳动合同法》中是没有这样的规定的，此导致很多人以为解除劳动合同就一定要有规章制度的规定。

（2）无过错解除及相应规定。

《劳动合同法》第40条规定，有下列情形之一的，用人单位提前30日以书面形式通知劳动者本人或者额外支付劳动者1个月工资后，可以解除劳动合同：①劳动者患病或者非因工负伤，在规定的医疗期满后不能从事原工作，也不能从事由用人单位另行安排的工作的；②劳动者不能胜任工作，经过培训或者调整工作岗位，仍不能胜任工作；③劳动合同订立时所依据的客观情况发生重大变化，致使劳动合同无法履行，经用人单位与劳动者协商，未能就变更劳动合同内容达成协议的。

（3）经济性裁员及相应规定。

《劳动合同法》第41条第1款规定，有下列情形之一，需要裁减人员20人以上或者裁减不足20人但占企业职工总数10%以上的，用人单位提前30日向工会或者全体职工说明情况，听取工会或者职工的意见后，裁减人员方案经向劳动行政部门报告，可以裁减人员：①依照企业破产法规定进行重整的；②生产经营发生严重困难的；③企业转产、重大技术革新或者经营方式调整，经变更劳动合同后，仍须裁减人员的；④其他因劳动合同订立时所依据的客观经济情况发生重大变化，致使劳动合同无法履行的。

（4）劳动合同终止及相应规定。

《劳动合同法》第44条规定，有下列情形之一的，劳动合同终止：①劳动合同期满的；②劳动者开始依法享受基本养老保险待遇的；③劳动者死亡，或者被人民法院宣告死亡或者宣告失踪的；④用人单位被依法宣告破产的；⑤用人单位被吊销营业执照、责令关闭、撤销或者用人单位决定提前解散的；⑥法律、行政法规规定的其他情形。

2 解除或终止劳动合同的经济补偿与赔偿金有哪些区别？

两者之间有如下区别：

（1）支付标准存在重要的关联却又有巨大的区别。经济补偿是劳动合同解除或终止后，用人单位按劳动者的工作年限，以离职前12个月的平均工资为依据，对劳动者作出的补偿。主要目的是使劳动者在重新就业的合理时间内获得经济过渡。赔偿金则主要是强调惩罚性、赔偿性，与前者的补偿性质不同，一般情况下是经济补偿的2倍。①。

（2）一般而言，经济补偿的产生基于作出意思表示的一方或双方符合法律规则所致，也即作出意思表示的一方，其行为必须具有合法性。劳资双方的任一方或双方共同依法作出解除或终止劳动合同的意思表示时，均可能会产生经济补偿的法律后果。赔偿金的产生则只能是基于用人单位一方主动、积极的违法解除或被动、消极的违法不继续履行劳动合同所致，又或在解除或终止劳动合同时存在程序上违法的原因所致，用人单位作出意思表示，必须具有实体或程序上的违法性。

3 工资高于社平工资3倍的，违法解除的赔偿金是否受社平工资3倍及12年的限制？

《劳动合同法》第87条规定："用人单位违反本法规定解除或者终止劳动合同的，应当依照本法第四十七条规定的经济补偿标准的二倍向劳动者支付

① 特定情形下，这个标准存在争议，例如，劳动者的工资高于社平工资3倍时，经济补偿是"双封顶"的，也即劳动者月工资高于用人单位所在直辖市、设区的市级人民政府公布的本地区上年度职工月平均工资3倍的，向其支付经济补偿的标准按职工月平均工资3倍的数额支付，向其支付经济补偿的年限最高不超过12年。但在司法实践中，有裁判认为赔偿金的年限却不受最高不超过12年的限制。

赔偿金。”第 47 条规定一共有 3 款，分别为（1）经济补偿按劳动者在本单位工作的年限，每满一年支付 1 个月工资的标准向劳动者支付。6 个月以上不满 1 年的，按 1 年计算；不满 6 个月的，向劳动者支付半个月工资的经济补偿；（2）劳动者月工资高于用人单位所在直辖市、设区的市级人民政府公布的本地区上年度职工月平均工资 3 倍的，向其支付经济补偿的标准按职工月平均工资 3 倍的数额支付，向其支付经济补偿的年限最高不超过 12 年；（3）本条所称月工资是指劳动者在劳动合同解除或者终止前 12 个月的平均工资。

根据上述规定，似乎很明确，赔偿金以经济补偿为标准再乘以 2 即可，也即同样“双封顶”，但是后来发布的《劳动合同法实施条例》，却带来了极大的争议。

《劳动合同法实施条例》第 25 条规定：“用人单位违反劳动合同法的规定解除或者终止劳动合同，依照劳动合同法第八十七条的规定支付了赔偿金的，不再支付经济补偿。赔偿金的计算年限自用工之日起计算。”

有人就认为，该规定对《劳动合同法》第 47 条第 1 款、第 2 款的规定进行了明确区分，也即赔偿金的标准适用第 1 款的规定，3 倍封顶。至于赔偿金年限，并不适用第 2 款的规定，而是适用《劳动合同法实施条例》第 25 条的规定“自用工之日起计算”，而之所以赔偿金相较于经济补偿没有 12 个月的封顶，是体现了法律对用人单位违法解除劳动合同行为的惩罚性。

各地对此持不同的标准，但总体而言，笔者个人感觉还是“双封顶”的裁判观点更多，以下案例就明确需要“双封顶”。

在（2021）粤民申 4525 号案中，广东省高级人民法院认为：

关于违法解除劳动合同赔偿金的计算问题。根据《劳动合同法》第 47 条第 2 款“劳动者月工资高于用人单位所在直辖市、设区的市级人民政府公布的本地区上年度职工月平均工资三倍的，向其支付经济补偿的标准按职工月平均工资三倍的数额支付，向其支付经济补偿的年限最高不超过十二年”以及该法第 87 条“用人单位违反本法规定解除或者终止劳动合同的，应当依照本法第四十七条规定的经济补偿标准的二倍向劳动者支付赔偿金”之规定，对于月工资超过本地区上年度职工月平均工资 3 倍的劳动者的经济补偿，立法上采取了“双封顶”的特殊计算方式，即计算基数按本地区职工月平均工资3倍确定，支付年限最高不超过12年；而违法解除劳动合同赔偿金的计算方式为经济补偿的数额乘以2。虽然《劳动合同法实施条例》第25条规定，“用人单位违反劳动合同法的规定解除或者终止劳动合同，依照劳动合同法第八十七条的规定支付了赔偿金的，不再支付经济补偿。赔偿金的计算年限自用工之日起计算”，但是该条属计算违法解除劳动合同赔偿金工作年限的一般规定，而针对月工资超过本地区上年度职工月平均工资3倍的劳动者该特殊情况，若该劳动者的工作年限自用工之日起算超过12年的，违法解除劳动合同赔偿金的支付年限依然最高不得超过12年。二审法院关于姚某某应得违法解除劳动合同赔偿金的计算方法正确，广东省高级人民法院予以认可。

另外，广州市中级人民法院也明确持该观点，广州市中级人民法院《关于审理劳动人事争议案件若干问题的研讨会纪要》第7条规定，“劳动者月工资高于当地职工月平均工资三倍，其主张违法解除劳动合同的赔偿金是否也受3倍和不超过12年的限制的问题，根据《中华人民共和国劳动合同法》第47条、第87条规定，经济补偿金受3倍和不超过12年的限制，赔偿金则是按上述确定的经济补偿金标准的2倍计算”。

4 用工跨2008年，单位违法解除劳动合同的，赔偿金年限及倍数如何计算？

用人单位违法解除劳动合同的，应当向劳动者支付违法解除的赔偿金。如果劳动者的工作时间跨越《劳动合同法》施行前后的，赔偿金应当如何计发，各地法院对此做法不一①，主要有三种观点：其一，直接从《劳动合同法》施行之日即2008年1月1日开始，按照劳动者的工作年限计算赔偿金的

① 此处不讨论劳动者离职前12个月的平均工资高于所在直辖市或设区市职工平均工资3倍的情形。

计发月数，2008 年之前的工作时间不计入赔偿金的计发月数，也就是对于劳动者在 2008 年之前的赔偿金请求不予支持，这种做法明显侵害劳动者该部分工作时间可以获得赔偿的权利，不可取。其二，对 2008 年前后的工作时间分别计算赔偿金数额，2008 年之前按照《违反和解除劳动合同的经济补偿办法》每工作 1 年发给 1 个月的经济补偿进行赔偿，2008 年后则按照《劳动合同法》第 47 条和第 87 条的规定，按照经济补偿的 2 倍支付赔偿金。其三，按照《劳动合同法实施条例》第 25 条的规定，用人单位违反《劳动合同法》的规定解除或者终止劳动合同，依照《劳动合同法》第 87 条的规定支付了赔偿金的，不再支付经济补偿。赔偿金的计算年限自用工之日起计算。也就是说，不再按照《劳动合同法》施行前后分别计算不同的支付标准，直接按照劳动者的连续工作年限统一计算赔偿金。第三种做法对劳动者的保护最为周全，也与立法精神相符。广东省高级人民法院就持这样的观点。

广东省高级人民法院、广东省劳动人事争议仲裁委员会《关于审理劳动人事争议案件若干问题的座谈会纪要》（粤高法〔2012〕284 号，已废止，但仍是重要参考）第 33 条规定，《劳动合同法》实施后，用人单位违法解除或终止劳动合同，劳动者不要求继续履行劳动合同或劳动合同已经不能继续履行的，用人单位应按《劳动合同法》的规定向劳动者支付赔偿金，但无须另行支付经济补偿。赔偿金的计算年限自实际用工之日起计算，应包括劳动者在《劳动合同法》实施前的工作年限。

广州市中级人民法院《关于审理劳动人事争议案件若干问题的研讨会纪要》第 27 条规定，劳动者月工资高于当地职工月平均工资 3 倍，其主张违法解除劳动合同的赔偿金是否也受 3 倍和不超过 12 年的限制的问题，根据《劳动合同法》第 47 条、第 87 条的规定，经济补偿金受 3 倍和不超过 12 年的限制，赔偿金则是按上述确定的经济补偿金标准的 2 倍计算。

二、《劳动合同法》第 39 条中“在试用期间被证明不符合录用条件”的解除

1 在试用期内，用人单位可以随意解除劳动合同吗？

《劳动合同法》第 21 条规定，“在试用期中，除劳动者有本法第三十九条和第四十条第一项、第二项规定的情形外，用人单位不得解除劳动合同。用人单位在试用期解除劳动合同的，应当向劳动者说明理由”。

用人单位与劳动者约定试用期，并不意味着用人单位在试用期内可以随意解除劳动合同，只有当用人单位能证明劳动者存在上述条款所规定的情形时，才可以解除劳动合同。若用人单位依据《劳动合同法》第 39 条规定的情形解除劳动合同的，用人单位无须向劳动者支付经济赔偿金或经济补偿金；若用人单位依据《劳动合同法》第 40 条第 1 项、第 2 项规定的情形解除劳动合同的，还应当向劳动者支付经济补偿。①

2 用人单位在试用期内辞退员工须注意什么，怎样才能合法解除试用期劳动合同？

虽然用人单位在试用期内辞退员工相较于转正后辞退的条件有所宽松，但实务中解除劳动合同仍须注意下列要点：

（1）设定录用条件。该条件的设定，可以比严重违反劳动纪律的情形要轻微很多，比如可设定为试用期旷工超过 1 天、迟到早退超过 5 次、无法提

① 如果录用条件中约定了《劳动合同法》第 40 条第 1 项、第 2 项规定的情形为不符合录用条件，那么应该也无须支付经济补偿。

供完整的入职资料等。

（2）事由是“不符合录用条件”而非其他条件，尤其不能是“不胜任工作”，否则单位失去主动权，因为“不符合录用条件”的情形非常广泛，不仅仅包括工作能力问题，还可以包括劳动纪律、合作精神等。另外，如果以不胜任工作为由解除，那么还需在先经培训或调整岗位仍不能胜任工作的情况下，才可以解除劳动合同，并需支付经济补偿。

（3）解除劳动合同的时间应当在试用期届满前。如果用人单位要以试用期内不符合录用条件为由单方解除劳动合同，则需要在试用期届满前作出解除决定并告知员工。一旦试用期满，用人单位再以上述理由解除劳动合同的，难以获得裁判的支持。

（4）招聘岗位的录用条件需要明确、具体并事先告知员工。录用条件需要明确招聘岗位所要求的学历、职称等条件，并将上述条件事先告知员工，如让员工在录用条件上签字确认等。

（5）用人单位须将员工试用期内工作表现的考核结果告知员工。用人单位需要将考核时间、考核指标、成绩核算等事先告知员工，并将考核结果告知员工，由员工签字确认。如员工拒绝签字，可以按约定的其他送达方式告知员工。

3 用人单位未告知劳动者录用条件及考核标准，能否以劳动者在试用期内不符合录用条件为由解除劳动合同？

实务中，如果用人单位没有事先告知劳动者录用条件及考核标准，而直接以“试用期内不符合录用条件”为由解除劳动关系，此种情形极有可能被认定“违法解除”。根据《劳动合同法》第 39 条第 1 款、第 21 条的规定，用人单位以“试用期内不符合录用条件”解除劳动合同的，不仅应当将明确的录用条件及考核标准事先告知劳动者，而且需要证明劳动者不符合录用条件。

广州市有裁判案例持该观点，在（2018）粤 0115 民初 3086 号案中，法院认为：

双方劳动合同虽约定原告在试用期内被证明不符合被告录用条件的，被告有权解除劳动关系，但该合同并未明确约定不符合录用条件的具体情形和内容，被告也未提供证据证明通过口头或书面形式（包括被告制定的规章制度）明确告知原告试用期不符合录用条件的具体情形和内容，故被告在2017年9月5日单方以原告试用期业绩不达标为由告知被告不能转正并辞退原告的行为，不符合《中华人民共和国劳动合同法》第三十九条第（一）项的规定，不属于合法解除劳动合同。

4 试用期内发现员工患有精神病，用人单位可否解除劳动合同?

根据《劳动合同法》第42条第3项的规定，劳动者患病或非因工负伤，在规定的医疗期内的，用人单位不得依照该法第40条、第41条的规定解除劳动合同。但用人单位在试用期间以员工不符合录用条件的为由解除劳动合同，属于《劳动合同法》第39条第1项的规定，并不受第42条第3项的限制。此外，原劳动部《关于实行劳动合同制度若干问题的通知》（劳部发〔1996〕354号）第11条规定："用人单位对新招用的职工，在试用期内发现并经有关机构确认患有精神病的，可以解除劳动合同。"因此，若员工确诊为精神病，用人单位可以以员工患精神病不符合录用条件为由，合法解除劳动合同。

5 用人单位是否可以在试用期解雇不符合录用条件的孕期女职工?

如果怀孕劳动者确实存在不符合录用条件的情形，用人单位是可以解雇试用期不符合录用条件的怀孕劳动者的。《劳动合同法》第42条规定的"三期”女职工不得解除劳动合同的情形中，不包括“试用期内不符合录用条件”的情形。如果用人单位有充分证据证明孕期女职工试用期内不符合录用条件的，用人单位适用《劳动合同法》第39条第1款解除劳动合同极大可能获得支持。

但对于用人单位而言，首先，岗位的录用条件应当明确、具体；其次，录用条件及未达录用条件的后果应当提前告知劳动者，让劳动者知晓；最后，用人单位应当保留劳动者不符合录用条件的证据，主要是指与录用条件相关联的绩效考核制度，劳动者的考核结果表明其不符合录用条件。

三、《劳动合同法》第39条中“严重违反用人单位的规章制度”的解除中的民主程序

1 用人单位只有制定规章制度时才需履行民主程序吗？

不是。其他涉及员工切身权益的重大事项，也须履行民主程序。

根据《劳动合同法》第4条第2款的规定，用人单位在制定、修改或者决定有关劳动报酬、工作时间、休息休假、劳动安全卫生、保险福利、职工培训、劳动纪律以及劳动定额管理等直接涉及劳动者切身利益的规章制度或者重大事项时，应当经职工代表大会或者全体职工讨论，提出方案和意见，与工会或者职工代表平等协商确定。

很多人只看到了规章制度，没看到后面的“重大事项”，如企业要搬迁、撤并等，都属于重大事项，均应和制度规章制度一样，属于“一讨论二协商三公示或告知”民主程序。

2 法律规定规章制度要“协商确定”，但企业就一定要与劳动者协商一致吗？

笔者认为是资方单决。

《劳动合同法》第 4 条第 2 款规定：“用人单位在制定、修改或者决定有关劳动报酬、工作时间、休息休假、劳动安全卫生、保险福利、职工培训、劳动纪律以及劳动定额管理等直接涉及劳动者切身利益的规章制度或者重大事项时，应当经职工代表大会或者全体职工讨论，提出方案和意见，与工会或者职工代表平等协商确定。”2001 年最高人民法院《关于审理劳动争议案件适用法律若干问题的解释（一）》（已失效），历史性地在司法解释层面规定民主程序制定规章制度，先经职工代表大会或者全体职工讨论，提出方案和意见，后与工会或者职工代表平等协商确定，即“先民主、后集中”的制定模式，由此体现了借助“职工参与的集体自治”限制用人单位滥用单方制定权的价值取向。但引发了共商还是单决争议，笔者认为是单决，理由如下：

一审稿采取了劳资共同制定规章制度的设计。一审稿第 5 条第 2 款规定规章制度中直接涉及劳动者切身利益的事项应当经工会，职工大会或职工代表大会讨论通过，或者通过平等协商作出规定。为保证该条款的落实，在第 51 条第 1 款中规定用人单位单方面作出规定的无效。但在二审稿中，删除了“通过”的字眼，改为讨论、提出方案和意见，尤其是把第 51 条中无效的规定删除。学术界对此普遍认为，民主过程只是一个集思广益的过程，协商过程中出现的结果只对制定结果有参考意义。

全国人大常委会法工委也明确指出“在充分听取意见，经过民主程序后，由用人单位确认”规章制度①。

深圳市中级人民法院《关于审理劳动争议案件的裁判指引》（深中法发〔2015〕13 号）第 73 条明确规定：“《劳动合同法》第四条第二款规定的‘平

① 参见信春鹰、阚珂主编：《中华人民共和国劳动合同法释义》，法律出版社 2013 年版。

等协商确定’主要是指程序上的要求，如果平等协商无法达成一致，最后决定权在用人单位。如该规章制度违反法律法规的规定，给劳动者造成损害的，劳动者可依据《劳动合同法》第八十条寻求救济。”

3 证明民主程序需要哪些文件？

（1）如果是职工代表参加的，应有保证组成人员合法性的文件——《部门职工代表推荐表》。如全体职工参会的，无须选任代表；如达到一定职工人数的，应由职工代表参会；如由职工代表开会，则建议通过推荐表，保证人选的合法性。一般而言，100 人以内为全体职工大会，300 人以上为职工代表大会，100～300 人则可选择其一。

（2）证明出席人数符合标准的文件——《关于某某事项讨论、提出方案和意见的职工代表大会签到表》。如果全体职工大会则为《关于某某事项讨论、提出方案和意见的职工大会签到表及会议纪要》。不管是职工代表大会还是职工大会，都必须超过 2/3 以上的员工出席（如需通过相应的决议，则需要职工代表或职工总数的一半以上才能通过）。

（3）证明员工参与了讨论，提出了方案和意见的文件——《关于某某事项讨论、提出方案和意见的会议纪要》。《关于某某事项讨论、提出方案和意见的会议纪要》，可以以全体职工或代表会议的方式作纪要，说明大家的意见情况，并做记录，然后参会者签名确认。也可以分发意见征集表，由员工签名确认。为免争议，建议采用前者的方式。

（4）证明员工参与了协商的文件——《××制度协商会议纪要》。由工会或职工代表参与，证明与员工作了相应的协商。同样，用人单位要注意，这份文件不能仅仅有公司印章，还要有参会人员的签名。

4 如何确定企业需召开的是“职工代表大会”还是“职工大会”?

一般以人数为标准。

根据《城镇集体所有制企业条例》第 27 条的规定，集体企业必须建立、健全职工（代表）大会制度：（1）100 人以下的集体企业，建立职工大会制度；（2）300 人以上的集体企业建立职工代表大会制度；（3）100 人以上 300 人以下的集体企业，建立职工大会或者职工代表大会制度，由企业自定。

根据中华全国总工会办公厅《关于规范召开企业职工代表大会的意见》（总工办发〔2011〕53 号）第 6 条的规定，企业应当根据职工人数和生产（行政）单位设置状况确定职工代表总数、划分选区、分配名额，进行职工代表的选举。职工代表人数应当按照企业全体职工人数的一定比例确定，具体比例和人数应当按照本企业职代会实施办法（细则）确定，或由企业与工会协商确定，但最少不得低于 30 人。企业职工人数在 50 人以下的，应当召开职工大会。

结合两个规定，我们建议 100 人以下的，还是召开职工大会。

5 职工代表的人数最少不应少于多少人?

最少不应少于 30 人。

中共中央纪委、中共中央组织部、国务院国有资产监督管理委员会、监察部、中华全国总工会、中华全国工商业联合会联合发布的《企业民主管理规定》（总工发〔2012〕12 号）第 8 条第 2 款规定：“企业召开职工代表大会的，职工代表人数按照不少于全体职工人数的百分之五确定，最少不少于三十人。职工代表人数超过一百人的，超出的代表人数可以由企业与工会协商确定。”

6 中层以上领导不得超过职工代表总人数的多大比例？

不得超过20%，需注意的是，如果有劳务派遣用工，劳务派遣职工也应有一定的比例。

《企业民主管理规定》第9条对于各类员工比例作明确规定："职工代表大会的代表由工人、技术人员、管理人员、企业领导人员和其他方面的职工组成。其中，企业中层以上管理人员和领导人员一般不得超过职工代表总人数的百分之二十。有女职工和劳务派遣职工的企业，职工代表中应当有适当比例的女职工和劳务派遣职工代表。"

7 用人单位为其管理人员或领导干部制定的规章制度，未经民主程序能否适用？

用人单位对其管理人员往往都有着不同于普通劳动者的管理制度，规定适用的范围也是上述人员，在这样的情况下，履行全员民主程序虽然也仍是最佳选择，但其必要性显然低于全体职工都适用的那些制度。即便需要履行民主程序，如果只在上述人员范围内履行，其效力应当也是能够被认可的。首先，管理人员在单位中的话语权远大于普通劳动者，对于重要规章制度的制定基本都有发表意见的机会，甚至参与制定过程，即便是在制度制定后新任职的管理人员也有能力或较容易获知与其自身利益密切相关的制度；其次，管理人员是规章制度的主要实施者，在与单位发生纠纷的情况下，管理人员一方在诉讼中提出不知某项制度存在的抗辩理由，可信度不高，容易被推定明知；最后，从用人单位性质来看，如果是国有单位，对领导干部的提拔、任免、处分等制度体现一定的行政干预性，有时可能不宜通过《劳动法》《劳动合同法》等法律进行调整；如果是非国有单位，投资人及其决策机构对其任命的管理人员具有一定的自主决定权，一个重要的管理者可能直接决定单位今后的走向，当存在确实需要进行人事调整的情况下，应当赋予其大于对一般劳动者的支配自由，如果用人单位对其管理人员的调整行为不存在违反法律、行政法规强制性规定的，基于理性的利益衡量，不应仅以制度未经民主程序为由从而否定其行为的有效性。本书的意图并不是鼓励用人单位对该部分规章制度可以不履行民主程序，只是站在相关事件已经发生，而用人单位所依据的规章制度又未经民主程序的情况下，可参考上述答辩思路。

在（2017）粤01民终16199号、16200号案中，广州市中级人民法院认为：

关于该文件是否应当经过全员职工讨论通过的问题，被上诉人辩称，该文件不是针对全体职工的文件，只是针对领导干部的文件，因此无须经过全体企业职工的讨论。被上诉人的抗辩具有合理性，对此本院予以采纳，确认该文件为有效文件。上诉人既然入职该企业，并成为该企业的部门领导干部，应当接受该企业与员工达成的协议，《干部退出领导岗位管理暂行办法》就是该企业与领导岗位的员工达成的协议，上诉人作为领导岗位的员工就应当遵守该协议。

四、《劳动合同法》第39条中“严重违反用人单位的规章制度”的解除中的制度内容

1 将规章制度作为劳动合同附件的约定，是否合理？

我们认为不合理，这对于企业而言，不一定有利。

很多劳动合同中，都约定“如下制度作为合同的附件，与劳动合同具有同等的法律效力：……”这样的约定会让一些企业感觉不错，因为这个约定解决了规章制度认可及送达的问题。但却可能产生意想不到的法律后果：有观点认为，既然规章制度是劳动合同的附件，则属于协议的内容之一，所以

规章制度如需变更，也需要该员工同意。如果没有获得该员工同意，后来修改的内容对员工无约束力。

另外，也有裁判观点认为，这是合同中格式的条款，显然未真正让劳动者出示，且也未见以附件的形式附于后面，约定无效。

2 规章制度合理合法且适用于劳动者，具体有哪些要求？

规章制度合理合法且适用于劳动者，具体有以下要求：（1）规章制度应（尽量）履行民主程序；（2）合法性，不能违反法律规定；（3）具有合理性，避免过重过轻的问题，应考虑行业特性以及岗位特点等因素；（4）逻辑合理，条款间不能冲突，也不能与劳动合同冲突；（5）有公示或告知员工的证据；（6）条款可量化强，保证其执行性；（7）避免制度与劳动合同冲突；（8）不能一事多罚（同类）；（9）不能一事可以多种处罚选择；（10）层级设计不能太多，以免操作混乱；（11）有禁止，也应有罚则。

3 用人单位规定连续旷工两天可以解除劳动合同有效吗？

《企业职工奖惩条例》规定，劳动者连续旷工天数达到 15 日以上，累计旷工达到 30 日以上的，用人单位才能对职工进行除名处理。如果以此作为判断标准，劳动者旷工两天远未达到严重的程度。但《企业职工奖惩条例》已经于 2008 年被废止，在司法实践中，劳动者旷工 3 天尤其是连续旷工的情形下，用人单位规定属于严重违反规章制度，用人单位可以解除劳动合同，这是实践中很常见的情形，可以说在劳动争议司法实践中旷工 3 天可开除是一种达成共识的裁量基准。

那么，规定连续旷工两天解除劳动合同是否有效呢？笔者认为，法律赋予用人单位在不违反法律、行政法规强制性规定的合理范围内制定本单位管理制度的权利，只要用人单位的规章制度履行了相应的制定及公示或告知程序，就应予以认可，旷工两天开除似具有合理性。但需要注意的是，《事业单位人事管理条例》第15条的规定仍沿用了《企业职工奖惩条例》的标准，具体规定为："事业单位工作人员连续旷工超过15个工作日，或者1年内累计旷工超过30个工作日的，事业单位可以解除聘用合同。"如下案例就认可了这种规定的合理性。

在（2018）渝民申1610号案中，重庆市高级人民法院认为：

最高人民法院《关于审理劳动争议案件适用法律若干问题的解释》（已失效）第19条①规定："用人单位根据《劳动法》第四条之规定，通过民主程序制定的规章制度，不违反国家法律、行政法规及政策规定，并已向劳动者公示的，可以作为人民法院审理劳动争议案件的依据。"《劳动合同法》第39条规定，劳动者严重违反用人单位的规章制度的，用人单位可以解除劳动合同。甲公司举示的《员工手册》《工会组织职工讨论规章制度的会议记录》《确认书》等证据，能够证明甲公司的规章制度规定员工旷工两天属于严重违纪行为，甲公司有权解除劳动合同；该规章制度的制定经过了职工讨论，并向蒋某公示。而根据蒋某签字确认的《面谈记录》，蒋某承认其在2016年9月3日和4日两天没有上班，也没有请假，并知晓旷工的后果是解除劳动合同。蒋某的旷工行为违反了甲公司的规章制度，甲公司依据规章制度解除与蒋某的劳动合同，符合法律规定，一、二审判决并无不当。蒋某申请再审的理由不能成立。

在（2014）粤高法民申字第122号案中，广东省高级人民法院也持这样的观点：

原审诉讼中，某县烟草专卖局向原审法院提交的2010年12月《考勤月报表》，证实袁某某在2010年12月15日起连续旷工超过两天。某县烟草专

① 该条文已失效，现对应的为最高人民法院《关于审理劳动争议案件适用法律问题的解释（一）》第50条。

卖局是广东省烟草某市有限责任公司某县分公司，其举证的《某市烟草行业员工奖惩制度》是经某市烟草专卖局（公司）第五届第六次职工代表大会审议通过的。该奖惩制度规定，解除劳动合同标准为“处以记过处分后仍再犯者；或旷工两天及以上者”。因此，原判决认定某县烟草专卖局是合法解除其与袁某某的劳动合同理据充分。袁某某所提再审申请理由缺乏事实和法律依据，法院不予支持。

4 员工违规了，应什么时间内处分？

一般来说，越早处罚，则其合理性就更正当，否则很可能被认为单位故意找理由来解除劳动合同。那么一般要在什么时间处分合理性更足呢？现时法律上没有明确的规定，《企业职工奖惩条例》（1982 年颁布，已于 2008 年被废止）第 20 条规定“审批职工处分的时间，从证实职工犯错误之日起，开除处分不得超过五个月，其他处分不得超过三个月”，不过这个规定已失效。

一些地方有明确的规定，但各地规定并不统一。

（1）《重庆市职工权益保障条例》第 26 条第 2 款规定，用人单位应当从知道或者应当知道职工违反规章制度行为之日起 1 年内作出处理决定。逾期未处理的，不再追究该违章责任。

（2）《辽宁省职工劳动权益保障条例》第 26 条第 2 款规定，用人单位应当从知道或者应当知道职工违反规章制度行为之日起 1 年内作出处理决定。逾期未处理的，不得再追究其责任。

（3）《天津市贯彻落实〈劳动合同法〉若干问题实施细则》（津人社规字〔2018〕14 号）第 12 条规定，劳动者有《劳动合同法》第 39 条第 2 项、第 3 项、第 4 项、第 5 项、第 6 项情形之一，用人单位与劳动者解除劳动合同的，应自知道或应当知道劳动者存在上述情形之日起 6 个月内作出解除劳动合同的决定。

浙江省高级人民法院《关于审理劳动争议案件若干问题的解答（二）》中也有相关的规定。

5 对于员工打架斗殴、嫖娼、赌博、吸毒等行为，单位怎样正确处理？

不管是以员工打架斗殴、嫖娼、赌博、吸毒等为由，还是以被行政拘留为由解除劳动合同（被追究刑事责任除外），均存在风险。在实践中，为了降低用人单位解除劳动关系的风险，建议在规章制度中规定如下：

（1）明确打架斗殴、嫖娼、赌博、吸毒等行为，即便发生在工作场所以及工作时间以外，均属于严重违反用人单位规章制度的行为，用人单位可以以此为由解除劳动关系。

（2）明确因打架斗殴、嫖娼、赌博、吸毒等违法行为而导致被行政拘留属于旷工。一旦员工因行政拘留而被解除劳动合同，则用人单位败诉的风险大大降低。

（3）如果用人单位没有明确的规定，则在解除劳动合同时，应以严重违反劳动纪律为由解除。

其中，用人单位规章制度中典型的错误有两个：一是规定须造成严重后果后才可开除，一旦有这样的规定，则用人单位须举证并说服裁判者劳动者已造成严重后果的事实，而用人单位往往很难举证并合理说明；二是规定用人单位可根据情节作出如警告、记过、开除的处分，此情形下，用人单位往往只能以最轻的警告作出处分，因裁判者往往不会认可用人单位的裁量权。

6 公司规定绩效评定不合格开除是否合法？

笔者认为，这种规定违法。因为绩效考核评定不及格在性质上不属于违纪行为，而是属于工作能力不能胜任，可将其作为解除劳动合同的累计行为之一，解除合法性不应得到支持。构成违纪行为，主观上要求该员工对发生行为存在故意或重大过失，即员工的行为应当具有可谴责性。绩效评定结果不及格，可能反映了该员工工作能力不能胜任岗位之需要，而无法说明员工主观上存在恶意或具有可谴责性，对于该情况《劳动合同法》也已经予以明确规定，即予以转岗或培训后，劳动者仍不能胜任工作，用人单位才能行使法定单方解除权。因此，将绩效考核评定结果不及格作为解除劳动合同的累计行为之一，合法性很难得到支持。

7 实行不定时工作制的岗位，用人单位可以对员工考勤管理吗？

法律上并未见禁止对不定时工作制员工进行考勤管理的规则，实务中对于此问题有不同的观点。有观点认为，实行不定时工作制的岗位具有特殊性，无法按标准工作时间安排工作，用人单位不应当机械地要求考勤管理，否则就不是不定时工作制。也有观点认为，不定时工作制虽区别于标准工时制，没有固定的上下班时间，但并非完全按照劳动者意愿随意安排上下班时间。即使实行不定时工作制的员工，也应当遵守用人单位的各项规章制度，包括考勤制度。

笔者倾向于认为，实行不定时工作制的岗位，用人单位也可以要求进行考勤管理。理由在于，不定时工作制仅是工作时间不固定，但法律没有排除用人单位进行考勤的用工管理权利。在用工实践中，用人单位需要安排某种灵活考勤方式，对不定时工作制的岗位进行管理和规范，才能保证用人单位对员工的工作状态、工作内容进行考察和了解。

笔者检索广州、上海、南京等地的相关案例中，裁判观点多认为对员工进行考勤管理是用人单位经营自主权的体现，因此用人单位可以对不定时工作制员工采取考勤制度进行监督。从降低风险的角度来看，应根据不定时工作制的特点制定有别于标准工时的考勤管理制度，不能一直是固定的上下班时间，如记录工作完成量的考勤方式。另外，即便是如果用人单位申请获批对部分岗位实行不定时工作制却未实施，而是仍按照标准工时进行早晚上下班考勤，法院可能会认定单位并未实际实施不定时工作制，仍应按照标准工时制认定双方的权利义务关系，即单位可能需要向员工支付加班费。

关于是否可以对不定时工作制员工按照标准工时制考勤的问题，在（2015）皖民提字第00071号案中，安徽省高级人民法院认为：

某公司与刘某在劳动合同中约定实行不定时工作制，某公司在未与刘某协商一致的情况下，单方面制定规章制度对刘某按照标准工时制度进行考勤管理，后因刘某未按照要求按时考勤，某公司以刘某严重违反规章制度为由解除双方劳动合同，该行为不仅违反了双方的约定也违反了法律的规定，遂撤销二审判决，改判某公司向刘某支付违法解除劳动合同的赔偿金。

关于是否可以对不定时工作制考勤以及如何考勤的问题，在（2019）粤01民终20638号案中，广州市中级人民法院认为：

胡某主张其根据公司事先编制的排班表上下班，并且严格执行考勤制度，故实际上按标准工时制履行劳动合同，对此本院分析如下：实行不定时工作制的劳动者，虽然没有固定的上下班时间限制，工作时间上相对灵活，但并不意味着绝对的自由，其仍须根据用人单位的安排在特定的时间段内到岗以完成工作任务，同时也并不意味用人单位丧失对劳动者进行考勤管理的权利。本案中，尽管胡某主张执行排班和考勤制度，但排班是对工作任务的分配与安排，且其作为店铺管理人是可以参与排班工作的，与实行不定时工作制并不必然冲突，实际上，胡某的排班情况是动态调整的，仍然符合不定时工作制弹性出勤的特征；而考勤是用人单位对劳动者的内部管理方式，旨在考察劳动者的到岗情况以确保工作任务的完成，同样不足以否定不定时工作制的实行。故胡某以需要按排班表上下班及进行考勤为由主张其非实行不定时工作制，理据不足，原审法院不予采信……亦可印证某公司已通过合理安排工作时间的方式保障胡某休息休假的权利，符合不定时工作制“集中工作、集中休息、轮休调休、弹性工作时间”的特点。

另外，在（2021）苏01民终1222号案中，南京市中级人民法院认为：

谭某作为劳动者，应当服从某公司合理的工作安排，某公司要求谭某到办公场所打卡考勤，与谭某进行了充分的协商，并根据谭某的需求提出了可变通的方案，谭某拒不接受某公司的所有安排，继续按照原来的方式提供劳动，属于严重违反用人单位规章制度，某公司依据《劳动合同法》第 39 条第 2 项的规定解除劳动关系，属于合法解除。

结合上述裁判意见可知，用人单位如需对不定时工作的劳动者进行考勤管理的，应当与其进行协商，在保持不定时工作模式不变的情况下，要求劳动者到单位工作场所打卡考勤的，应当给予一定的便利条件，如允许错峰上下班；考勤的天数不必须按照标准工作日计算，给予一定比例的浮动空间；或完成指定工作后，可灵活支配剩余的工作时间等。如果确须按照标准工时执行，也可以与劳动者协商一致变更为标准工时。同理，作为劳动者，在单位提出考勤管理的要求时，可以根据自身实际情况提出合理的诉求，积极与单位开展协商，共同促成对双方都相对公平的可执行方案。

五、《劳动合同法》第 39 条中“严重违反用人单位的规章制度”的解除中的公示、告知

1 约定“规章制度为合同的附件”，是否就一定会被认定为已告知？

在（2017）沪 0120 民初 14692 号案中，上海市奉贤区人民法院认为：

虽然原、被告签订的《劳动合同》对“甲方（被告）颁发的规章制度作为合同的附件，乙方（原告）承诺经阅读并理解上述附件的内容，并愿意按其执行、受其制约”作出了约定，但被告未向法院提供任何证据证明作为合同附件的规章制度中包含《考勤规定》以及其规章制度确已作为合同附件于签订《劳动合同》时一并向原告出示等事实，亦未能提供证据证明《考勤规定》已予以公示，故被告辞退原告的行为不符合《劳动合同法》规定的用人单位可以解除劳动合同的情形，属违法解除。

2 关于规章制度的公示、告知，有哪些方式？

主要方式有：（1）当面送达；（2）通过邮寄的方式送达；（3）通过电子邮件、微信、QQ、钉钉等方式送达；（4）在单独的规章制度告知书中确认已告知；（5）在入职登记表中明确已告知；（6）在劳动合同中明确已告知；（7）通过培训或考核规章制度的方式确认制度已告知；（8）在OA系统中公示；（9）在公告栏等公共场所中公示；（10）网站、登报等公示。

3 用人单位虽然在公告栏等地方公示，但劳动者从来不看公告栏等，对其有约束力吗？

即便不知道，也有约束力。

《劳动合同法》第4条第4款规定："用人单位应当将直接涉及劳动者切身利益的规章制度和重大事项决定公示，或者告知劳动者。"因此，凡是没有经过公示或告知劳动者的规章制度，就对员工没有约束力。但如果履行了公示或告知程序，员工不得以不知道为由不遵守。

4 劳动者拒绝签收规章制度的，是否不受规章制度约束？

根据《劳动合同法》第4条的规定，规章制度经公示或告知均可，只要履行了相应的其他的公示或告知程序的，劳动者即便拒绝签收同样对其有约束力。最高人民法院《关于审理劳动争议案件适用法律问题的解释（一）》第50条第1款对此有明确的规定："用人单位根据劳动合同法第四条规定，通过民主程序制定的规章制度，不违反国家法律、行政法规及政策规定，并已向劳动者公示的，可以作为确定双方权利义务的依据。”由此可知，规章制度经公示或告知即可，并没有限定告知方式。

六、《劳动合同法》第39条中“严重违反用人单位的规章制度”的解除中的取证及处分

1 对员工的违纪行为为什么要尽快处理？

对员工的违纪行为要尽快处理有如下三个理由：

（1）劳动者在犯下过错时，一开始是懊恼和愧疚的，在这种情形下，如果用人单位在第一时间与员工谈话，员工更可能承认违规的事实，并愿意接受处分。

（2）违规处罚如果时间过久，会被认为处罚无效，虽然现时法律上没有明确的规定，但以前的规则可作参考。《企业职工奖惩条例》（1982年颁布，已废止）第20条规定，审批职工处分的时间，从证实职工犯错误之日起，开除处分不得超过5个月，其他处分不得超过3个月。有一些地方对此也有类似的规定，不过时间的要求并不同。

（3）累计处分多次后作解除处分的情形下，如果之前没有及时作出处分，而是一次性作出几次的处分然后再累计作较重的处分甚至解除劳动合同，则很可能会认为欠缺合理性，一是易被认为罗织过错刻意解除，二是易认为没有及时提醒劳动者，对劳动者没有尽到善意的管理。

2 如何收集员工违规的证据？

笔者相信，企业管束甚至淘汰损害企业利益的员工，才能促进企业良性

发展进而可提高员工薪酬及福利，此恰恰是对其他好员工权益的保障。

（1）最好的取证的时间——越早越好。尽量在最短的时间内取证，尤其是笔录或录音、录像。员工有过错的，开始时大都懊恼、后悔、愧疚，且事实细节记忆清晰，此时间内取证劳动者往往不会拒绝承认。但一旦时间过长，员工可能就会因为已经咨询过专业人士或因愧疚心减弱等原因拒绝承认过错行为。

（2）最有效的证据——当事人承认。用检讨书、笔录、录音、录像等方式将事实固定，证明当事人对过错事实已经作明确的承认。

（3）最好的形式——自书检讨书、笔录等。此种证据属于自认，并且是书面的证据，该形式证据的“三性”均充足。

（4）最需要的配套——全程录音。劳动者即便承认错误，也往往会拒绝签名确认，应同时有录音录像以避免日后无证据。

（5）最充分的准备——做好前期工作。录音、录像要有提纲，在作调查时，应详细列明要问的问题，以免失去主导。要有专门的器材，可在人力资源负责人的办公室中安装录音录像的器材，所有的谈话过程自动录下。

（6）最好的态度——语气平和，避免激烈的争吵。切忌语气粗暴，更不能采取恐吓的方式，如此往往会激起劳动者的抵触情绪，也会让其愧疚感消失。双方尽量采取平等、平和的沟通方式。

（7）最熟悉的人——找与员工熟悉的上司一起交流。单纯的人力资源工作人员与员工直接面对，员工可能会拒绝交流，如邀请员工熟悉的上级一起交流，则员工更愿意说话，即便是其中有陈述申辩的内容，也总比员工拒绝说话更有意义。

（8）最少的沟通时长——获得了想要的效果，立即停止谈话避免因当事人后悔而否认。

3 可证明员工违规的证据有哪些类型?

可证明员工违规的证据类型有以下几种:

(1)书证。书证内容极广,其中最重要的有当事人陈述、检讨书等。此处应注意,当事人往往会在陈述或检讨书中有申辩的内容,在进行处分时,应注意事实是否已确定。

(2)物证。如损坏的物品、私刻的印章等。

(3)视听资料。如录音、录像等。

(4)电子数据。其实也包括录音、录像,另外还有考勤记录等。须提示用人单位的是,即便是沟通不愉快,也不可以把对方从微信好友中删除,否则无法将微信的聊天记录作为证据提交。

(5)证人证言。要提交证人出庭申请书,且证人必须出庭,同时提供证人身份证、劳动关系证明等材料。证人出庭作证前要作好充分的准备,对于代理人而言,也要准备好发问的内容。

(6)鉴定意见。此类包括笔迹鉴定、公章鉴定、电子数据鉴定等。

(7)还有另外两种极少运用,但可参考:①勘验笔录,②测谎运用。

4 在员工或单位不知道的情况下录音录像,所取得的证据能否得到裁判机关的采纳?

关于未经对方当事人同意情况下的录音录像是否可以作为证据的问题,最高人民法院曾明确规定其不得作为证据使用,但这些规则已失效。根据现行的规则,一般情况下,未经对方同意下的录音录像是可以作为证据使用的,相应规则变化如下:

(1)最高人民法院《关于未经对方当事人同意私自录制其谈话取得的资

料不能作为证据使用的批复》（法复〔1995〕2 号）规定："证据的取得必须合法，只有经过合法途径取得的证据才能作为定案的根据。未经过对方当事人同意私自录制其谈话，系不合法行为，以这种手段取得的录音资料，不能作为证据使用。"但该批复已经失效。

（2）最高人民法院《关于民事诉讼证据的若干规定》（法释〔2001〕33 号）第 68 条规定："以侵害他人合法权益或者违反法律禁止性规定的方法取得的证据，不能作为认定案件事实的依据。"2019 年在修改该司法解释时，删除了该规定。

（3）最高人民法院《关于适用〈中华人民共和国民事诉讼法〉的解释》第 106 条规定："对以严重侵害他人合法权益、违反法律禁止性规定或者严重违背公序良俗的方法形成或者获取的证据，不得作为认定案件事实的根据。"此处明确了需要达到"严重"侵害合法权益、"严重"违背公序良俗的情形或违反禁止性规定时才不得作为证据使用。

偷录对话，显然不具有上述规定的情形，更达不到"严重"的情节，因而应具有法律效力。

5 开除消极怠工的员工，需要哪几个步骤？

员工的消极怠工与其他的迟到早退、旷工、拒绝合理的调岗等显性的违规行为明显不同，用人单位往往无证据证明消极怠工的事实，这就需要用人单位在用工管理的过程中通过专业的方式应对，以便获得相应的证据。

（1）要求某一周期内完成合理的相应的工作，发出《关于完成××工作的函》。甚至都不主动列出相应工作要求的函，而是让对方根据职责，提交相应的书面工作计划，比如发出《关于提交工作计划的函》，大致内容：要求于×年×月×日前提交相应工作计划（如果要增加怠工的证据，则还可发出《关于提交工作总结的函》，要求于×年×月×日前提交工作总结）。

（2）发出《关于催促提交工作计划的函》。大致内容：关于相应的工作任务，你没有完成，要求于×年×月×日前提交工作计划，并就未提交工作计划作合理说明，否则将作出记过处分。

（3）根据工作安排或员工所提交的工作计划，要求作工作总结。发出《关于催促提交工作总结的函》，大致内容：关于相应的工作任务，你没有完成，要求于×年×月×日前提交工作总结，并就未提交工作总结作合理说明，否则将作出记过处分。

（4）发出《记过处分》。大致内容：要求你于×年×月×日前提交工作计划，于×年×月×日前提交工作总结，但你至今一直没有提交任何的报告，也拒绝作出合理说明，你的上述行为已对单位的经营管理造成了影响及损失，因你不服从工作安排，没有按时完成工作，根据《××制度》及我国相关法律规定，特对你作出记过处分。现再次通知你，请你于×年×月×日前提交工作计划及工作总结，否则单位将依法对你作出相应的处分。发出《解除劳动合同通知书》。大致内容：公司在对你作出某种处分后，你仍拒绝相应的工作安排，此期间的行为已符合某种处分的情形。因你一定时间内累计两次某种处分，此行为既严重违反规章制度，也严重违反劳动纪律，现对你作出解除劳动合同的处分。

（5）发出《解除劳动合同通知书》。大致内容：公司在对你作出某种处分后，你仍拒绝相应的工作安排，此期间的行为已符合某种处分的情形。因你一定时间内累计两次某种处分，此行为既严重违反规章制度，也严重违反劳动纪律，现对你作出解除劳动合同的处分。

6 用人单位要合法解除违规员工劳动合同，其程序如何?

判断用人单位解除劳动合同是否合法，可从其是否已完成了以下几个步骤判断。

（1）规章制度经职工代表大会或者全体职工讨论（如果是职工代表大会，还需要先选举出代表），提出方案和意见。

（2）与工会或者职工代表平等协商确定制度（决定规章制度还是属于用

人单位的用工自主权，对于劳动者而言，可理解为协商权，但不是决定权）。

（3）制度已公示或告知该员工。

（4）将解聘理由通知工会。但需要注意的是，根据最高人民法院《关于审理劳动争议案件适用法律问题的解释（一）》第 47 条的规定“未按照劳动合同法第四十三条规定事先通知工会”的，一审起诉前补正也是可以的。①

（5）研究工会的意见，并将处理结果书面通知工会（当然，虽然《劳动合同法》规定要这样做，但根据最高人民法院《关于审理劳动争议案件适用法律问题的解释（一）》的规定，其实处理结果不告知也不构成违法解除，其要求补正的是解除理由的告知）。

（6）审核规章制度中解除劳动合同的特殊规定。有一些用人单位明确规定了一些特殊的解除劳动合同程序，比如，从用人单位决策过程来看，需要什么程序，从劳动者的角度来讲，要先给予多少天的陈述申辩，公司对此又应如何回应等复核过程。如果用人单位自己规定了相应的程序却又没有按此执行，则很可能会承担违法解除的法律后果。

（7）向员工送达解聘通知。

七、《劳动合同法》第 39 条中“严重失职，营私舞弊，给用人单位造成重大损害”的解除

1 劳动者存在“严重失职，营私舞弊”行为但未造成重大损害，用人单位能否解除劳动关系？

根据《劳动法》第 25 条第 3 项和《劳动合同法》第 39 条第 3 项的文字

① 最高人民法院《关于审理劳动争议案件适用法律问题的解释（一）》第 47 条规定，建立了工会组织的用人单位解除劳动合同符合《劳动合同法》第 39 条、第 40 条规定，但未按照《劳动合同法》第 43 条规定事先通知工会，劳动者以用人单位违法解除劳动合同为由请求用人单位支付赔偿金的，人民法院应予支持，但起诉前用人单位已经补正有关程序的除外。

表述，严重失职、营私舞弊对单位利益造成重大损害的，用人单位有权据此解除劳动关系。根据法律规定，似乎上述行为均须对利益造成重大损害时，才可解除劳动合同。

可以确定的是，如果造成了重大损害，严重失职和营私舞弊只要两者存一就可以合法解除劳动关系。但严重失职和营私舞弊是存在实质上的差异的，如果虽有严重失职或者营私舞弊情形，却没有造成重大损害的，单位能否解除，就需要分别进行讨论。

在劳动者严重失职的情况下，其主观上对于给单位造成的损失存在过失而非故意，原则上损害须达到严重程度才可解除。但何谓重大损害，又需要以单位的规章制度作为主要参考，如果单位规章制度对于重大损失的界定不存在明显不合理的情况下，劳动者的失职行为只要达到了规定的标准即可解除，若未达到则不能解除，这是审判实践中较为统一的做法。如果单位规章制度对于重大损害的标准没有作出规定，则审判机关可能认为单位在没有具体标准的情况下，认定造成重大损害不具有制度依据，从而认定解除行为违法。审判人员也可能行使自由裁量权，对是否造成重大损害进行综合判断，如果认为劳动者造成的损失已经达到重大损害的程度，单位可以合法解除，否则解除行为就是违法的。

劳动者为谋取私利，利用职务之便实施了损害单位利益的行为属于营私舞弊，具有损害单位利益的主观故意，在不考虑是否造成重大损害的情况下，营私舞弊行为本身就违背了劳动者的职业操守，也可以认为是严重违反劳动纪律的情形，单从理论角度而言，无论是否对单位利益造成了实质损害，损害的程度如何，应当都可以解除。

笔者认为，对于营私舞弊的这种情形，有别于其他的违纪行为，考虑到劳动者的行为本身就属于重大的过错，且不具忠诚的情形下，风险持续存在，用人单位解除劳动合同具有合理性及紧迫性，因而解除合理。但在具体个案中，情况可能千差万别，在各地法院的裁判文书中，很多时候对于严重失职和营私舞弊并未作出严格界定，此种情况下，裁判者将《劳动合同法》第39条第3项看作一个整体，无论严重失职还是营私舞弊，造成重大损害都是该项规定得以适用的必备条件。但在一些案件中，当在案证据和事实能够清晰地反映出劳动者的行为属于营私舞弊的，只要凭借一般人的直观感受就可以得出应当对该行为予以制裁的判断，此种情况下，是否造成重大损害就不是必须考量的因素。另外，单位规章制度中对营私舞弊的认定以及可解除的标准，也可能对裁判结果产生重要的影响。总之，在法律没有具体规定的情况下，用人单位在规章制度中应当尽可能作出较为明确的规定，只要规章制度制定的程序、内容均不违反法律、行政法规强制性规定的，很可能成为裁判的重要参考，在很大程度上能够避免承担违法解除的风险。以下两案，均是没有造成重大的损失的情况下，也认定了用人单位解除劳动合同的合理性。

在（2016）粤 01 民终 8623 号案中，广州市中级人民法院认为：

郭某承认其向业主收取费用 230 元，其虽主张该款主要用于购买配件，但其在亲笔书写的事件陈述报告中明确承认其意图是“从中赚点外快”。郭某对该报告的内容提出异议，但并未提供证据证实其是在违背自身真实意愿的情况下书写。综合审查双方陈述及有关证据，可以认定郭某存在以谋取利益为目的擅自收取业主费用并遭业主投诉的情形，给某服务公司的声誉带来不利影响。郭某的行为违反了某服务公司的《员工管理制度》第 6 条规定，并符合《员工奖惩条例》第 6 条第 4 款第 17 项规定的情形，且郭某在仲裁阶段确认知悉上述规章制度内容，某服务公司据此解除与郭某的劳动合同并不违反法律规定。郭某关于某服务公司违法解除劳动合同、要求支付赔偿金的主张，法院不予采纳。

在（2020）粤 01 民终 21124 号案中，广州市中级人民法院认为：

微信聊天记录中明确显示魏某某在职期间与朱某联系时，试图绕开睿哲公司而促成睿哲公司的客户与其他公司签约合作。虽然上述行为最终没有成功，但属于有损公司重大利益的故意行为。一审法院认为，劳动者作为用人单位的组织成员，在劳动过程中应当维护、增进而不损害用人单位利益，这是基于劳动关系的人身性、隶属性和诚实信用原则而产生的忠实义务。魏某某的行为已经违反了劳动者对于公司的忠实义务，睿哲公司若继续留用，可能会存在相当的用人风险，而非必须等到实际危害已经发生时才能辞退。因此，魏某某的该行为有别于一般过失，属于重大过错行为，睿哲公司有权选择解除劳动关系……综上，睿哲公司在魏某某实施故意有损公司利益的重大过错行为时，为防止再次发生类似情况，选择单方解除与魏某某的劳动关系，符合《劳动合同法》规定的情形，应当予以支持。对于上述一审判决，广州市中级人民法院认为，魏某某营私舞弊，损害公司利益的行为，有悖于其职业操守，违背了劳动者的忠诚义务，某公司以此为由，对其作出解除劳动合同的处理，依据充分。

八、《劳动合同法》第39条中“劳动者同时与其他用人单位建立劳动关系，对完成本单位的工作任务造成严重影响，或者经用人单位提出，拒不改正”的解除

1 单位规定兼职属于严重违反规章制度，解除劳动关系合法吗？制度应该如何规定？

相关法律规则虽没有明文禁止全日制员工兼职，但对于全日制员工可以兼职的条件作出严格限制。根据《劳动合同法》第39条的规定[①]，全日制员工兼职需满足两个条件：一是未对完成本单位工作造成严重影响；二是用人单位未提出异议。由此可知，第一，若用人单位提出明确反对，而全日制员工继续兼职拒不改正的，则用人单位可以依法解除劳动合同；第二，用人单位虽未明确反对，但全日制员工因兼职行为影响本职工作的，用人单位仍可以解除劳动合同。

但用人单位可否明确规定，不问用人单位是否提出过明确反对，也不管

① 《劳动合同法》第39条规定：“劳动者有下列情形之一的，用人单位可以解除劳动合同：……（四）劳动者同时与其他用人单位建立劳动关系，对完成本单位的工作任务造成严重影响，或者经用人单位提出，拒不改正的……”

是否对完成本单位工作造成严重影响，只要兼职就可以直接解除劳动合同呢？从司法实践来看，这种做法往往会获得支持。例如，在（2022）鲁02民终4416号案中，青岛市中级人民法院认为：

根据《员工手册》第1章“办公室纪律及员工行为规范”中的“14. 员工任职期间，应按时保质保量完成本职工作，除公司特别允许外员工不得担任其他单位或公司任何职务（包括兼职），不得投资于任何公司并作为其股东；不得为其他任何机构、商业活动从事兼职、专职工作；或利用公司资源从事其他业务活动，无论是否获得经济收入，无论是否或未直接、间接损害公司利益均不允许。员工如出现上述行为，将被视为严重违反公司规章制度，公司有单方解除劳动关系的权利并不支付任何经济补偿；给公司造成实际损失的，责任人应承担全部法律责任”等规定……丁某于上班时间利用办公电脑存储啤酒资料，并利用个人微信从事兼职……某公司依据公司规章制度，与丁某解除劳动关系符合法律规定。

上海市第二中级人民法院在（2020）沪02民终3382号案中也持该观点。

但需要注意的是，用人单位制定规章制度时，尽量不要机械照抄《劳动合同法》第39条的规定，否则就失去了变通执行的机会。司法实践中，不少用人单位在禁止兼职的规定中明确“劳动者同时与其他用人单位建立劳动关系，对完成本单位的工作任务造成严重影响或者经用人单位提出，拒不改正的”可开除，但用人单位往往无法举证证明对完成本单位的工作任务造成严重影响，因而败诉。对于用人单位而言，应该明确规定兼职即属于严重违反用人单位的规章制度，而不应照抄《劳动合同法》的规定，要求达到“对完成本单位的工作任务造成严重影响，或者经用人单位提出，拒不改正的”的情形才可开除。

在深圳市中级人民法院（2018）粤03民终4876号案中，用人单位规定了兼职与公司同类业务有冲突或竞争才可解除，该规则显然还收紧了用人单位的自主权，在该案中又因无法证明存在冲突或竞争，因而导致解除兼职员工的行为违法。

九、《劳动合同法》第39条中“因本法第二十六条第一款第一项规定的情形致使劳动合同无效”的解除

1 如何保证合法开除学历、工作经历造假员工？

判断员工提供伪造学历或工作经历入职是否可以解除劳动合同，核心是审查是否符合《劳动合同法》第26条第1款第1项规定：以欺诈、胁迫、乘人之危的手段，违背对方真实意思下订立的劳动合同。其需要满足两个构成要件：（1）员工实施了欺诈手段；（2）用人单位因受到欺诈而违背了自己的真实意思签订劳动合同。

根据人力资源社会保障部、最高人民法院《关于劳动人事争议仲裁与诉讼衔接有关问题的意见（一）》（人社部发〔2022〕9号）第19条的规定，用人单位因劳动者违反诚信原则，提供虚假学历证书、个人履历等与订立劳动合同直接相关的基本情况构成欺诈解除劳动合同，劳动者主张解除劳动合同经济补偿或者赔偿金的，劳动人事争议仲裁委员会、人民法院不予支持。这里明确了可以提供虚假学历证书、个人履历为由解除劳动合同，但还是要注意，需要的是“与订立劳动合同直接相关的基本情况”，所以用人单位还是要在招聘、录用等过程中，对所关注事项予以强调，明确这些内容是建立劳动关系的直接相关的基本要求。

为此，笔者建议，用人单位可以在录用条件中明确约定劳动者应履行如实告知义务。并明确，如果劳动者提供虚假学历证书或工作经历等均构成欺诈，用人单位可以根据《劳动合同法》第39条规定解除劳动合同，辞退劳动者并不支付经济补偿。劳动者由此给用人单位造成损失的，如招聘费用，用人单位可以根据《劳动合同法》第86条规定向劳动者主张赔偿责任。

2 已婚女职工入职时告知单位未婚是否构成欺诈？

很多用人单位担心已婚女职工随时会有生育的可能性，导致用人单位须承担相应“三期”待遇义务，因而往往会在招聘时向女职工了解该情况，那么此种情形下如女职工作出不实的说明，是否会构成欺诈呢？笔者认为，不构成劳动法律意义上的欺诈。

《劳动合同法》第 8 条规定，用人单位招用劳动者时，应当如实告知劳动者工作内容、工作条件、工作地点、职业危害、安全生产状况、劳动报酬，以及劳动者要求了解的其他情况；用人单位有权了解劳动者与劳动合同直接相关的基本情况，劳动者应当如实说明。与劳动合同直接相关的情况，应当理解为与其履行岗位直接相关的各种情况，如学历、工作经历等情况。婚姻状况属于个人隐私，并不会对履行劳动合同产生影响，尤其如将之作为入职的条件，则构成就业歧视，不应认定为与劳动合同直接相关的情况。实践中，用人单位往往是出于避免孕期、产期、哺乳期等特殊待遇的考虑，对劳动者的婚姻情况作出询问。劳动者入职时隐瞒婚姻不构成欺诈，有利于保护女职工的权益，也是企业承担社会责任的体现。在北京市朝阳区人民法院发布的 2011—2015 年度十大劳动争议典型案例之徐某与某科技公司劳动合同纠纷案中，就认为不构成欺诈。

十、《劳动合同法》第 39 条中“被依法追究刑事责任”的解除

1 检察院不起诉或法院免予刑事处罚，可以解除劳动合同吗？

前者不可以，后者可以。

在1996年修改《刑事诉讼法》时，删除了被检察院免于起诉的表述，现行的规定是“不起诉”，此种情形不属于追究刑事责任。此在《关于职工被人民检察院作出不予起诉决定用人单位能否据此解除劳动合同问题的复函》（劳社厅函〔2003〕367号）中有明确规定①。

《刑法》第37条规定，对于犯罪情节轻微不需要判处刑罚的，可以免予刑事处罚。这意味着，免予刑事处罚的前提是存在犯罪行为，之所以被人民法院免予刑事处罚，是人民法院认定某种行为构成犯罪，因犯罪情节轻微不需要判处刑罚的，判决免予刑罚的一种处罚，是有罪而免罚，仍然构成刑事犯罪，仍然属于被追究刑事责任。

关于免予处罚是否属于被追究刑事责任的问题，原劳动部《关于贯彻执行〈中华人民共和国劳动法〉若干问题的意见》（劳部发〔1995〕309号）第29条第1款、第2款对此有明确的规定：劳动者被依法追究刑事责任的，用人单位可依据《劳动法》第25条解除劳动合同。“被依法追究刑事责任”，是指被人民检察院免予起诉的、被人民法院判处刑罚的、被人民法院依据《刑法》第32条免予刑事处分的。

2 可以以员工被刑事拘留为由解除劳动合同吗?

严格来讲，不可以。刑事拘留是为了侦查案件而采取的强制措施，不是法律责任的定性也不是惩罚措施，根据法律规定，采取强制措施期间，是

① 云南省劳动和社会保障厅：

你厅《关于职工被人民检察院作出不予起诉决定用人单位解除劳动合同适用依据问题的请示》（滇劳社厅办〔2003〕35号）收悉。经商最高人民检察院、全国人大常委会法制工作委员会，现答复如下：

人民检察院根据《中华人民共和国刑事诉讼法》第一百四十二条第二款规定作出不起诉决定的，不属于《劳动法》第二十五条第（四）项规定的被依法追究刑事责任的情形。因此，对人民检察院根据《中华人民共和国刑事诉讼法》第一百四十二条第二款规定作出不起诉决定的职工，用人单位不能依据《劳动法》第二十五条第（四）项规定解除其劳动合同。但其行为符合《劳动法》第二十五条其他情形的，用人单位可以解除劳动合同。

“暂时停止履行劳动合同”，发出停止履行劳动合同的通知，并停止支付相应的报酬等，不宜以旷工为由解除劳动合同，更不是以犯罪为由解除劳动合同。当然，如果用人单位有证据证明其被刑事拘留的原因属于严重违反规章制度或劳动纪律的情形，同样可以解除劳动合同，但解除理由不应是“被刑事拘留”。

原劳动部《关于贯彻执行〈中华人民共和国劳动法〉若干问题的意见》第28条规定：“劳动者涉嫌违法犯罪被有关机关收容审查、拘留或逮捕的，用人单位在劳动者被限制人身自由期间，可与其暂时停止劳动合同的履行。暂时停止履行劳动合同期间，用人单位不承担劳动合同规定的相应义务。劳动者经证明被错误限制人身自由的，暂时停止履行劳动合同期间劳动者的损失，可由其依据《国家赔偿法》要求有关部门赔偿。”

3 员工因为违反了法律规定，被行政拘留15天，用人单位是否可以以此为由解除劳动合同？

这个问题其实很复杂，司法实践尺度不一，但大致还是有一些规律。

（1）如果用人单位的规章制度规定，被行政拘留导致无法出勤属于旷工，则一般可以以旷工达到多少天属于严重违反规章制度为由解除劳动合同。

（2）但需要注意的是，如果是休假期间被行政拘留，以此为由解除劳动合同有非常大的风险，除非违法行为同时也损害了用人单位的合法权益或属于严重违反规章制度或劳动纪律的情形。

（3）如前文所述，规章制度中明确被拘留属于旷工，会增加用人单位胜诉的可能性，如果规章制度中没有这样的规定，则用人单位应以严重违反《劳动法》第25条规定中的劳动纪律为由解除劳动合同，而非依据《劳动合同法》第39条的规定，以严重违反规章制度为由解除劳动合同。

4

治安拘留可以解除劳动合同，为什么更加严重的刑事拘留却不可以？

刑事拘留是一个强制措施，采取这种强制措施，所依据的并不是一个犯罪的结论，而是根据它的可能性。从理论上来讲，员工被采取刑事拘留，有不存在过错的可能性。至于行政拘留，是一个定性，已认定了违反《治安管理处罚法》或其他可处以行政拘留的规定。一个是存在违法的嫌疑，因为侦查需要等而采取的强制措施，而一个是已经违法，因而作相应的处罚。

事实上，《劳动合同法》第 39 条第 6 项规定，单位可以以“被依法追究刑事责任的”为由解除劳动合同，而刑事拘留还不属于已被追究刑事责任。

十一、《劳动法》第 25 条中“严重违反劳动纪律”解除

《劳动合同法》第 39 条中并没有规定严重违反劳动纪律可以解除劳动合同，但《劳动法》第 3 条第 2 款中明确规定：“劳动者应当完成劳动任务，提高职业技能，执行劳动安全卫生规程，遵守劳动纪律和职业道德。”第 25 条规定“劳动者有下列情形之一的，用人单位可以解除劳动合同：……（二）严重违反劳动纪律或者用人单位规章制度的；……”因为《劳动法》并没有废止，所以除了适用《劳动合同法》的规章制度解除劳动合同以外，还可以以《劳动法》的劳动纪律作为解除劳动合同的依据。事实上，用人单位的规章制度往往有各种的不足之处，或程序不足，或未公示或告知，或对于劳动者的过错没有明确相应的处罚，这种情形下就只能以劳动纪律作为处分的依据了。

1 没有规章制度或规章制度无效的情况下，劳动者无故旷工且持续时间较长，用人单位能否单方解除劳动合同？

用人单位以此为由解除劳动合同具有一定合理性，可认定合法解除劳动合同。《劳动法》第3条第2款规定，“劳动者应当完成劳动任务，提高职业技能，执行劳动安全卫生规程，遵守劳动纪律和职业道德”。由此可知，遵守劳动纪律是劳动者的法定义务，是在没有规章制度或规章制度无效的情况下，劳动者也必须遵守的劳动合同义务。劳动者违反这些基本义务且达到严重程度的，用人单位可以据此解除劳动合同。提供劳动属于劳动者的法定义务，劳动者无故旷工且持续时间较长的，无疑将严重影响用人单位正常的管理秩序，应当赋予用人单位劳动合同的解除权。

笔者建议，用人单位解除劳动合同前，应当履行催告、通知工会、送达解除通知等义务，可参照以下步骤：

（1）向员工发出《催促上班通知书》，及时对员工进行催告，既表明用人单位对其行为持否定态度，但仍作善意的提醒，又可以证明对方存在旷工的事实，为后续的劳动争议做好准备。

（2）事先将解除理由通知工会，向工会发出《解除劳动合同通知函》，征求工会同意。

（3）通知工会后，向员工发出《解除劳动合同通知书》。

2 适用劳动纪律和规章制度解除劳动合同有哪些区别？

虽然劳动者违反劳动纪律或规章制度都属于用人单位可以单方解除劳动合同的情形，但笔者认为两者的适用情形并不等同，主要有如下区别：

（1）两者适用情形不同。劳动纪律作为一种普适性的行为准则，是对劳动者职业道德操守的要求。无论劳动纪律是否告知劳动者，劳动者均需要遵守。规章制度属于用人单位制定的约束劳动者行为的准则，需要按照法律规定履行民主程序且告知劳动者才可以作为用人单位用工管理的依据。

（2）制定程序不同。劳动纪律可以通过规章制度进行制定，也可以不在规章制度中制定。规章制度须由用人单位制定，且规章制度须经过职工代表大会讨论提出方案和意见，与工会或者职工代表平等协商确定。

（3）裁审机构审查的重点不同。用人单位以劳动者严重违反劳动纪律为由解除劳动合同时，裁审机构审查的重点在于劳动者违反劳动纪律行为的严重程度以及是否履行通知工会的程序。用人单位以劳动者严重违反规章制度为由解除劳动合同时，裁审机构会关注规章制度的民主程序（实践中，也有裁判机构不大强调此方面）、公示告知程序、告知工会程序，审查处罚的制度依据与违纪行为是否匹配等。

十二、依据不同规定终止劳动合同时，用人单位可能存在违法的一些情形

1 劳动合同期满，用人单位无权终止劳动合同的13种情形是哪些？

（1）从事接触职业病危害作业的劳动者未进行离岗前职业健康检查。

（2）疑似职业病病人在诊断或者医学观察期间的。

（3）在本单位患职业病或者因工负伤并被确认丧失或者部分丧失劳动能力的。

（4）患病或者非因工负伤，在规定的医疗期内的。

（5）女职工在孕期、产期、哺乳期内的。

（6）在本单位连续工作满15年，且距法定退休年龄不足5年的。

上述（1）～（6）情形，见《劳动合同法》第42条、第45条的规定。

第 4 种情形在《关于贯彻执行〈中华人民共和国劳动法〉若干问题的意见》（劳部发〔1995〕309 号）第 34 条中也有规定。第 2 种情形中职业病或工伤所致丧失或者部分丧失劳动能力劳动者的劳动合同的终止则按照国家有关工伤保险的规定执行。

（7）基于用人单位为劳动者提供专项培训费用而约定的服务期，如劳动合同期满而服务期未满的，除另有约定外，劳动合同应当续延至服务期满。该情形，见《劳动合同法》第 22 条、《劳动合同法实施条例》第 17 条的规定。

（8）劳动者在该用人单位连续工作满 10 年，且劳动者提出续订、订立劳动合同的，合同也不得终止。

（9）用人单位初次实行劳动合同制度或者国有企业改制重新订立劳动合同时，劳动者在该用人单位连续工作满 10 年且距法定退休年龄不足 10 年，劳动者提出续订、订立劳动合同的，合同也不得终止。

（10）劳动者已连续订立 2 次固定期限劳动合同，且劳动者没有《劳动合同法》第 39 条和第 40 条第 1 项、第 2 项规定的情形，劳动者提出续订、订立劳动合同的，合同也不得终止。

上述（8）~（10）情形，见《劳动合同法》第 14 条规定。

（11）基层工会专职主席、副主席或者委员自任职之日起，其劳动合同期限自动延长，延长期限相当于其任职期间。

（12）非专职主席、副主席或者委员自任职之日起，其尚未履行的劳动合同期限短于任期的，劳动合同期限自动延长至任期满。

上述（11）（12）情形，见《工会法》第 18 条规定。

（13）集体合同协商代表，应延长至任期期满。上述情形，见《关于进一步推行平等协商和集体合同制度的通知》第 4 条及《集体合同规定》第 28 条规定。

2 用人单位与劳动者约定劳动合同的终止条件，该约定是否合法？

《劳动合同法》第 44 条规定：“有下列情形之一的，劳动合同终止：（一）劳动合同期满的；（二）劳动者开始依法享受基本养老保险待遇的；（三）劳动者死亡，或者被人民法院宣告死亡或者宣告失踪的；（四）用人单位被依法宣告破产的；（五）用人单位被吊销营业执照、责令关闭、撤销或者用人单位决定提前解散的；（六）法律、行政法规规定的其他情形。”由此可知，劳动合同终止的条件属于法定情形。《劳动合同法实施条例》第 13 条规定，“用人单位与劳动者不得在劳动合同法第四十四条规定的劳动合同终止情形之外约定其他的劳动合同终止条件”。由此可见，法律规定已经排除了劳动合同终止的约定情形，用人单位与劳动者不能再约定劳动合同终止的条件。即便劳动合同当事人本着真实意思表示约定了劳动合同的终止条件，也因该约定违反法律强制性规定而无效。如用人单位以此为由终止劳动合同，则须承担违法终止劳动合同的法律后果。

这也是《劳动法》与《劳动合同法实施条例》对劳动合同终止方面规定的最大不同。

根据《劳动法》第 23 条的规定，劳动合同期满或者当事人约定的劳动合同终止条件出现，劳动合同即行终止。

十三、劳动合同解除与工会

1 劳动合同解除未事先通知工会，须承担什么样的法律后果？

如果用人单位已建立工会，那么用人单位单方解除劳动合同前应当通知工会，否则会被认定为违法解除而须承担赔偿金的法律责任。根据最高人民法院《关于审理劳动争议案件适用法律问题的解释（一）》第 47 条的规定："建立了工会组织的用人单位解除劳动合同符合劳动合同法第三十九条、第四十条规定，但未按照劳动合同法第四十三条规定事先通知工会，劳动者以用人单位违法解除劳动合同为由请求用人单位支付赔偿金的，人民法院应予支持，但起诉前用人单位已经补正有关程序的除外。"由此可知，用人单位解除劳动合同前，应当履行通知工会的法定程序，最迟亦应在起诉前补正相关程序。另外，如果没有建立工会，有些地方司法实践中，也要求用人单位须通知当地的基层工会，否则也属于违法。

2 企业没有工会，解除劳动合同未通知基层工会，法院判决解除违法是否错误？

司法实践中有不少这样的判决，不存在错误，这有明确的法律依据。

虽然最高人民法院《关于审理劳动争议案件适用法律问题的解释（一）》第 47 条规定："建立了工会组织的用人单位解除劳动合同符合劳动合同法第三十九条、第四十条规定，但未按照劳动合同法第四十三条规定事先通知工会，劳动者以用人单位违法解除劳动合同为由请求用人单位支付赔偿金的，人民法院应予支持，但起诉前用人单位已经补正有关程序的除外。"似乎可以反推出一个结论：没成立工会的，不通知基层工会也不违法。但事实上，我国《工会法》明确规定应当通知工会，且从通知工会规则设立目的来看——当企业处理不当时，工会有权提出意见等，故通知基层工会更符合立法目的。

我国《工会法》第 6 条规定，维护职工合法权益是工会的基本职责。第 22 条规定，企业、事业单位、社会组织处分职工，工会认为不适当的，有权提出意见。用人单位单方面解除职工劳动合同时，应当事先将理由通知工会，工会认为用人单位违反法律、法规和有关合同，要求重新研究处理时，用人单位应当研究工会的意见，并将处理结果书面通知工会。职工认为用人单位侵犯其劳动权益而申请劳动争议仲裁或者向人民法院提起诉讼的，工会应当给予支持和帮助。《劳动法》第 30 条规定，用人单位解除劳动合同，工会认为不适当的，有权提出意见。如果用人单位违反法律、法规或者劳动合同，工会有权要求重新处理；劳动者申请仲裁或者提起诉讼的，工会应当依法给予支持和帮助。

根据上述规定，有人认为维护职工权益是工会的基本职责，为了对用人单位解除劳动合同的行为进行监督和纠正，避免用人单位随意解除劳动合同，明确了用人单位要单方解除劳动合同应事先将理由通知工会，以保障职工劳动和生存权利，这也避免出现了建立工会反而承担更多义务的不合理局面。有些地方明确规定须通知地方工会，如《江苏省劳动合同条例》第 31 条规定，用人单位单方解除劳动合同，应当事先将理由通知工会；用人单位尚未建立工会的，通知用人单位所在地工会。也有地方明确，如果没有成立工会，应通过告知并听取职工代表意见或向当地工会征求意见的变通方式来履行告知义务。

如宁波市中级人民法院《关于审理劳动争议案件若干疑难问题的解答（三）》第 5 条规定，对于尚未建立工会组织的用人单位作出解除劳动合同决定的，最高人民法院《关于审理劳动争议案件适用法律若干问题的解释（四）》（已失效）第 12 条未作出明确规定，但从《劳动合同法》第 43 条避免用人单位随意解除劳动合同、保障职工劳动权利和生存权利的立法意旨来看，即使用人单位尚未建立基层工会，也可通过告知并听取职工代表意见或者向当地工会组织（行业工会组织）征求意见等变通方式来履行告知义务，否则就会助长用人单位抵制成立工会之风，对已经成立工会的用人单位也不公平。

专题三 代通知金争议

“代通知金”源自我国香港地区的雇佣条例，意思是雇主或雇员只要给予对方通知期内雇员本应计算的工资额，就可无须给予通知而随时终止合约。代通知金并非我国现行法规中的一个专有名词。在劳动合同的解除或终止过程中，代通知金也是劳动者的常见诉求之一，但劳动者对此权益往往有不合理的期望，本专题主要对代通知金的性质、支付依据及标准、代通知金与经济补偿、赔偿金的区别等予以说明。

一、代通知金的基本问题

1 哪些情形下，劳动者可以获得代通知金？

《劳动合同法》第 40 条规定，有下列情形之一的，用人单位提前 30 日以书面形式通知劳动者本人或者额外支付劳动者 1 个月工资后，可以解除劳动合同：（1）劳动者患病或者非因工负伤，在规定的医疗期满后不能从事原工作，也不能从事由用人单位另行安排的工作的；（2）劳动者不能胜任工作，经过培训或者调整工作岗位，仍不能胜任工作的；（3）劳动合同订立时所依据的客观情况发生重大变化，致使劳动合同无法履行，经用人单位与劳动者协商，未能就变更劳动合同内容达成协议的。

根据上述第 40 条的规定可知，代通知金是用人单位在无过失辞退劳动者时因为没有提前 30 天通知而以 1 个月的额外工资作为补偿的款项。本意是因为企业未按规定通知劳动者解除劳动合同，导致劳动者无法提前准备而失去工作机会，可能造成经济损失的情况下，对劳动者所作的补偿，而除了上述规定的情形之外，用人单位再无支付代通知金的义务。

2 代通知金与经济补偿的标准是否相同？

关于代通知金的标准，很多人会以为两者一致，其实不是，两者完全不同。前者是 12 个月的平均工资，且达到社会平均工资 3 倍时，按 3 倍封顶计算。后者则是以上一个月的工资为标准，且无论金额多少，均不存在封顶。

根据《劳动合同法》第 47 条的规定，经济补偿金的月工资是指劳动者在劳动合同解除或者终止前 12 个月的平均工资。并且，劳动者月工资高于用人单位所在直辖市、设区的市级人民政府公布的本地区上年度职工月平均工资 3 倍的，向其支付经济补偿的标准按职工月平均工资 3 倍的数额支付，向其支付经济补偿的年限最高不超过 12 年。

根据《劳动合同法实施条例》第 20 条的规定，用人单位依照《劳动合同法》第 40 条的规定，选择额外支付劳动者 1 个月工资解除劳动合同的，其额外支付的工资应当按照该劳动者上一个月的工资标准确定。

3 常见的解除及终止劳动合同而无须支付代通知金的情形有哪些？

如前面关于代通知金性质的分析，其是用人单位在无过失辞退劳动者时，因为没有提前 30 天履行通知员工的程序，而以 1 个月的额外工资作为替代的一种模式。在《劳动合同法》中，仅有第40条规定了一些情形，除了《劳动合同法》第40条规定的解除劳动合同情形外，其他情形下的劳动合同解除或终止均无须支付代通知金。例如下列情形：

（1）根据《劳动合同法》第36条的规定，双方协商解除劳动合同。按照法律规定，用人单位无支付的义务，愿意支付的除外。

（2）根据《劳动合同法》第37条的规定，劳动者无因解除劳动合同。这是劳动者自己辞职，用人单位当然无须支付劳动者失去工作机会的补偿。

（3）根据《劳动合同法》第38条的规定，在用人单位存在过错的情况下，劳动者被迫解除劳动合同。虽然用人单位存在过错，也只有经济补偿。

（4）根据《劳动合同法》第39条的规定，劳动者因严重违反规章制度的过错而被解除劳动合同，当然没有代通知金。

（5）根据《劳动法》第25条的规定，劳动者因严重违反劳动纪律的过错而被解除劳动合同，也没有代通知金。

（6）根据《劳动合同法》第41条的规定，用人单位因经济性裁员而解除劳动合同。此种情形下容易产生误解，事实上，按照法律规定是“用人单位提前三十日向工会或者全体职工说明情况”，但并没有规定支付代通知金可以免除提前说明情况的义务，事实上，这也往往是用人单位裁员被认定为违法解除的常见情形。

（7）劳动合同终止。这种情况下也无支付代通知金的义务，但在个别地方有一些特殊的规则，如《北京市劳动合同规定》第40条规定，劳动合同期限届满前，用人单位应当提前30日将终止或者续订劳动合同意向以书面形式通知劳动者，经协商办理终止或者续订劳动合同手续。第47条规定，用人单位违反该规定第40条的规定，终止劳动合同未提前30日通知劳动者的，以劳动者上月日平均工资为标准，每延迟1日支付劳动者1日工资的赔偿金。根据上述北京市的规定可知，如果用人单位在劳动合同法期满后不续签的，要在劳动合同期满前提前30日通知劳动者，否则承担赔偿金的责任，但这个也不是代通知金。

二、经济补偿、赔偿金与代通知金的关系

1 经济补偿与赔偿金可以兼得吗？

不可以。前者是用人单位依法解除、终止劳动合同或者劳动者被迫解除劳动合同或者用人单位提出并经双方协商一致解除劳动合同的情况下须支付的经济补偿。后者是用人单位违法解除或者终止劳动合同的赔偿，适用的条件没有交叉，更不可能兼得。

《劳动合同法实施条例》第25条对此有明确的规定：用人单位违反《劳动合同法》的规定解除或者终止劳动合同，依照《劳动合同法》第87条的规定支付了赔偿金的，不再支付经济补偿。

2 代通知金与赔偿金可以兼得吗？

不可以。《劳动合同法》第87条规定："用人单位违反本法规定解除或者终止劳动合同的，应当依照本法第四十七条规定的经济补偿标准的二倍向劳动者支付赔偿金。"第40条规定："有下列情形之一的，用人单位提前三十日以书面形式通知劳动者本人或者额外支付劳动者一个月工资后，可以解除劳动合同：（一）劳动者患病或者非因工负伤，在规定的医疗期满后不能从事原工作，也不能从事由用人单位另行安排的工作的；（二）劳动者不能胜任工作，经过培训或者调整工作岗位，仍不能胜任工作的；（三）劳动合同订立时所依据的客观情况发生重大变化，致使劳动合同无法履行，经用人单位与劳动者协商，未能就变更劳动合同内容达成协议的。"根据以上规定可知，赔偿金是用人单位违法解除或终止劳动合同的法律责任，而代通知金是在合法解

除劳动合同的前提下才发生的款项。一个解除或终止劳动合同的行为，不可能既违法又合法，所以代通知金与经济补偿金不能并存。

3 应得经济补偿却主张赔偿金，应得赔偿金却主张经济补偿，如何裁判与补救？

前者会直接裁判支付经济补偿，后者是劳动者在仲裁辩论终结前或一审辩论终结前都可以将经济补偿变更为赔偿金。也就是说，即便是用人单位违法解除劳动合同，但劳动者错误主张补偿经济的，到一审庭辩论终结前，都可以变更为主张赔偿金。人力资源社会保障部、最高人民法院《关于劳动人事争议仲裁与诉讼衔接有关问题的意见（一）》（人社部发〔2022〕9号）第5条规定，劳动者请求用人单位支付违法解除或者终止劳动合同赔偿金，劳动人事争议仲裁委员会、人民法院经审查认为用人单位系合法解除劳动合同应当支付经济补偿的，可以依法裁决或者判决用人单位支付经济补偿。劳动者基于同一事实在仲裁辩论终结前或者人民法院一审辩论终结前将仲裁请求、诉讼请求由要求用人单位支付经济补偿变更为支付赔偿金的，劳动人事争议仲裁委员会、人民法院应予准许。

有人对此不解，为什么裁判机构不依职权直接释明申请人或原告可变更请求/诉求呢？笔者认为，这是因为如果裁判机构提示劳动者将赔偿金变更为经济补偿，但劳动者后来却认为应支付赔偿金，裁判机构会承受巨大的压力。同理，如果裁判者提示变更为赔偿金，但万一不能获得支持，裁判机构也会同样承受巨大的压力。广东对此也有类似的规定，广东省高级人民法院、广东省劳动人事争议仲裁委员会《关于劳动人事争议仲裁与诉讼衔接若干意见》（粤高法发〔2018〕2号）第12条规定："劳动者申请仲裁或起诉时请求违法解除或违法终止劳动合同的赔偿金，但仲裁机构或人民法院经过审理后认为应支持劳动者解除或终止劳动合同的经济补偿的，可直接裁判用人单位向劳动者支付经济补偿。劳动者申请仲裁或起诉时请求解除或终止劳动合同的经济补偿，但仲裁机构或人民法院经过审理后认为应支持违法解除或终止劳动合同的赔偿金的，可在劳动者请求的金额范围内予以支持。”这里要注意，广东的规定是在请求的金额范围内支持，而人力资源社会保障部、最高人民法院《关于劳动人事争议仲裁与诉讼衔接有关问题的意见（一）》的规定是可以变更，且不以请求的金额为限，差别极大。

专题四 加班费争议

《劳动法》第 44 条规定，（1）安排劳动者延长工作时间的，支付不低于工资的 150% 的工资报酬；（2）休息日安排劳动者工作又不能安排补休的，支付不低于工资的 200% 的工资报酬；（3）法定休假日安排劳动者工作的，支付不低于工资的 300% 的工资报酬。根据上述规定可以对加班进行定性："加班"是指用人单位在休息日安排劳动者工作又不能安排补休的、或工作日延长工作时间或法定节假日安排工作的情形。加班费则是指在上述正常工作时间之外，员工受用人单位安排而继续工作所获得的劳动报酬。

一、加班费的基数、标准如何确定

1 加班费的计算基数如何确定？

根据《劳动法》第 44 条第 1 款"有下列情形之一的，用人单位应当按照下列标准支付高于劳动者正常工作时间工资的工资报酬"的规定，即加班费的计算基数应当是"劳动者正常工作时间工资"。具体的细则，全国性的规则《工资支付暂行规定》中没有明确。在司法实践中，各地区裁判者有不同的模式，考虑到我国经济发展阶段的问题，有可能会作出对用人单位有利的一些计算规则，以广东为例，其基数的标准理解如下：

（1）有约定的按约定，但约定的标准不得低于最低工资标准。比如，广东省高级人民法院、广东省劳动争议仲裁委员会《关于适用〈劳动争议调解仲裁法〉〈劳动合同法〉若干问题的指导意见》（粤高法发〔2008〕13 号，已废止，但仍是重要参考）第 28 条规定，“劳动者加班工资计算基数为正常工作时间工资。用人单位与劳动者约定奖金、津贴、补贴等项目不属于正常工作时间工资的，从其约定。但约定的正常工作时间工资低于当地最低工资标准的除外”。

（2）没有约定，则按实际工资计算，但支付周期超过一个工资支付周期的奖金以及相应高温津贴、餐补、车补等津贴与福利应剔除。

但需要注意的是，这个不得低于最低工资标准是有争议的，如《广东省工资支付条例》第 20 条规定，加班费标准为不低于劳动者本人日或者小时正常工作时间工资的倍数。也即要按正常工作时间的工资来计算，而非最低。

2 单位安排员工当月加班总时长已超过 36 小时，有何法律风险？超过的部分如何计算加班费？

（1）法律风险。

《劳动法》第 41 条规定，用人单位由于生产经营需要，经与工会和劳动者协商后可以延长工作时间，一般每日不得超过 1 小时；因特殊原因需要延长工作时间的，在保障劳动者身体健康的条件下延长工作时间每日不得超过 3 小时，但是每月不得超过 36 小时。根据上述规定可知，一般的情况下，法定的加班时间不得超过 36 小时（注意是一般情况下，一些法定的特殊情况下可以超过 36 小时）。超过了 36 小时，会有如下的法律责任：

①可处以相应的行政处罚，包括罚款。《劳动法》第 90 条规定：“用人单位违反本法规定，延长劳动者工作时间的，由劳动行政部门给予警告，责令改正，并可以处以罚款。”《劳动保障监察条例》第 25 条规定：“用人单位违

反劳动保障法律、法规或者规章延长劳动者工作时间的，由劳动保障行政部门给予警告，责令限期改正，并可以按照受侵害的劳动者每人 100 元以上 500 元以下的标准计算，处以罚款。”

②另外，安排劳动者超过法律允许的加班时间加班，劳动者如以此为由行使被迫解除权，也会有获得支持经济补偿的可能性。

（2）超过 36 小时以外的加班工资，加班费的计算统一按照《劳动法》第 44 条的规定，不对是否超过 36 小时作区分，即“有下列情形之一的，用人单位应当按照下列标准支付高于劳动者正常工作时间工资的工资报酬：（一）安排劳动者延长工作时间的，支付不低于工资的百分之一百五十的工资报酬；（二）休息日安排劳动者工作又不能安排补休的，支付不低于工资的百分之二百的工资报酬；（三）法定休假日安排劳动者工作的，支付不低于工资的百分之三百的工资报酬”。

3 法定节假日加班，当天到手的工资是平时工资的 300% 还是 400%？

很多人都以为是 300% 的平时工资，这个理解是错误的，有以下相应依据。

（1）《劳动法》第 51 条明确规定：“劳动者在法定休假日和婚丧假期间以及依法参加社会活动期间，用人单位应当依法支付工资。”也就是说，法定假日，即便没有上班，也是带薪的，本身已有 100% 的工资了。

（2）根据原劳动部《对〈工资支付暂行规定〉有关问题的补充规定》（劳部发〔1995〕226 号）的规定，安排在法定休假节日工作的，应另外支付给劳动者不低于劳动合同规定的劳动者本人小时或日工资标准 300% 的工资。

也就是说，要另行支付 300%，而法定节假日本就是带薪的，所以合计可以拿到 400% 的工资。

（3）《关于职工工作时间有关问题的复函》（劳部发〔1997〕271 号）第

4 条规定：休息日或法定休假日加班，用人单位可否不支付加班费而给予补休？补休的标准如何确定？依据《劳动法》第 44 条规定，休息日安排劳动者加班工作的，应首先安排补休，不能补休时，则应支付不低于工资 200% 的工资报酬。补休时间应等同于加班时间。法定休假日安排劳动者加班工作的，应另外支付不低于工资 300% 的工资报酬，一般不安排补休。这里也是规定“另外支付”。

（4）从《关于职工全年月平均工作时间和工资折算问题的通知》（劳社部发〔2008〕3 号）中也可以得出这一结论：制度工作时间的计算：年工作日：365 天－104 天（休息日）－11 天（法定节假日）＝250 天；季工作日：250 天÷4 季＝62.5 天/季；月工作日：250 天÷12 月＝20.83 天/月；工作小时数的计算：以月、季、年的工作日乘以每日的 8 小时。日工资、小时工资的折算：按照《劳动法》第 51 条的规定，法定节假日用人单位应当依法支付工资，即折算日工资、小时工资时不剔除国家规定的 11 天法定节假日。据此，日工资、小时工资的折算为：日工资：月工资收入÷月计薪天数；小时工资：月工资收入÷（月计薪天数×8 小时）；月计薪天数＝（365 天－104 天）÷12 月＝21.75 天。

4 如果春节的 7 天内涉及加班，加班工资如何计算？

一般情况下是这样的：

（1）因为法定的节假日是年初一、年初二、年初三，这三天上班，加班的工资按 300% 计算。

也就是说，这三天的加班费是以平时月工资除以 21.75，再乘以 3 倍，假设月工资 2175 元，则计薪日（注意，是指计薪日，而非工作日、更非自然日）的日工资为 100 元，每日的加班工资为 300 元，需要提示的是，这里说的仅是加班工资，并未包括法定节假日须正常支付的 100 元，如果加上，则当天的总工资是 400 元。

（2）年初四、年初五、年初六、年初七为休息日，这些时间上班，加班费按200%计算，则每日的加班工资为200元，这也是当日的总工资。

5 计件工资如何支付加班费？

《工资支付暂行规定》第13条第2款规定，实行计件工资的劳动者，在完成计件定额任务后，由用人单位安排延长工作时间的，应根据上述规定的原则，分别按照不低于其本人法定工作时间计件单价的150%、200%、300%支付其工资。不过实践中如果劳动定额未确定的，则一般进行折算，也即如果计得的时薪不低于最低工资标准，则合法；如果计得的时薪低于最低工资标准，则按最低工资标准予以补足加班工资。

6 值班费如何计算？

关于加班费的支付标准，法律规则明确，① 但对于值班费却没有规定。因此应根据用人单位的规定或合同约定、或集体合同约定以及支付惯例来确定。对于值班费的计算，法律并未限定，一般根据用人单位规章制度、劳动合同、集体合同或惯例等来确定。

对于企业尤其是国企而言，薪酬支付应合理、合法，因此，如果涉及值班问题，应在规章制度中作相应的规定，如无相应的规定，则双方应进行约定，以免发生争议。

① 《劳动法》第44条规定，有下列情形之一的，用人单位应当按照下列标准支付高于劳动者正常工作时间工资的工资报酬：（1）安排劳动者延长工作时间的，支付不低于工资的150%的工资报酬；（2）休息日安排劳动者工作又不能安排补休的，支付不低于工资的200%的工资报酬；（3）法定休假日安排劳动者工作的，支付不低于工资的300%的工资报酬。

7 应当保证劳动者每周至少休息一日中“一日”的定义？

这其中一日，指的是24小时不间断的一整日。

原劳动部《关于〈中华人民共和国劳动法〉若干条文的说明》第38条第2款规定，“本条应理解为：用人单位必须保证劳动者每周至少有一次24小时不间断的休息。”

8 女职工生育期间，其产假工资是否包括加班工资？

《女职工劳动保护特别规定》第8条第1款规定，女职工产假期间的生育津贴，对已经参加生育保险的，按照用人单位上年度职工月平均工资的标准由生育保险基金支付；对未参加生育保险的，按照女职工产假前工资的标准由用人单位支付。笔者认为，根据该规定可知，其参考的标准均为之前所发放的工资标准，而工资显然应包括加班工资。不过在司法实践中存在不同的观点，具有不确定性，反对者认为，生育期间并没有提供劳动，更不存在加班的情况，因而不应支付加班工资。

《广东省实施〈女职工劳动保护特别规定〉办法》第13条第2款规定：“前款所称女职工原工资标准，是指女职工依法享受产假或者计划生育手术假前12个月的月平均工资。前12个月的月平均工资按照女职工应得的全部劳动报酬计算，包括计时工资或者计件工资以及奖金、津贴、补贴等货币性收入。前12个月的月平均工资低于女职工正常工作时间工资的，按照正常工作时间工资标准计算。女职工享受假期前在用人单位工作未满12个月的，按照其实际参加工作的月份数计算。”根据上述规定可知，似乎应该是包括了所有的工资，当然也包括加班工资，只是特殊的情况下，没有正常工作时，工资较低的情况下，按正常工作时间的工资标准计算。广东省高级人民法院、广东省劳动人事争议仲裁委员会《关于劳动人事争议仲裁与诉讼衔接若干意见》

（粤高法发〔2018〕2号）第6条规定："女职工按照《女职工劳动保护特别规定》第七条的规定休产假的，原工资标准按照《广东省实施〈女职工劳动保护特别规定〉办法》第十三条第二款的规定确定。根据《广东省人口与计划生育条例》第三十条的规定，符合法律、法规规定生育子女的，女方享受八十日的奖励假，男方享受十五日的陪产假，在规定假期内照发工资，不影响福利待遇和全勤评奖。奖励假和陪产假期间的工资应按职工正常出勤情况下的应得工资计算，但加班工资、高温津贴、支付周期超过一个月或未确定支付周期的劳动报酬除外。"对比奖励假，明确规定了仅为正常出勤下的工资，似乎也可以对比出生育津贴包括加班费的结论。

深圳市中级人民法院则直接明确包括加班工资。深圳市中级人民法院《关于〈审理劳动争议案件的裁判指引〉的说明》第28条规定："第一百零三条是关于女职工产假期间工资是否包括加班工资的问题。虽然《女职工劳动保护特别规定》第八条对于用人单位未为其参加生育保险的女职工产假期间的生育津贴，没有明确是否包含加班工资，但该条文中关于由社会保险部门支付的生育津贴是以女职工所在单位上年度职工月平均工资为标准，而按照通常理解，女职工所在单位上年度职工月平均工资应当是包含加班工资在内的。为保证产假期间女职工的合法权益不因用人单位未为其参保而受到不利影响，且防止发生用人单位不为女职工缴纳生育保险反而因此获利的情况，本裁判指引参照《女职工劳动保护特别规定》第八条对于社会保险部门支付生育津贴的标准，规定由用人单位支付的生育津贴也应当包含加班工资在内。"

广州则明确为"支付正常工作时间的工资"，广州市中级人民法院《关于印发〈醉酒驾驶案件审判参考〉等8个审判参考的通知（劳动人事争议部分）》（2017）第76条规定："劳动者依法享受法定休假日、年休假、探亲假、婚假、丧假、产假、看护假、计划生育假等假期期间，用人单位应当视同其正常劳动并支付正常工作时间的工资。"

9 非特殊工时制的情况下，加班一定要劳动者同意且每日不得超过3小时、每月不超过36小时吗？

在一些的法定特殊情形下，劳动者既不能拒绝，也不受每日不超过3小时及每月不超过36小时的限制。

根据原劳动部《关于〈中华人民共和国劳动法〉若干条文的说明》第42条的规定，有下列情形之一的，延长工作时间不受《劳动法》第41条规定的限制：(1) 发生自然灾害、事故或者因其他原因，威胁劳动者生命健康和财产安全，需要紧急处理的；(2) 生产设备、交通运输线路、公共设施发生故障，影响生产和公众利益，必须及时抢修的；(3) 法律、行政法规规定的其他情形。

该规定第3项中的“法律、行政法规”，既包括现行的，也包括以后颁布实行的规定，当前主要指国务院《关于职工工作时间的规定的实施办法》规定的四种其他情形：(1) 在法定节日和公休假日内工作不能间断，必须连续生产、运输或者营业的；(2) 必须利用法定节日或公休假日的停产期间进行设备检修、保养的；(3) 为完成国防紧急任务的；(4) 为完成国家下达的其他紧急生产任务的。

二、特殊工时、非全日制与加班费

1 综合工时制劳动者如何认定加班？

综合工时制，是指用人单位因工作情况特殊或受季节和自然条件限制，需要安排劳动者连续作业，无法实行标准工时制度，采用以周、月、年等为周期计算工作时间的工时制度。

原劳动部《关于企业实行不定时工作制和综合计算工时工作制的审批办法》第5条规定，实行综合计算工时工作制的用人单位，计算工作时间的周期可以是周、月、季、年，但平均日工作时间和平均周工作时间应与法定标准工作时间基本相同。也就是说，工作时间不受标准工时制最高的限制，比如以季为单位的计算周期，只要工作时间没有超过62.5天（法定每季工作总时间）即不属于加班。

2 实行特殊工时制的劳动者，在法定节假日工作，是否可以主张加班费？

对于实行不定时工作制和综合工作制的岗位，有不同的规则。

对于实行综合工作制的岗位，休息日属于正常工作，但劳动者在法定节假日工作，可以主张加班费。关于这个问题，《关于贯彻执行〈中华人民共和国劳动法〉若干问题的意见》（劳部发〔1995〕309号）第62条规定："实行综合计算工时工作制的企业职工，工作日正好是周休息日的，属于正常工作；工作日正好是法定节假日时，要依照劳动法第四十四条第（三）项的规定支付职工的工资报酬。"《关于职工工作时间有关问题的复函》（劳部发〔1997〕271号）第5条也有明确规定："综合计算周期内的总实际工作时间不应超过总法定标准工作时间，超过部分应视为延长工作时间并按《劳动法》第四十四条第一款的规定支付工资报酬，其中法定休假日安排劳动者工作的，按《劳动法》第四十四条第三款的规定支付工资报酬。而且，延长工作时间的小时数平均每月不得超过36小时。"

但是对于实行不定时工作制的岗位，司法实践中存在争议，大部分地区的司法意见认为，不定时工作制采用集中工作、集中休息的弹性工作时间。公司可以根据生产经营需要安排员工法定节假日加班，集中安排休息，不适用加班工资的规定。北京、广东、江苏、重庆等地支持这种意见。但也有部分地区司法意见认为，即便实行不定时工作制，公司在法定节假日安排加班的，仍应当支付加班工资。上海、深圳支持该观点。《上海市企业工资支付办法》第13条规定，“企业根据实际需要安排劳动者在法定标准工作时间以外工作的，应以本办法第九条确定的计算基数，按以下标准支付加班工资：……（三）安排劳动者在法定休假节日工作的，按照不低于劳动者本人日或小时工资的300%支付。……经人力资源社会保障行政部门批准实行不定时工时制的劳动者，在法定休假节日由企业安排工作的，按本条第（三）项的规定支付加班工资”。《深圳市员工工资支付条例》第20条规定，用人单位安排实行不定时工作制的员工在法定休假节日工作的，按照不低于员工本人正常工作时间工资的300%支付员工加班工资。

3 非全日制劳动者法定节假日工作，须按法定节假日加班的标准计付工资吗？

这在法律上也无直接的明确的规定，各地并不相同，而笔者认为需要。

《劳动法》第40条规定：“用人单位在下列节日期间应当依法安排劳动者休假：（一）元旦；（二）春节；（三）国际劳动节；（四）国庆节；（五）法律、法规规定的其他休假节日。”第44条规定：“有下列情形之一的，用人单位应当按照下列标准支付高于劳动者正常工作时间工资的工资报酬：（一）安排劳动者延长工作时间的，支付不低于工资的百分之一百五十的工资报酬；（二）休息日安排劳动者工作又不能安排补休的，支付不低于工资的百分之二百的工资报酬；（三）法定休假日安排劳动者工作的，支付不低于工资的百分之三百的工资报酬。”

根据上述规定可知，法定节假日安排劳动者工作的，劳动报酬不低于工资的300%，该规则中，并没有对支付的对象作出限制性的规定，更没有将非全日工作制的情形排除在外，因此，在地方没有作出明确规定的情况下，即便是非全日制劳动合同，在法定节假日安排劳动者工作的，仍须按法定节假日的标准计付工资。

不过，各地地方规定差异较大，不仅是标准不统一，也有些地方明确无须支付加班费。

（1）有些地方明确规定须支付加班费。

①深圳市劳动和社会保障局颁布的《关于非全日制用工的若干规定》（深劳社〔2007〕61号，已于2012年失效）第11条规定："用人单位在法定休假日安排非全日制劳动者工作的，应当按照不低于劳动者本人标准工资的300%支付工资。"

②湖南省劳动保障厅《关于加强我省非全日制用工管理的实施意见》（湘劳社发〔2003〕147号）中"关于非全日制从业人员的工资支付问题"规定，用人单位支付非全日制从业人员在法定节日期间工作的小时工资不得低于当地最低小时工资标准的3倍。

③北京市人民政府颁布的《北京市工资支付规定》第18条第2款、第3款规定，用人单位招用非全日制工作的劳动者，可以不执行该规定第14条的规定，但用人单位安排其在法定休假日工作的，其小时工资不得低于本市规定的非全日制从业人员法定休假日小时最低工资标准。

（2）也有地方认为不能认定为加班，无须支付加班费。

①《江苏省高级人民法院劳动争议案件审理指南》明确规定："《劳动合同法》第六十八条规定，非全日制用工，是指以小时计酬为主，劳动者在同一用人单位一般平均每日工作时间不超过四小时，每周工作时间累计不超过二十四小时的用工形式。据此规定，非全日制不能简单以工作时间来判断是否属于加班，现时应当将工作时间看作是否属于非全日制的重要判断标准。因此，经协商一致，劳动者从事非全日制工作的，无论是法定休息日，还是法定节假日工作的，均不认定是加班。对于每周超过24小时的非全日制用工，不是支付加班费的问题，而是认定为非全日制用工不成立，认定为全日制用工，按全日制用工适用《劳动法》、《劳动合同法》的有关权利和义务。"

②《湖北省高级人民法院民事审判工作座谈会会议纪要》中也持这种观点。

4 未经劳动行政部门审批，与员工约定实行不定时工作制是否有效?

用人单位自行与员工约定实行不定时工作制的行为违反法律规定，不具有法律效力。《劳动法》第 39 条、原劳动部《关于企业实行不定时工作制和综合计算工时工作制的审批办法》（劳部发〔1994〕503 号）第 7 条均规定，用人单位实行不定时工作制须经劳动行政部门批准。由此可知，劳动行政部门审批是实行不定时工作制的法定程序，用人单位与劳动者协商一致并不能代替行政审批的法定程序。因此，未经劳动保障行政部门批准，用人单位与劳动者约定实行不定时工作制的行为因不符合法律规定而无效。

既然未经审批的不定时工作制不具有法律效力，劳动者自然可以向用人单位主张支付在休息日工作的加班费。人力资源和社会保障部、最高人民法院公布的《关于联合发布第一批劳动人事争议典型案例的通知》（人社部函〔2020〕62 号）支持上述观点，其中认为“用人单位对劳动者实行不定时工作制，有严格的适用主体和适用程序要求。只有符合国家规定的特殊岗位劳动者，并经过人力资源社会保障部门审批，用人单位才能实行不定时工作制，否则不能实行”。

不过有些地方有特殊的规定，如北京市高级人民法院就认为，对于高管人员，双方约定即可。《北京市企业实行综合计算工时工作制和不定时工作制的办法》（京劳社资发〔2003〕157 号）第 16 条第 2 款规定，企业中的高级管理人员实行不定时工作制，不办理审批手续。东莞市中级人民法院、东莞市劳动人事争议仲裁委员会联合发布的《劳动争议裁审衔接工作座谈会议纪要》（东中法〔2019〕73 号）第 17 条也有这样的规定：“劳动者工作岗位符合执行不定时工时制条件，用人单位没有向人力资源和社会保障行政部门申请该岗位实行不定时工时制，但在用工过程中一直实行不定时工时制，工资支付标准也按不定时工时制计算方式执行的，则应以实际履行或双方的约定为准。劳动者按照普通工时制要求支付加班费的，一般不予支持。”

三、加班费抗辩理由

1 单位实行大小周工作制（普通工时工作制），是否须支付加班费?

须分情况判断是否需要支付加班费。若员工每日工作少于6小时40分，每周的工作时间均不超过40小时，单位无须支付加班费。若员工每天工作7小时，大周工作42小时，小周工作35小时，平均每周38.5小时，虽然大周工作时间超过了40个小时，不符合劳动部复函中“有些企业因工作性质和生产特点不能实行标准工时制度，应保证劳动者每天工作不超过8小时、每周工作不超过40小时、每周至少休息一天”的规定。但根据《工资支付暂行规定》第13条第1款第2项“用人单位依法安排劳动者在休息日工作，而又不能安排补休的，按照不低于劳动合同规定的劳动者本人日或小时工资标准的200%支付劳动者工资”的规定，建议企业明确说明企业实行的是5.5天工作制，其中小周有0.5天进行了调休。若员工每天工作超过8小时，大周工作48小时，小周工作40小时，平均每周44小时，无疑需要支付加班费。

2 普通工时制度，每周工作6天，是否一定属于加班?

不一定，要看每周工作时间是否超过40个小时。根据原劳动部《关于职工工作时间有关问题的复函》（劳部发〔1997〕271号）第1条的规定，即每周工作6天，每天工作不超过6小时40分，即为合法。具体规定为“企业和部分不能实行统一工作时间的事业单位，可否不实行‘双休日’而安排每周工作六天，每天工作不超过6小时40分钟？根据《劳动法》和《国务院关于职工工作时间的规定》（国务院令第174号）的规定，我国目前实行劳动者每日工作 8 小时，每周工作 40 小时这一标准工时制度。有条件的企业应实行标准工时制度。有些企业因工作性质和生产特点不能实行标准工时制度，应保证劳动者每天工作不超过 8 小时、每周工作不超过 40 小时、每周至少休息一天”。

3 未经用人单位安排而自行加班，是否须支付加班费?

笔者认为不需要。《劳动法》第 44 条规定：“有下列情形之一的，用人单位应当按照下列标准支付高于劳动者正常工作时间工资的工资报酬：（一）安排劳动者延长工作时间的，支付不低于工资的百分之一百五十的工资报酬；（二）休息日安排劳动者工作又不能安排补休的，支付不低于工资的百分之二百的工资报酬；（三）法定休假日安排劳动者工作的，支付不低于工资的百分之三百的工资报酬。”根据上述规定可知，加班的前提是用人单位“安排”，劳动者自己主动加班的不算。因此，劳动者如果须加班，劳动者应获得用人单位的同意（包括有审批证明或可合理推定单位同意），未经用人单位安排、同意，劳动者自行加班的，无须支付加班费。

对于用人单位而言，应明确相应的加班审批制度，否则如果员工证明了在正常上班时间之外的到勤，而单位又无证据证明无须员工加班时，则很可能会认为存在加班的事实。

需说明的是，如果单位安排的工作确实在正常工作时间无法完成，而单位又限时完成的，则可推定此为单位作出的加班安排。

在朱某某与上海某某网络科技有限公司劳动合同纠纷案［（2023）沪 01 民终 12219 号］中，上海市第一中级人民法院认为：

朱某某与某某公司劳动合同第 3 条第 1.1 款约定，“乙方因工作需要延长工作时间的，须提交加班申请经过审批，加班费用标准按法律、法规的规定执行”；第 4 条第 2 款约定，“乙方如要申请加班，须提交加班申请单，由相关负责人审批后，方可生效。加班费以月基本工资作为计算依据”。某某公司

《员工手册》中加班规定，加班须在加班后2个工作日内申请并交由部门领导批准，逾期不得申请。该加班规定明确公司员工加班必须经申请批准方可认定为加班，现朱某某并未提供加班的相关审批手续，其仅以考勤记录时间主张加班，显然不符合公司的规章制度。因此，朱某某要求某某公司支付2021年3月1日至2022年2月25日延时加班工资、休息日加班工资、法定节假日加班工资的诉讼请求，不予支持。

4 补休代替加班费合法吗？

须视情况而定。《劳动法》第44条规定，有下列情形之一的，用人单位应当按照下列标准支付高于劳动者正常工作时间工资的工资报酬：（1）安排劳动者延长工作时间的，支付不低于工资的150%的工资报酬；（2）休息日安排劳动者工作又不能安排补休的，支付不低于工资的200%的工资报酬；（3）法定休假日安排劳动者工作的，支付不低于工资的300%的工资报酬。从以上规定可以看出，用人单位除休息日安排加班能以安排补休代替加班工资报酬外，在平时的延时加班和在法定节假日加班是不能以补休来代替加班报酬的。

尤其是法定节假日，其具有特殊的意义，如果劳动者在此期间加班，用人单位如以平时的时间调休处理，显然损害劳动者的权益，因而只能以额外的3倍工资作为补偿。

5 休息日安排员工培训，算不算加班？

该问题在司法实务中存在争议。

有观点认为，用人单位安排休息日培训体现了用人单位对劳动者的用工管理权。为了通过提升劳动者技能从而为用人单位创造更多利润，用人单位安排周末培训，占用了劳动者的休息时间，因此，休息日培训具有工作的性质，属于加班。

有观点认为，根据《劳动法》第68条的规定，用人单位有义务为劳动者进行职业培训。而且，培训活动通常不能为用人单位创造直接利润，但对于劳动者个人而言，培训可以帮助劳动者提升职业技能，从而提高个人竞争力。职业培训与提供正常工作的劳动，两者本质不同，因此周末培训不应视为加班。

笔者认为，不能因为培训的时间安排在休息日就直接认定属于加班，还需要考虑其他因素：首先，考虑培训是否属于用人单位安排，是自愿性质还是强制性质；其次，培训内容是否与劳动者本职工作相关；最后，如果基于用人单位的要求，劳动者在休息日参加与本职工作相关的培训，事后也没有安排调休的，实务中倾向于认定参加培训具有正常工作的性质，较大可能会支持加班费的请求。

6 小结：加班费不能获得支持的主要原因有哪些？

笔者根据经验，对相应的抗辩理由在后面作相应的列举，但需要说明的是，这里只提供一些思路，甚至有一些只是个别裁判者的观点，并不一定会被裁判者所认可。

（1）从举证责任上来看，劳动者如无证据证明存在加班事实的，加班费的请求难以获得支持。最高人民法院《关于审理劳动争议案件适用法律问题的解释（一）》第42条规定，劳动者主张加班费的，应当就加班事实的存在承担举证责任。但劳动者有证据证明用人单位掌握加班事实存在的证据，用人单位不提供的，由用人单位承担不利后果。

此外，最高人民法院《关于审理劳动争议案件适用法律问题的解释（一）》第44条规定：“因用人单位作出的开除、除名、辞退、解除劳动合同、减少劳动报酬、计算劳动者工作年限等决定而发生的劳动争议，用人单位负举证责任。”根据上述规定可知，加班费的举证责任在于劳动者，如劳动者无证据证明加班的事实，应由其承担不利的法律后果。但这里需要注意的是，根据规则，即便劳动者无法提供加班的证明，根据上述规定第42条：如果“劳动者有证据证明用人单位掌握加班事实存在的证据，用人单位不提供的，由用人单位承担不利后果”。

（2）工资分配方式和水平，属于用人单位的用工自主权，经折算不低于最低工资标准，合法有效。

根据我国《劳动法》第47条的规定，用人单位可以根据本单位的生产经营特点和经济效益，依法自主确定本单位的工资分配方式和工资水平，用人单位确定的工作时间和工资支付方式，属于用人单位工资分配自主权范畴，合法有效。劳动者每月领取工资后也并未对加班费等项目提出异议，说明劳动者已了解用人单位工资发放标准和形式，可以认定劳动者对工资发放标准和形式进行了实际认可，是其真实的意思表示，应视为双方以实际履行的行为对劳动者每月工资进行了实际约定，即发放的工资总额包括了正常工作时间的工资和加班时间的加班工资。根据折算，只要劳动者每月工资总收入除以包括加班时间在内总工作时间，其工时收入标准高于用工所在地最低工资标准的，即符合工资支付基准的规定，无须再向申请人支付加班费。

例如，广东省高级人民法院、广东省劳动争议仲裁委员会《关于适用〈劳动争议调解仲裁法〉、〈劳动合同法〉若干问题的指导意见》第27条规定，用人单位与劳动者虽然未书面约定实际支付的工资是否包含加班工资，但用人单位有证据证明已支付的工资包含正常工作时间工资和加班工资的，可以认定用人单位已支付的工资包含加班工资，但折算后的正常工作时间工资低于当地最低工资标准的除外。

（3）固定工作时间，固定工资模式，无须支付加班费。例如，广州市中级人民法院《关于审理劳动争议案件的参考意见（2009年）》第3条规定，在审理加班工资争议案件中，对于用人单位实行不同于标准工时制的固定工时制度（如固定每月工作5天，每天9小时或每周工作6天，每天8小时等）

且劳动报酬固定的双固定（固定时间，固定报酬）用工模式，劳动者要求用人单位支付加班工资的，用人单位主张劳动者入职时已明确的工资已包含全部工作时间（标准工作时间和加班工作时间）内的标准工资和加班工资并提供证据予以证实，且该工资收入不低于以当地最低工资数额作为标准工时工资折算的工资总额，人民法院对该抗辩理由可予以采信，不再另行计算加班工资。

（4）合同中已有约定，对于发放的工资标准不提出异议，视为认可，符合《民法典》中的沉默视为同意的规则。《民法典》第140条规定，行为人可以明示或者默示作出意思表示。沉默只有在有法律规定、当事人约定或者符合当事人之间的交易习惯时，才可以视为意思表示。根据该规定，如果在劳动合同中约定在一定的时间内没有提出异议，视为同意工资的支付标准，那么这也是主张加班费的重大障碍，不过也有裁判认为，这种沉默是劳动者的消极反对，不宜认为同意。

（5）合同中约定所发放的工资中“已包含加班工资”，经折算不低于最低工资标准无须支付加班费。例如，深圳市中级人民法院《关于审理劳动争议案件的裁判指引》（深中法发〔2015〕13号）第62条规定，劳动者与用人单位在签订劳动合同时约定的工资中注明“已包含加班工资”或虽未书面约定实际支付的工资是否包含加班工资，但用人单位有证据证明已支付的工资包含了正常工作时间工资和加班工资的，劳动者的时薪为：时薪＝约定工资÷（21.75天×8小时＋约定包含在工资中的平时加班时间小时数×150%＋约定包含在工资中的休息日加班时间小时数×200%＋约定包含在工资中的法定节假日加班时间小时数×300%）。

按上述方法计算出的劳动者的时薪低于当地最低工资标准的，该约定无效；劳动者的工资应以最低工资标准为基本工资，超过法定工作时间为加班时间，加班工资以最低工资标准按法律规定标准计算。

（6）劳动合同关于加班须申请并获得同意的约定或制度，对此规定劳动者未获得同意的。一般而言，加班是指公司根据生产经营的需要，在规定的工作时间之外安排员工延长工作时间或安排在节假日或休息日从事工作。这里强调的是用人单位的安排，一般情况下不认为劳动者自行安排属于加班，有了这样的约定或规定，则劳动者如无法证明已获得单位的同意，不宜认定存在加班的事实。

（7）特定的岗位不支持加班费的请求。比如，电工、值班人员、司机等劳动强度不大、工作时间间断性的，对于实际工作时间的认定也会从严把握。

例如，广州市中级人民法院《关于审理劳动争议案件的参考意见（2009年）》第4条规定，对于在岗时间较长、劳动强度不大、工作时间灵活或间断性、具有提成性工资性质的特殊行业岗位，人民法院应当充分考虑上述岗位的工作性质和当地劳动力价格水平，且尊重该行业和岗位工资支付的行规惯例，对于劳动者主张在标准工作时间以外的加班工资从严掌握。

（8）不定时工作制。《工资支付暂行规定》第13条前3款规定了加班费支付的具体标准，而第4款明确："实行不定时工时制度的劳动者，不执行上述规定。"因此，不定时工作制是抗辩加班费比较重要的依据，但也有些地方不执行该规则，即便是不定时工作制，也会支持加班费，如深圳、上海。

（9）高管。高管之所以不能获得加班费，是因为《劳动部关于企业实行不定时工作制和综合计算工时工作制的审批办法》第4条本就明确规定，企业中的高级管理人员可以实行不定时工作制，而不定时工作制一般无须支付加班费。另外，高级管理人员不但工资较高，且其较普通员工更难考勤，相对也更加自由，因而也不适合计算加班费。

（10）有提成工资的。在类似提成类的计薪模式下，裁判者可能会认为其提成中已包含了加班费。例如，广州市中级人民法院《关于审理劳动争议案件的参考意见》第7条规定，实行劳动计件工资的，但根据现在证据无法查明正常工作时间工作定额的，且按照劳动者的月工资数额、工作时间和法定加班倍数折算出的月标准工时工资数额不低于当地最低工资标准的，则可视为劳动者在延长工作时间、休息日和法定节假日工作的劳动报酬具有加班工资性质，认定用人单位支付的工资中已包含了加班工资。

（11）用人单位应发工资高于劳动合同约定的标准工资，高于约定工资的部分款项为加班工资。例如，广州市中级人民法院《关于审理劳动争议案件的参考意见》第5条规定，用人单位应发工资高于劳动合同约定的标准工资，如果应发工资列明工资构成的，但工资构成无加班工资项目且用人单位亦不能证实其他收入项目具有加班工资性质的，应当认定用人单位未支付加班工资；如果应发工资未明确工资构成的，用人单位主张劳动者实发工资中包含加班费并提供证据予以证实，且符合当地行业正常收入水平的，人民法院可以结合案情予以确认。

（12）约定了加班工资基数，应按基数计算。例如，广州市中级人民法院《关于审理劳动争议案件的参考意见》第6条规定，双方当事人约定加班工资基数的，按照约定处理：①劳动合同没有约定加班工资计算基数但约定标准工资的，按劳动合同约定的标准工资作为加班工资计算基数。②劳动合同没有约定标准工资但实发工资列明工资构成的，可按实发工资中标准（基本）工资作为加班工资的计算基数，其中不得将加班工资重复算入加班工资计算基数内，且加班工资的计算基数不得低于当地最低工资标准。③劳动合同既没有约定标准工资且实发工资中未明确具体工资构成的，如双方当事人对此长期未提出异议，可以参照当地同行业工资收入水平和双方当事人劳动惯例确定加班工资计算基数，但该加班工资计算基数不得低于当地最低工资标准。

（13）连续工作，应当扣除合理的休息及用餐时间。例如，广州市中级人民法院《关于审理劳动争议案件的参考意见》第11条规定，对于需要连续工作的岗位，用人单位主张加班时间应当扣除劳动者中间必要的休息和用餐时间且符合日常生活常理的，可以予以支持。

（14）6天工作制本身并不意味着就属于加班。我国目前实行劳动者每日工作8小时，每周工作40小时的标准工时制度，但对于不能实行这种5天标准工时制的，也可以实行6天的工时制。相应依据为劳动部《关于职工工作时间有关问题的复函》[①]（劳部发〔1997〕271 号）。

（15）用人单位只对工资台账有两年的保留义务。《工资支付暂行规定》第 6 条第 3 款规定，用人单位必须书面记录支付劳动者工资的数额、时间、领取者的姓名以及签字，并保存两年以上备查。用人单位在支付工资时应向劳动者提供一份其个人的工资清单。

最高人民法院《关于审理劳动争议案件适用法律问题的解释（一）》第 42 条规定："劳动者主张加班费的，应当就加班事实的存在承担举证责任。但劳动者有证据证明用人单位掌握加班事实存在的证据，用人单位不提供的，由用人单位承担不利后果。"因而，如劳动者追索加班工资而又没有证据证明用人单位掌握加班事实的情况下，由劳动者承担举证责任，至于两年前的加班工资，不仅是加班的事实，还是加班工资未支付的事实也由劳动者负举证责任，用人单位没有义务提供已发放的证据。

① 广州市劳动局：

你局《关于职工工作时间有关问题的请示》（穗劳函字〔1997〕127 号）收悉，经研究，函复如下：

一、企业和部分不能实行统一工作时间的事业单位，可否不实行"双休日"而安排每周工作 6 天，每天工作不超过 6 小时 40 分钟？

根据《劳动法》和《国务院关于职工工作时间的规定》（国务院令第 174 号）的规定，我国目前实行劳动者每日工作 8 小时，每周工作 40 小时这一标准工时制度。有条件的企业应实行标准工时制度。有些企业因工作性质和生产特点不能实行标准工时制度，应保证劳动者每天工作不超过 8 小时、每周工作不超过 40 小时、每周至少休息 1 天。

专题五 未签劳动合同的2倍工资争议

对于用人单位自用工之日起超过1个月不满1年未与劳动者订立书面劳动合同，以及用人单位违反《劳动合同法》的规定，不与劳动者订立无固定期限劳动合同的违法行为，《劳动合同法》规定的是一种惩罚性的民事赔偿责任。未签订劳动合同的2倍工资是《劳动合同法》对于劳动合同签订率不高的情形下而作出的特殊规定，其目的是提高劳动合同的签订率，确定劳资双方的权利义务，更好地保障劳动者的合法权益。基于其并非劳动的对价而属于惩罚性的款项，因而其与其他劳动争议的产生及抗辩理由存在较大的差异。

未签订劳动合同2倍工资是《劳动合同法》中争议极大的条款，也是近年常被要求修改的条款之一。

一、基 本 问 题

1 2倍工资属于劳动报酬吗?

2倍工资不属于劳动报酬。

首先，我们先厘清工资的概念。《工资支付暂行规定》第3条规定："本规定所称工资是指用人单位依据劳动合同的规定，以各种形式支付给劳动者的工资报酬。”国家统计局《关于工资总额组成的规定》（国家统计局令〔1990〕第1号）第4条规定：“工资总额由下列六个部分组成：（一）计时工资；（二）计件工资；（三）奖金；（四）津贴和补贴；（五）加班加点工资；（六）特殊情况下支付的工资。”又参考《广东省工资支付条例》第62条第1项的规定：“本条例中下列用语的含义是：（一）工资，是指用人单位基于劳动关系，按照劳动者提供劳动的数量和质量，以货币形式支付给劳动者本人的全部劳动报酬。一般包括：各种形式的工资（计时工资、计件工资、岗位工资、职务工资、技能工资等）、奖金、津贴、补贴、延长工作时间及特殊情况下支付的属于劳动报酬性的工资收入等；但不包括用人单位按照规定负担的各项社会保险费、住房公积金，人力资源社会保障部门和安全生产监察行政部门规定的劳动保护费用，按照规定标准支付的独生子女补贴、计划生育奖，丧葬费、抚恤金等国家规定的福利费用和属于非劳动报酬性的收入。”根据上述规定可知，双倍工资并不属于劳动报酬。

其次，《劳动合同法》第82条规定，用人单位自用工之日起超过1个月不满1年未与劳动者订立书面劳动合同的，应当向劳动者每月支付2倍的工资。用人单位违反本法规定不与劳动者订立无固定期限劳动合同的，应当自订立无固定期限劳动合同之日起向劳动者每月支付2倍的工资。根据上述规定，用人单位自用工之日起超过1个月不满1年不与劳动者订立书面劳动合同，以及用人单位违反本规定，不与劳动者订立无固定期限劳动合同的违法行为，其规定了一种惩罚性的民事赔偿责任，即向劳动者支付2倍的月工资。惩罚性赔偿，又叫作惩戒性赔偿，它指的是对受害方的实际损失予以补偿性赔偿之外的赔偿。[①] 因双倍工资并非以劳动者提供劳动的数量和质量为依据，所以并不属于劳动报酬。

① 参见杨景宇、信春鹰主编：《中华人民共和国劳动合同法解读》，中国法制出版社2007年版，第249页。

2 2倍工资最长可以支持多少个月？

分两种情况确定：一种是未签订书面劳动合同的情形，另一种是应签订但未签订无固定期限劳动合同的情形，时长分别如下：

（1）未签订书面劳动合同的2倍工资只有11个月总时长。《劳动合同法》第82条第1款明确规定，用人单位自用工之日起超过1个月不满1年未与劳动者订立书面劳动合同的，应当向劳动者每月支付2倍的工资。因而，该情形下的2倍工资不超过11个月的时长。

（2）应签订但未签订无固定期限劳动合同的2倍工资，一般来说，最长不超过12个月。对于不签订劳动合同的情形，《劳动合同法》第82条第1款规定的法律后果是："用人单位自用工之日起超过一个月不满一年未与劳动者订立书面劳动合同的，应当向劳动者每月支付二倍的工资。"规定了不超过11个月的法律责任，但对于未订立无固定期限劳动合同的情形，其第2款仅规定"自应当订立无固定期限劳动合同之日起向劳动者每月支付二倍的工资"，而并未对期限加以明确。又因为2倍工资其实并不是工资，所以其受《劳动争议调解仲裁法》第27条第1款规定的约束，须严格遵守1年诉讼时效的规定，并且不能依据第4款的规定主张因双方劳动关系处在存续期间，所以时效中断。

又因为工资是按月支付，所以未签订无固定期限劳动合同的2倍工资的计算，从时效上来看，是不会超过12个月的（除非一些地方把2倍工资当作一个整体来计算时效），因为后面虽会发生2倍工资的法律责任，但前面的又过了时效，除非劳动者一直向单位主张权利，如每年发函一次等。最高人民法院《关于审理劳动争议案件适用法律问题的解释（二）（征求意见稿）》第4条就持这样的意见：用人单位未依法与劳动者订立书面固定期限劳动合同、以完成一定工作任务为期限劳动合同，劳动者请求用人单位支付未订立劳动合同第二倍工资的，仲裁时效期间适用《劳动争议调解仲裁法》第27条第1款规定，从用人单位应当订立劳动合同之日起满1个月的次日起计算。用人单位未依法与劳动者订立书面无固定期限劳动合同，劳动者请求用人单位支付未订立劳动合同第二倍工资的，仲裁时效期间适用《劳动争议调解仲裁法》第 27 条第 1 款规定，从用人单位应当订立劳动合同的次日起计算。

不过需要注意的是，有一些地方关于应当签订但未签订无固定期限劳动合同的 2 倍工资起算时间有一些特殊的规定，比如，广东省高级人民法院、广东省劳动人事争议仲裁委员会《关于劳动人事争议仲裁与诉讼衔接若干意见》（粤高法发〔2018〕2 号）第 9 条规定："用人单位违反《劳动合同法》第十四条第二款的规定，未与劳动者订立无固定期限劳动合同的，用人单位应根据《劳动合同法》第八十二条第二款的规定，从依法应订立无固定期限劳动合同之日满一个月的次日起向劳动者每月支付二倍工资。"根据该规定，从第二个月起才须支付 2 倍工资，此与法律的规定有一定的差异，但此与未签订劳动合同或未续签劳动合同 1 个月宽限期的规定一致，较易掌握，且宽限 1 个月，也符合实际用工中劳动合同期满后双方需要合理地磋商时间需求的场景，相较而言，笔者认为这种规定更合理。

3 2 倍工资的基数如何确定？

一般而言，因为 2 倍工资非劳动报酬，属于惩罚性的赔偿，因而一般对于支付周期不明确的如一次性的奖金等，或者支付周期超过 1 个月的劳动报酬如季度奖、年终奖等，又或者根据工作成果支付、不具有确定性的报酬如提成等，又或者非直接劳动对价如特殊情况下支付的津贴、补贴等，在裁判时多会酌情考虑剔除。

二、2 倍工资的产生

1 劳动者拒绝签订劳动合同，用人单位如何处理才能“零损失”？

《劳动合同法实施条例》第 5 条规定，自用工之日起 1 个月内，经用人单位书面通知后，劳动者不与用人单位订立书面劳动合同的，用人单位应当书面通知劳动者终止劳动关系，无须向劳动者支付经济补偿，但是应当依法向劳动者支付其实际工作时间的劳动报酬。第 6 条第 1 款规定，用人单位自用工之日起超过 1 个月不满 1 年未与劳动者订立书面劳动合同的，应当依照《劳动合同法》第 82 条的规定向劳动者每月支付 2 倍的工资，并与劳动者补订书面劳动合同；劳动者不与用人单位订立书面劳动合同的，用人单位应当书面通知劳动者终止劳动关系，并依照《劳动合同法》第 47 条的规定支付经济补偿。

根据上述规定可知，一般而言，用人单位应当在用工之日起 1 个月内与劳动者签订书面的劳动合同，否则只要超过 1 个月未签订书面劳动合同的，无论是劳动者的原因还是用人单位的原因，用人单位均须支付 2 倍工资，用人单位不能以劳动者拒绝签订劳动合同为由不承担 2 倍工资的法律责任。① 面对这种情形，用人单位应按如下流程处理：

第一步，发出书面通知（《订立劳动合同通知书》），要求劳动者签订劳动合同。此处要注意两处操作细节，一是要发出“书面”的通知，二是要取得通知的回执，如劳动者拒绝在回执中签名，应通过其他双方约定的送达方式送达；

---

① 这是用人单位非常难以接受的一个规则，也是很多人认为应当修改的一个焦点争议。最高人民法院显然也觉得这个条款不合理，《最高人民法院关于审理劳动争议案件适用法律问题的解释（二）（征求意见稿）》第 14 条就明确规定，因劳动者自身原因未订立书面劳动合同，劳动者请求用人单位支付未订立书面劳动合同第二倍工资的，人民法院不予支持。

第二步，在发出要求签订劳动合同的书面通知后，如劳动者仍拒绝签订劳动合同，应发出解除劳动合同的“书面”通知（《解除劳动关系通知书》）。

上述两个书面通知，均须在用工之日起的1个月内依次发出。

2 视为签订无固定期限劳动合同的情形下，用人单位未补签无固定期限劳动合同的，劳动者是否可主张2倍工资的法律责任？

关于该问题，司法实践中存在一定争议，但最新的规定对其进行了明确，无须支付2倍工资。

《劳动合同法》第82条第2款规定的“自应当订立无固定期限劳动合同之日起向劳动者每月支付二倍的工资”，何种情形下“应当”签订？《劳动合同法》第14条第2款规定：“……有下列情形之一，劳动者提出或者同意续订、订立劳动合同的，除劳动者提出订立固定期限劳动合同外，应当订立无固定期限劳动合同：（一）劳动者在该用人单位连续工作满十年的；（二）用人单位初次实行劳动合同制度或者国有企业改制重新订立劳动合同时，劳动者在该用人单位连续工作满十年且距法定退休年龄不足十年的；（三）连续订立二次固定期限劳动合同，且劳动者没有本法第三十九条和第四十条第一项、第二项规定的情形，续订劳动合同的。”根据上述规定，只有“应当”签订而未签订的情况下，才须支付2倍工资，而视为签订时，用人单位是否须支付2倍工资却没有明确。

人力资源社会保障部、最高人民法院联合发布的《关于劳动人事争议仲裁与诉讼衔接有关问题的意见（一）》（人社部发〔2022〕9号）第20条对此作出了明确的规定：用人单位自用工之日起满1年未与劳动者订立书面劳动合同，视为自用工之日起满1年的当日已经与劳动者订立无固定期限劳动合同。存在前款情形，劳动者以用人单位未订立书面劳动合同为由要求用人单位支付自用工之日起满1年之后的二倍工资的，劳动人事争议仲裁委员会、人民法院不予支持。

另外，人力资源社会保障部、最高人民法院《关于联合发布第一批劳动人事争议典型案例的通知》（人社部函〔2020〕62 号）的“案例 11. 视为订立无固定期限劳动合同后用人单位仍未与劳动者签订劳动合同的是否应当支付二倍工资”中也明确认为，此情形下不应支付 2 倍工资：无固定期限劳动合同是指用人单位与劳动者约定无确定终止时间的劳动合同。为了保障劳动关系稳定性，《劳动合同法》第 14 条规定了“可以”“应当”“视为”三类订立无固定期限劳动合同的情形，其中“视为”签订无固定期限劳动合同的规定，主要目的是解决一些用人单位不愿与劳动者签订劳动合同，造成劳动者合法权益无法得到保障的问题。未依法签订劳动合同所应承担的 2 倍工资责任在法律性质上是惩罚性赔偿，该责任设定与拟制无固定期限劳动合同的签订相结合，既保障了劳动者合法权益又限制了用人单位赔偿责任的无限扩大，有效地平衡了各方利益。

就笔者所在的广东省而言，裁审机构其实一直是持该观点。广东省高级人民法院、广东省劳动人事争议仲裁委员会《关于审理劳动人事争议案件若干问题的座谈会纪要》（粤高法〔2012〕284 号，已废止，但仍是重要参考）第 14 条第 2 款规定“用人单位自用工之日起满一年不与劳动者订立书面劳动合同，视为已订立无固定期限劳动合同，用人单位无需再支付用工之日起满一年后未订立书面劳动合同的二倍工资”。

最高人民法院《关于审理劳动争议案件适用法律问题的解释（二）（征求意见稿）》第 15 条也对此有明确的规定：存在《劳动合同法》第 14 条第 3 款规定情形，劳动者以用人单位未及时补订书面劳动合同为由，要求用人单位支付视为已与劳动者订立无固定期限劳动合同期间第二倍工资的，人民法院不予支持。

3 合同期满继续提供劳动而又未签订劳动合同，是否产生支付2倍工资的法律责任？

根据《劳动合同法》第10条第1款的规定，建立劳动关系，应当订立书面劳动合同。第82条第1款规定，用人单位自用工之日起超过1个月不满1年未与劳动者订立书面劳动合同的，应当向劳动者每月支付2倍的工资。

劳动合同期满时，双方的原劳动关系已依法终止，用人单位如继续用工的，则可理解为产生另一个期限的劳动关系。因此，用人单位继续用工满1个月未签合同的，应当从满1个月的次日起向劳动者支付2倍工资。以广东和浙江的规定为例：

（1）广东省高级人民法院、广东省劳动人事争议仲裁委员会《关于审理劳动人事争议案件若干问题的座谈会纪要》（粤高法〔2012〕284号，已废止，但仍是重要参考）第14条第2款规定，劳动合同期满后，劳动者仍在原用人单位工作，超过1个月双方仍未续订劳动合同，劳动者根据《劳动合同法》第82条第1款规定要求支付2倍工资的，应予支持。因此在广东地区的司法实践中，若合同期满劳动者继续提供劳动而又未签订合同，用人单位须支付2倍工资，但也给予用人单位1个月的宽限期。

（2）浙江省劳动争议仲裁委员会《关于劳动争议案件处理若干问题的指导意见（试行）》（浙仲〔2009〕2号）第35条规定，劳动合同期满后，劳动者仍在原用人单位工作，超过1个月双方仍未签订劳动合同的，劳动者根据《劳动合同法》第82条规定要求支付2倍工资的，仲裁委员会应予支持。

也有地方的规定并没有从满1个月起算，如北京市高级人民法院、北京市劳动争议仲裁委员会《关于劳动争议案件法律适用问题研讨会会议纪要（二）》（京高法发〔2014〕220号）则没有1个月的宽限期。该纪要第27条规定："劳动合同期满后未订立劳动合同，劳动者仍在原用人单位继续工作，如何处理？劳动合同期满后未订立劳动合同，劳动者仍在原用人单位继续工作，应适用《劳动合同法》第十条、第十四条第三款、第八十二条，《中华人民共和国劳动合同法实施条例》第六条、第七条的规定进行处理。在此情况下，因为用人单位对原劳动合同期满和继续用工的法律后果均有预期，因此不需要再给予一个月的宽限期，原劳动合同期满次日，即是用人单位应当订立劳动合同之日和承担未订立劳动合同的法律后果之日。”因此，北京的用人单位要特别注意了，未续签的第一个月也要支付 2 倍工资。

在最高人民法院司法解释方面，并没有一个明确的意见，但最高人民法院在司法解释的后续理解与适用说明中，则明确须支付 2 倍工资。具体是最高人民法院《关于审理劳动争议案件适用法律问题的解释（一）》第 34 条规定，劳动合同期满后，劳动者仍在原用人单位工作，原用人单位未表示异议的，视为双方同意以原条件继续履行劳动合同。一方提出终止劳动关系的，人民法院应予支持。根据《劳动合同法》第 14 条的规定，用人单位应当与劳动者签订无固定期限劳动合同而未签订的，人民法院可以视为双方之间存在无固定期限劳动合同关系，并以原劳动合同确定双方的权利义务关系。在上述规定中，并没有明确是否须支付 2 倍工资。但最高人民法院《〈关于审理劳动争议案件适用法律问题的解释（一）〉几个重点问题的理解与适用》[①] 一文中则明确，须支付 2 倍工资。[②]

---

① 参见《〈关于审理劳动争议案件适用法律问题的解释（一）〉几个重点问题的理解与适用》，载《人民司法》2021 年第 7 期。

② 视为双方同意以原条件继续履行劳动合同的，不能免除用人单位应当与劳动者签订书面劳动合同的法定责任。一般情况下，为使劳动者对原劳动合同到期后是否续订有合理预期，以便提前准备再就业等，用人单位应当基于诚实信用原则在原合同到期前的合理期间内通知劳动者，协商办理终止或者续订劳动合同事宜。如果用人单位按时履行相关附随义务，就不会出现视为双方同意以原条件继续履行劳动合同的情况。如果用人单位未履行上述附随义务，用工关系继续的，用人单位对原劳动合同期满和继续用工的法律后果均有预期，原劳动合同期满之日，即是用人单位应当续订劳动合同之日和承担未续订法律后果之日。依照《劳动合同法》第 10 条、第 14 条第 3 款、第 82 条和《劳动合同法实施条例》第 6 条规定，劳动合同期满后，用人单位未与劳动者续订书面劳动合同的，应当按规定向劳动者每月支付 2 倍工资，并补订书面劳动合同。

三、2 倍工资的各种抗辩理由

1 约定“劳动合同期满自动延续”，用人单位可否免除合同期满后继续用工但未签订书面劳动合同 2 倍工资的法律责任？

实践中，不少地方的司法实践认可有这种约定，认为此情形下无须支付 2 倍工资，列举如下四个地方的规则，供参考：

（1）《广州市中级人民法院民事审判若干问题的解答》（2010 年）第 8 条规定，劳动合同约定期满自动续延，合同到期后双方未续签书面劳动合同的，可视为合同已续签，合同继续生效，故用人单位无须支付劳动者 2 倍工资；

（2）北京市高级人民法院、北京市劳动争议仲裁委员会《关于劳动争议案件法律适用问题研讨会会议纪要（二）》（2014 年）第 32 条规定，因用人单位与劳动者在劳动合同中已经约定劳动合同到期续延，但未约定续延期限，在劳动合同到期后，劳动者仍继续工作，双方均未提出解除或终止劳动合同时，属于双方意思表示一致续延劳动合同，可视为双方订立一份与原劳动合同内容和期限相同的合同，故劳动者主张未签订劳动合同的 2 倍工资不应支持；

（3）《江苏省劳动合同条例》第 17 条规定，按照用人单位与劳动者的约定，劳动合同期满后自动续延的，视为双方连续订立劳动合同；

（4）浙江省高级人民法院民事审判第一庭、浙江省劳动人事争议仲裁院《关于审理劳动争议案件若干问题的解答（二）》（2014 年）第 7 条规定：劳动合同中约定“合同到期后劳动者继续在用人单位工作的，视为原劳动合同期限的延长”，双方实际履行了该约定的，视为双方之间订立了新的劳动合同，因此，延长的劳动合同到期后，用人单位不能直接终止劳动合同，如劳动者提出签订无固定期限劳动合同且符合《劳动合同法》第 14 条第 2 款第 3 项规定的，应予支持。但劳动者以延长期间用人单位未与其签订书面劳动合同为由要求支付2倍工资的，不予支持。

最高人民法院《关于审理劳动争议案件适用法律问题的解释（二）（征求意见稿)》第17条中，也认可“用人单位与劳动者约定劳动合同期满后自动续延，续延期限届满的”视为已签订一次固定期限劳动合同，似乎也认可了这种约定的效力。

2 倒签劳动合同的，是否可以免除未签订劳动合同2倍工资的法律责任?

入职后1个月内未签订书面的劳动合同，但超过1个月后再补签书面劳动合同，并把日期倒签的情形下，是否须支付2倍工资？各地有不同的裁判观点。例如，北京、广州、深圳、东莞、山东、四川、安徽是认可的，浙江则不认可。

例如，北京市高级人民法院、北京市劳动争议仲裁委员会《关于劳动争议案件法律适用问题研讨会会议纪要（二)》第29条、深圳市中级人民法院《关于审理劳动争议案件的裁判指引》第66条、《广州市中级人民法院民事审判若干问题的解答（劳动争议部分)》第8条、广州市劳动争议仲裁委员会、广州市中级人民法院《关于劳动争议案件研讨会会议纪要》第26条、东莞市中级人民法院和东莞市劳动人事争议仲裁委员会《劳动争议裁审衔接工作座谈会议纪要》第15条等规定，认可的理由大致是劳动者进行了追认。不过浙江明确不可以，浙江省高级人民法院民事审判第一庭、浙江省劳动人事争议仲裁院《关于审理劳动争议纠纷案件若干疑难问题的解答（一)》第2条规定：用人单位超过1个月未与劳动者签订书面劳动合同，后在1年内又与劳动者补订了劳动合同，用人单位应向劳动者支付用工之日起满1个月的次日至补订劳动合同的前1日期间的2倍工资。实际补订日期，应根据补订的劳动合同落款日期及其他情形综合认定。

另外，《劳动合同纠纷裁判精要与规则适用》一书中认为，须支付2倍工资，主要理由为：第一，按照《劳动合同法》第10条第1款、第2款规定用人单位必须在用工之日起1个月内签订劳动合同；第二，按照《劳动合同法实施条例》第6条第1款、第7条的规定，补签劳动合同并未排除劳动者请求支付2倍工资的权利。

3 员工让他人代签订劳动合同，单位是否须支付2倍工资？

特殊的情形，他人代替签订，也是可以的。《全国民事审判工作会议纪要》（法办〔2011〕42号）第55条规定，用人单位或他人代替劳动者签订劳动合同，用人单位有充分证据证明代签劳动合同经劳动者本人同意，或者劳动者以实际行为表明接受所代签劳动合同的，不影响劳动合同效力。

4 入职审批表、登记表等是否可以视为劳动者签订了书面的劳动合同？

这在司法实践中有争议，有裁判观点认为如果已具备《劳动合同法》的基本内容，可以认为已签订劳动合同，并免除2倍工资的法律责任，可参考以下裁判观点：

（1）《最高人民法院公报》（2013年第12期）中的北京泛太物流有限公司诉单某晶劳动争议纠纷案中，裁判认为：首先，《劳动合同法》第82条针对实践中劳动合同签订率低以及《劳动法》第16条仅规定“建立劳动关系应当订立劳动合同”而没有规定违法后果的立法缺陷，增设了2倍工资的惩罚，该第二倍差额的性质并非劳动者的劳动所得而是对用人单位违反法律规定的一种惩戒。2倍工资的立法目的在于提高书面劳动合同签订率、明晰劳动关系中的权利义务而非劳动者可以从中谋取超出劳动报酬的额外利益。其次，结合单某晶持有的《员工录用审批表》分析，该表已基本实现了书面劳动合同的功能。表中明确约定了单某晶工作部门、工作地点、聘用期限、试用期、工资待遇等，并附有北京泛太物流有限公司法定代表人苏某平的签字，该审批表内容已经具备劳动合同的要件，既明确了双方的劳动关系又固定了双方的权利义务，实现了书面劳动合同的功能。

（2）2012 年第 24 期《人民司法（案例）》中，裁判认为“具备劳动合同基本条款、能够确立双方存在劳动关系、明确双方权利义务的入职审批表可以视为劳动合同；对负责劳动合同管理的员工诉请的未订立劳动合同二倍工资的纠纷，法院应该较一般岗位从严审查没有订立劳动合同的事实”。

（3）《广州市中级人民法院民事审判若干问题的解答》第 10 条规定：“劳动者入职时填写‘入职登记表’，该表具备工资、劳动期限等部分劳动合同要件，用人单位主张该‘登记表’为书面劳动合同，是否应予支持？对于‘入职登记表’等不以‘劳动合同’形式出现的文件，除非具备完备的劳动合同法第十七条规定的法定要件，否则不能视为劳动合同。”

5 总经理或厂长未签订劳动合同，能否主张 2 倍工资？

一般而言，总经理、厂长等本身具有签订劳动合同且管理劳动合同的能力与及职责，如其故意不与自己签订劳动合同，则单位并无法知道更无法通知其解除劳动合同，所以用人单位无须支付 2 倍工资。

当然，也有判决认为，劳动者的职务、职责并非用人单位免责的理由，总经理或厂长亦是劳动者，用人单位与其签订劳动合同是用人单位的法定责任。

有些地方对此作了明确的规定。北京市高级人民法院、北京市劳动争议仲裁委员会《关于劳动争议案件法律适用问题研讨会会议纪要（二）》第 31 条规定，用人单位法定代表人、高管人员、人事管理部门负责人或主管人员未与用人单位订立书面劳动合同并依据《劳动合同法》第 82 条规定向用人单位主张2倍工资的，应否支持？用人单位法定代表人依据《劳动合同法》第82条规定向用人单位主张2倍工资的，一般不予支持。用人单位高管人员依据《劳动合同法》第82条规定向用人单位主张2倍工资的，可予以支持，但用人单位能够证明该高管人员职责范围包括管理订立劳动合同内容的除外。对有证据证明高管人员向用人单位提出签订劳动合同而被拒绝的，仍可支持高管人员的2倍工资请求。

6 人力资源负责人可主张未签订劳动合同的2倍工资吗？

笔者认为不可以，除非人事资源的负责人能举证证明其要求用人单位签订劳动合同而未签订。

《最高人民法院公报》所载的刘某萍与南京仁创物资有限公司劳动争议案［南京市江宁区人民法院（2015）江宁民初字第4477号］就持这样的观点，具体如下：

用人单位未与人事主管订立书面劳动合同，人事主管诉请用人单位支付因未订立书面劳动合同的二倍工资赔偿，因订立书面劳动合同系人事主管的工作职责，人事主管有义务提示用人单位与其订立书面劳动合同，人事主管如不能举证证明其曾提示用人单位与其订立书面劳动合同，则不应支持其诉讼请求。

《广州法院劳动争议典型案例（2014—2016）》中的蔡某诉广州某新能源科技有限公司劳动争议案中也持该观点。但是在举证方面要求用人单位充分证明该人事主管确实主管劳动合同签订事宜，并且人事主管不能够证明其曾经提示过用人单位订立书面劳动合同。

北京市高级人民法院、北京市劳动争议仲裁委员会《关于劳动争议案件法律适用问题研讨会会议纪要（二）》第31条对此也有规定，用人单位的人事管理部门负责人或主管人员依据《劳动合同法》第82条规定向用人单位主张2倍工资的，如用人单位能够证明订立劳动合同属于该人事管理部门负责人的工作职责，可不予支持。有证据证明人事管理部门负责人或主管人员向用人单位提出签订劳动合同，而用人单位予以拒绝的除外。

7 “职业碰瓷”，故意不签订书面劳动合同，可否主张2倍工资？

若按照现行法律规定，“碰瓷”这一主观恶性并不排除2倍工资的适用。根据《劳动合同法实施条例》第6条第1款的规定：“用人单位自用工之日起超过一个月不满一年未与劳动者订立书面劳动合同的，应当依照劳动合同法第八十二条的规定向劳动者每月支付两倍的工资，并与劳动者补订书面劳动合同；劳动者不与用人单位订立书面劳动合同的，用人单位应当书面通知劳动者终止劳动关系，并依照劳动合同法第四十七条的规定支付经济补偿。”

但在司法实践中，裁判者对于这种以“碰瓷”为业者，往往会对其诉求包括2倍工资在内，从严掌握，以彰显社会主义核心价值观。

不过，最高人民法院《关于审理劳动争议案件适用法律问题的解释（二）（征求意见稿）》第14条就明确规定，因劳动者自身原因未订立书面劳动合同，劳动者请求用人单位支付未订立书面劳动合同第二倍工资的，人民法院不予支持。如果该规定最终实施，则“碰瓷”的2倍工资当然不应支持了。

8 劳动者入职目的并非与用人单位建立劳动合同关系的，可否主张2倍工资？

在陈某与广州××光学仪器科技有限公司经济补偿金纠纷上诉案［（2010）穗中法民一终字第1434号］中，广州市中级人民法院认为：

陈某入职广州××光学仪器科技有限公司后，双方应当签订书面劳动合同，对劳动权利义务予以确定。陈某的妻子张某与陈某的同事汪某、林某在

2009年3月初已开始筹划成立科×公司，租赁场所为日后的生产经营做相应准备，并于同年3月26日取得公司名称预先核准通知书，同年5月，科×公司申请注册登记经批准成立。科×公司经核准生产经营的产品与广州××光学仪器科技有限公司生产经营产品极其接近，也与陈某在广州××光学仪器科技有限公司所在的工作岗位有密切联系。上述事实显示陈某入职广州××光学仪器科技有限公司的目的并非真正想与广州××光学仪器科技有限公司建立劳动关系而是为其日后另行成立公司、从事相关的生产经营活动做准备。故此，驳回了陈某关于双倍工资的诉讼请求。

9 劳动者在不具备合法经营资格的用人单位工作，可以主张未签书面劳动合同的2倍工资吗？

关于这个问题，存在一定的争议，实践中也有不同的裁判。

有人认为，根据《关于确立劳动关系有关事项的通知》（劳社部发〔2005〕12号）的规定，劳动关系的建立，其首要条件就是“用人单位和劳动者符合法律、法规规定的主体资格”，不具备合法经营资格的单位不属于劳动合同法意义上的用人单位。未签书面劳动合同的2倍工资，是对具有合法经营资格的用人单位不依法与劳动者订立劳动合同的一种惩罚，并不是非法用工行为本身给劳动者造成的损失，《劳动合同法》中关于2倍工资的规定，不能适用于不适格的用人单位。并且《劳动合同法》第93条对非法用工单位与其出资人应当承担的责任进行了规定，其中并不包括2倍工资。因此在用人单位主体不适格的情况下，劳动者主张2倍工资的法律依据不足。

还有人认为，上述观点虽然从法理上能够自圆其说，但据此作出的裁判实际上使得非法经营单位免除了2倍工资的惩罚，是有失妥当的。根据举轻以明重的法律解释规则，单位合法经营的情况下不与劳动者签订劳动合同都须支付2倍工资，非法经营的更不应免除此项义务。任何人都不应当从其违法行为中获利，也是一个普遍的法律共识。并且，没有进行工商登记的非法经营单位，其经营行为已经使其具备了成立的实质要件，劳动者在该单位中工作并不存在过错，不能因为非法经营单位的违法行为导致劳动者不受劳动法等法律制度的保护。再者，未签书面劳动合同的 2 倍工资，其性质是法律规定用人单位应当向劳动者承担的实际损失之外的惩罚性民事赔偿责任，属于《劳动合同法》第 93 条规定的赔偿金范围，因此劳动者主张未签书面劳动合同的双倍工资应当予以支持。

不过在司法实践中，一般的处理方式是无须支付 2 倍工资，广东省高级人民法院对此就有明确的规定。①

10 为什么在我国工作的外国人基本上无法主张未订立劳动合同的 2 倍工资？

除了特殊人员，其他外国人均无法主张 2 倍工资，理由如下：

首先，除了特殊人员外（指《外国人在中国就业管理规定》第 9 条规定的专业技能外国人或经文化部批准持《临时营业演出许可证》进行营业性文艺演出的外国人免办就业证），外国人一般须办理就业许可，如果已办理就业证，则不存在未签订劳动合同须 2 倍工资的问题。这是因为办理就业证需要将劳动合同提交行政机关备案，也即劳动者与用人单位在签订劳动合同后才能完成办理就业证的行政审批手续，因此不存在未订立劳动合同的情况。

其次，除了特殊人员，外国人均须办理就业许可，如果未办理就业证，则劳动者因主体不适格而不能建立劳动关系，自然也不存在未签订劳动合同须 2 倍工资的问题。理由在于，最高人民法院《关于审理劳动争议案件适用

① 广东省高级人民法院、广东省劳动人事争议仲裁委员会《关于审理劳动人事争议案件若干问题的座谈会纪要》（粤高法〔2012〕284 号，已废止，但仍是重要参考）第 34 条规定，不具备合法经营资格的用人单位或者其出资人承担责任的范围应以《劳动合同法》第 93 条规定的内容为限，即劳动报酬、经济补偿、赔偿金和损害赔偿责任，但不包括未签订书面劳动合同的 2 倍工资差额。劳动者因不具备合法经营资格的用人单位未为其参加社会保险导致的医疗费、失业待遇及生育待遇损失属于损害赔偿责任范围。

法律问题的解释（一）》第33条规定："外国人、无国籍人未依法取得就业证件即与中华人民共和国境内的用人单位签订劳动合同，当事人请求确认与用人单位存在劳动关系的，人民法院不予支持。持有《外国专家证》并取得《外国人来华工作许可证》的外国人，与中华人民共和国境内的用人单位建立用工关系的，可以认定为劳动关系。"

11 签订了劳动合同，但不把劳动合同交给劳动者，是否须支付2倍工资？劳动者正确的维权模式如何？

首先，无须支付。根据《劳动合同法》第81条的规定，用人单位提供的劳动合同文本未载明本法规定的劳动合同必备条款或者用人单位未将劳动合同文本交付劳动者的，由劳动行政部门责令改正；给劳动者造成损害的，应当承担赔偿责任。也就是说，没有把劳动合同交给劳动者，可能承担的法律责任是由行政部门责令改正。对于劳动者而言，只有造成损害的才须承担赔偿责任。

其次，到劳动行政部门投诉，如果造成损失的，可主张赔偿。若单位不愿意交付劳动合同，劳动者可以到劳动行政部门进行投诉。

12 电子形式的劳动合同可以免除2倍工资吗？

需要明确的是，"书面"劳动合同，并非仅指纸面的，采用其他形式载明，且可随时调取也属于"书面"形式。《民法典》第469条规定，当事人订立合同，可以采用书面形式、口头形式或者其他形式。书面形式是合同书、信件、电报、电传、传真等可以有形地表现所载内容的形式。以电子数据交换、电子邮件等方式能够有形地表现所载内容，并可以随时调取查用的数据电文，视为书面形式。

关于这个问题，人社部门也有明确的规定。根据2020年3月人力资源社会保障部办公厅《关于订立电子劳动合同有关问题的函》的规定，用人单位与劳动者协商一致，可以采用电子形式订立书面劳动合同。采用电子形式订立劳动合同，应当使用符合《电子签名法》等法律法规规定的可视为书面形式的数据电文和可靠的电子签名。用人单位应保证电子劳动合同的生成、传递、储存等满足《电子签名法》等法律法规规定的要求，确保其完整、准确、不被篡改。符合《劳动合同法》规定和上述要求的电子劳动合同一经订立即具有法律效力，用人单位与劳动者应当按照电子劳动合同的约定，全面履行各自的义务。

13 总结：未签订劳动合同但无须支付2倍工资的情形有哪些？

（1）超过仲裁时效的。2倍工资属于惩罚性赔偿，不属于劳动报酬的一种，因而严格适用时效的规定，很多劳动者主张2倍工资不被支持，时效是最重要的原因。

（2）劳动者主体不适格无劳动关系的。年龄不符合要求的人、享受退休待遇的人、在校学生、未取得就业许可的外国人。

（3）用人单位不适格无法建立劳动关系的。入职时用人单位尚未取得营业执照、营业执照被吊销或者营业期限届满仍继续经营等情形，不过这个在理论上有争议。

（4）非全日制用工的。非全日制可签订书面的劳动合同，也可以不签订，因而无须支付2倍工资。

（5）法定代表人、总经理企业的负责人、人力资源负责人等具有特殊身份的高管。这些人往往负有签订劳动合同的责任及权限，裁判往往难以支持。

（6）合同期满法定延续的。法定延续的情况下，延长期间无须签订劳动合同。

（7）合同中约定“合同期满自动延续”的。一些裁判观点认为，这种约定明确了劳动关系的存续，等同于签订了劳动条件不变的新的劳动合同。

（8）代签劳动合同的。如果有证据证明代签订劳动合同是获得授权的，则也有免支付 2 倍工资的可能性。

（9）倒签劳动合同的。司法实践有不同的裁判观点，有的认为可以，有的认为剥夺了劳动者 2 倍工资的权利。

（10）劳动者不以建立劳动关系为目的入职的。有些劳动者的入职目标非常特殊，其目的并非建立劳动关系，通过劳动获得报酬，如入职是为了获得商业秘密或技术秘密等，此情形下，也有抗辩成功的可能性。

（11）不可抗力原因导致无法签订书面劳动合同的。

（12）除劳动合同以外的其他文件，具备《劳动合同法》规定的劳动合同要素的。常见的文件如入职登记表，如载明了双方劳动合同权利义务的，可视为双方签订了劳动合同。

（13）劳动者原因不签订的。尤其是“职业碰瓷”的，不符合社会主义核心价值观，可予以驳回。

（14）合伙人。其提供劳动是基于合伙协议而非劳动关系。

专题六 年休假争议

年休假争议，主要发生在劳动合同的解除或终止时，劳动者对于未休的年休假主张相应的未休年休假工资待遇。笔者认为，未休年休假工资待遇，是劳动争议中劳动者举证责任最小的诉求之一，只要用人单位没有证明已安排了年休假或已支付了未休年休假的待遇，则应当推定劳动者自然享有未休年休假工资待遇的权益。①

劳动者主张未休年休假工资，往往涉及年休假的性质及标准、可享受年休假天数及对应工资、年休假的安排自主权等。劳动者主张年休假待遇，时效往往是最大的障碍。

一、年休假定性、标准

1 员工工资包括正常工资、奖金、加班费等，年休假工资如何计算？

除了加班费以外，其他的工资均计入年休假工资。

---

① 劳动者在职期间同样可以主张未休年休假待遇，包括可以主张补休或主张支付对应的未休年休假工资，但员工未离职的，一般不会发生这样的纠纷，因而对于在职期间的纠纷，此处不作探讨。既然已离职，则劳动者既不会也无法主张补休。

《企业职工带薪年休假实施办法》第 11 条规定，计算未休年休假工资报酬的日工资收入按照职工本人的月工资除以月计薪天数（21.75 天）进行折算。前款所称月工资是指职工在用人单位支付其未休年休假工资报酬前 12 个月剔除加班工资后的月平均工资。在本用人单位工作时间不满 12 个月的，按实际月份计算月平均工资。即未休年休假工资应包含奖金，仅仅扣除加班工资。

2 未休年休假工资是工资还是福利？不同的定性有什么法律后果？

关于未休年休假工资的性质有不同的观点，有观点认为属于工资，也有观点认为不属于工资而属于福利。

认为属于工资的理由是《职工带薪年休假条例》第 5 条第 3 款明确规定，单位确因工作需要不能安排职工休年休假的，经职工本人同意，可以不安排职工休年休假。对职工应休未休的年休假天数，单位应当按照该职工日工资收入的 300% 支付年休假工资报酬。根据该款的明确规定，未休年休假对应的待遇就是“工资”。重庆在司法实践中就有裁判持该观点。

笔者认为不属于劳动报酬，因为《企业职工带薪年休假实施办法》第 10 条第 2 款规定：“用人单位安排职工休年休假，但是职工因本人原因且书面提出不休年休假的，用人单位可以只支付其正常工作期间的工资收入。”由此可知，年休假明显属于员工福利的一种，如属于工资收入，在劳资双方能力并不均衡的情况下，作为社会法的劳动法律规章不会允许员工书面放弃自己的合理权利，因为这往往最终会导致员工违心作出放弃的表示，有违法律的公平、正义之义。至于用人单位因未安排职工年休假，要支付 300% 的工资的性质，除其中已发的 100% 属于工资外，另外的 200% 是基于用人单位应履行相应的义务但没有履行的前提下，加于其应额外承担的经济责任，其明显不属于劳动报酬中的一种。

不同的定性，带来不同的法律后果：

（1）如果认定为工资性质，则在职期间所有的应休但未休的年休假工资，只要离职后的1年内主张权益，都不会超过仲裁时效。但如认为不属于工资而属于福利性质，则时效会有严格的限制。

（2）定性不同，除了时效以外，还有一个重大的区别，就是劳动者能否以用人单位不及时足额支付年休假工资为由行使被迫解除权。①

最高人民法院《关于审理劳动争议案件适用法律问题的解释（二）（征求意见稿）》第5条规定对此有相应的规定，具体看本书后文关于年休假时效的论述。

3 未休年休假，到底是另行支付300%工资，还是另行支付200%工资？

另行支付200%工资。《职工带薪年休假条例》第5条第3款虽然规定："单位确因工作需要不能安排职工休年休假的，经职工本人同意，可以不安排职工休年休假。对职工应休未休的年休假天数，单位应当按照该职工日工资收入的300%支付年休假工资报酬。"但因为这其中的100%已于平时支付，所以仅须支付200%即可。此于《企业职工带薪年休假实施办法》第10条第1款的规定可以印证：用人单位经职工同意不安排年休假或者安排职工年休假天数少于应休年休假天数，应当在本年度内对职工应休未休年休假天数按照其日工资收入的300%支付未休年休假工资报酬，其中包含用人单位支付职工正常工作期间的工资收入。

① 《劳动合同法》第38条规定，用人单位有下列情形之一的，劳动者可以解除劳动合同：……（二）未及时足额支付劳动报酬的……

二、年休假时效

1 未休年休假工资的仲裁时效如何计算？

假如认定未休年休假工资报酬属于工资，只有离职后才开始计算仲裁时效期间，那就意味着离职后1年内都可以主张劳动关系存续期间的年休假工资，不过这种观点在司法实践中并不多见，更多的裁判观点认为，未休年休假工资属于福利或惩罚性的赔偿。按后者的定性，年休假工资的时效计算方式如下：

关于未休年休假工资的仲裁时效应如何计算，实践中各地法院存在不同的观点，根据《企业职工带薪年休假实施办法》第10条第1款的规定："用人单位经职工同意不安排年休假或者安排职工年休假天数少于应休年休假天数，应当在本年度内对职工应休未休年休假天数，按照其日工资收入的300%支付未休年休假工资报酬，其中包含用人单位支付职工正常工作期间的工资收入。"其中100%是正常工资，离职前1年都可以主张，在职期间不存在时效的问题，当然，这个100%都会正常发放，一般也不会有争议，而另外的200%，因为属于福利性质（也有人认为这是不安排员工休年休假而承担的惩罚性赔偿），所以会适用普通的1年仲裁时效。

但因为《职工带薪年休假条例》第5条第2款规定，年休假在1个年度内可以集中安排，也可以分段安排，一般不跨年度安排。单位因生产、工作特点确有必要跨年度安排职工年休假的，可以跨1个年度安排。《企业职工带薪年休假实施办法》第9条规定，用人单位根据生产、工作的具体情况，并考虑职工本人意愿，统筹安排年休假。用人单位确因工作需要不能安排职工年休假或者跨1个年度安排年休假的，应征得职工本人同意。结合上述两规则，就产生了相关的争议，一种观点认为，跨年休年休假需要员工同意，员工不同意的，那么其时效应当从第二年即开始计算，也即次年的1月1日起计算。广州的司法实践中，就严格按此模式，比如现在是 2022 年 11 月 4 日，那么劳动者主张的年休假，裁判机构只能从 2021 年 1 月 1 日起算，笔者留意到苏州等城市的裁判也持这样的裁判观点。

另一种观点认为，因为可以跨年度安排，因而应多计算 1 年的时效，也即从第三年的 1 月 1 日起算，深圳市中级人民法院《关于〈审理劳动争议案件的裁判指引〉的说明》第 35 条对此予以明确："第一百一十一条是关于未休年休假工资的申请仲裁时效期间的起算问题。依据《企业职工带薪年休假实施办法》第九条的规定，年休假可以跨一个年度享受，故至第二年的 12 月 31 日用人单位既未安排年休假，又未支付年休假工资的，劳动者就应当知道其权利受到侵害，故关于未休年休假工资的申请仲裁时效期间应从第三个年度的 1 月 1 日开始计算。但双方劳动关系解除或终止的，根据《劳动争议调解仲裁法》第二十七条的规定，未休年休假工资申请仲裁时效期间则应从劳动关系解除或终止之日起算。"持类似裁判观点的地方还有珠海、北京等地。①

关于这个问题，最高人民法院《关于审理劳动争议案件适用法律问题的解释（二）（征求意见稿）》第 5 条规定，劳动者主张用人单位支付未休年休假工资报酬、加班费的仲裁时效适用《劳动争议调解仲裁法》第 27 条第 4 款规定的，人民法院应予支持。按该款规定，似有将其定性为劳动报酬之意，且离职后 1 年内都可以主张权益，后续是否实施该条款，有待观察。

2 单位制度中规定过期不申请作废，是否合法？

单位的规章制度中规定，不申请休年休假，视为放弃或过期作废，均无依据，只有员工书面提出不休年休假的，才可以免除用人单位的年休假待遇义务。《企业职工带薪年休假实施办法》第 10 条第 2 款规定，"用人单位安排职工休年休假，但是职工因本人原因且书面提出不休年休假的，用人单位可

① 北京的裁判认为应从第二年的 12 月 31 日起算仲裁时效，本质上效果与深圳观点相同。

以只支付其正常工作期间的工资收入”。

根据上述规定，如果不是职工本人原因且书面提出不休的申请，用人单位还须另外支付200%的工资。

三、年休假可获得的条件

1 年休假的休假时间由员工决定还是由单位决定?

由单位决定。《职工带薪年休假条例》第5条第1款规定：“单位根据生产、工作的具体情况，并考虑职工本人意愿，统筹安排职工年休假。”《企业职工带薪年休假实施办法》第9条规定：“用人单位根据生产、工作的具体情况，并考虑职工本人意愿，统筹安排年休假……”由上述规定可知：（1）用人单位有权统筹安排年休假，要考虑员工本人的意愿，不是一定要员工同意；（2）不能安排职工年休假或者跨一个年度安排年休假时，必须经过员工同意。

2 企业安排员工休年休假，员工拒绝后能否主张年休假工资?

笔者认为可以，不过也有个别裁判认为应经劳动者同意，笔者认为这种裁判并不合理，说明如下：

《企业职工带薪年休假实施办法》第9条规定，年休假的安排虽然是企业统筹安排权利，但须考虑员工的意愿，如果员工不愿意在企业安排的时间内休年休假，法律规则上并没有明确怎么办。笔者认为，员工无权拒绝企业的安排，如果拒绝了休假的安排，则视为放弃了休假的权利，进而失去了年休假工资的待遇，理由如下：

(1)《企业职工带薪年休假实施办法》第9条规定的是，关于未休年休假，用人单位只是“考虑”员工的意愿，但员工的意愿并非决定要素，最终还是由企业来决定。

(2) 该第9条规定，只有用人单位确因工作需要“不能安排”职工年休假或者“跨1个年度安排”年休假的才应征得职工本人同意，那么具体怎么安排，并没有规定需要职工本人同意。

(3) 带薪年休假制度的设定目的是让职工能够享受较长时间的休息、休假，以维持和恢复其劳动能力。无论哪一天安排，员工均可以得到较好的休息，所以即便是用人单位安排的时间未获得员工的同意，但员工只要休了相应的假，就一样达到了休息的目的。

(4)《职工带薪年休假条例》第7条的规定，单位不安排职工休年休假又不依照本条例规定给予年休假工资报酬的，由县级以上地方人民政府人事部门或者劳动保障部门依据职权责令限期改正。《企业职工带薪年休假实施办法》第15条规定，县级以上地方人民政府劳动行政部门应当依法监督检查用人单位执行条例及本办法的情况。用人单位不安排职工休年休假又不依照条例及本办法规定支付未休年休假工资报酬的，由县级以上地方人民政府劳动行政部门依据职权责令限期改正；对逾期不改正的，除责令该用人单位支付未休年休假工资报酬外，用人单位还应当按照未休年休假工资报酬的数额向职工加付赔偿金；对拒不执行支付未休年休假工资报酬、赔偿金行政处理决定的，由劳动行政部门申请人民法院强制执行。

根据上述规定可知，只要企业安排了年休假，则劳动行政部门就不会进行相应的行政处理，至于该年休假是否获得了员工的同意，并没有区分，从这里可以反推，只要企业安排了年休假，就是合法的。

(5) 如果认定安排年休假须获得员工的同意，则容易造成权利的滥用、引发道德风险，可能造成职工故意不同意休年休假而获得3倍工资，或故意在生产的旺季要求年休假或较多的员工同时要求休年休假，迫使企业作出不合理的其他让步。

当然，笔者认为，企业应与员工进行协商，以便找出双方都能接受的合理休假时间，既能保障员工的福利，也可以保障单位的生产经营不受影响。

3 必须在本单位工作1年以上，才可以在本单位享受带薪年休假吗？试用期员工可以享受带薪年休假吗？

即便入职不到1年，或尚处试用期员工也是可以享受年休假待遇的，但需要满足在新旧单位之间“连续工作”的前提条件，且新单位只管当年的年休假。

（1）《职工带薪年休假条例》第2条规定，职工连续工作1年以上，享受带薪年休假。《企业职工带薪年休假实施办法》第3条也规定，职工连续工作满12个月以上的，享受带薪年休假。第5条对于这种新入职员工可享受年休假待遇的计算方式，明确规定：“职工新进用人单位且符合本办法第三条规定的，当年度年休假天数，按照在本单位剩余日历天数折算确定，折算后不足1整天的部分不享受年休假。前款规定的折算方法为：（当年度在本单位剩余日历天数÷365天）×职工本人全年应当享受的年休假天数。”

（2）人力资源和社会保障部办公厅《关于〈企业职工带薪年休假实施办法〉有关问题的复函》中“关于带薪年休假的享受条件”明确：《企业职工带薪年休假实施办法》第3条中的“职工连续工作满12个月以上”，既包括职工在同一用人单位连续工作满12个月以上的情形，也包括职工在不同用人单位连续工作满12个月以上的情形。

由此可知，享受带薪年休假与劳动者工作年限、连续工作时间有关，与是否处于试用期无关。如果劳动者已经连续工作满12个月，即便处于试用期，也可以享受带薪年休假。

4 员工每年可享受带薪年休假天数按工龄还是按司龄计算?

严格来讲，是按工龄计算，也即其他单位的累计就业时间也作为计算每年可享受年休假的基数。当然，对于连续工作的新入职的员工，当年可享有的年休假也与其司龄有关。

《企业职工带薪年休假实施办法》第 4 条规定：“年休假天数根据职工累计工作时间确定。职工在同一或者不同用人单位工作期间，以及依照法律、行政法规或者国务院规定视同工作期间，应当计为累计工作时间。”

5 如何理解年休假中的“连续工作”?

（1）北京市的司法实践认为“连续工作满 12 个月”，指劳动者在参加工作后曾经在同一或两个以上用人单位连续不中断工作满 12 个月。[①] 北京的要求极其严格，必须字面意义上的“连续”，笔者理解为哪怕今天离职，后天就上班，也无法享受。

（2）重庆市的司法实践认为,《企业职工带薪年休假实施办法》第3 条中“职工连续工作满 12 个月以上”可以是在同一单位或者不同单位连续工作的时间，但其中在同一单位或者不同单位间的工作时间不得间断超过 1 个月以上。超过的，其连续工作时间重新计算。在同一或者不同单位连续工作满 12 个月，职工才有资格享受年休假。[②]

（3）广州一些惯例的做法是工作调动或离职后立即入职才可（因没有明文规定，裁判结果可能会存在差异），实践中也会看社保是否能够衔接上。

---

① 北京市高级人民法院、北京市劳动人事争议仲裁委员会《关于审理劳动争议案件法律适用问题的解答》第 18 条。

② 重庆市劳动和社会保障局《关于贯彻〈企业职工带薪年休假实施办法〉有关问题的通知》第 2 条。

（4）深圳的做法基本与广州一致，深圳市中级人民法院《关于〈审理劳动争议案件的裁判指引〉的说明》第33条规定，第109条是关于《企业职工带薪年休假实施办法》中“连续工作满12个月以上”如何计算的问题。该条第1款是依据人力资源和社会保障部办公厅于2009年4月15日作出的《关于企业职工带薪年休假实施办法有关问题的复函》所规定的。但在适用的同时须强调“连续工作”必须是无缝对接，即劳动者在进入新单位时工作日不能间断，否则不适用该款规定。

6 用人单位未安排实行不定时工时制的劳动者休年休假，是否应支付未休年休假工资?

该问题在司法实践中的意见并不统一。

有观点认为，原劳动部《关于职工工作时间有关问题的复函》第8条规定：“实行不定时工作制的工资如何计发？其休息休假如何确定？对于实行不定时工作制的劳动者，企业应当根据标准工时制度合理确定劳动者的劳动定额或其他考核标准，以便安排劳动者休息。其工资由企业按照本单位的工资制度和工资分配办法，根据劳动者的实际工作时间和完成劳动定额情况计发。对于符合带薪年休假条件的劳动者，企业可安排其享受带薪年休假。”由此可知，实行不定时工时制度的员工也可享受带薪年休假。另外，《职工带薪年休假条例》《企业职工带薪年休假实施办法》没有排除不定时工作制员工享受带薪年休假及获得未休年休假工资待遇的权利。因此，用人单位未安排实行不定时工时制的劳动者休年休假，应支付未休年休假工资。

但也有相反观点，浙江省对此就有明确的规定，浙江省劳动和社会保障厅《关于贯彻实施企业职工带薪年休假制度的若干意见》第11条规定，经依法批准实行不定时工作制的职工，不适用未休年休假须支付3倍工资的规定，但用人单位应当根据职工的工作量和工作业绩科学合理地确定职工的劳动报酬。

专题七 年终奖争议

一般而言，因年终奖非法定的报酬，如果没有明确约定或没有明确规定的情况下，应认为是否支付以及支付多少属于用人单位的用工自主权，裁判应予尊重。但在司法实践中也有不少的争议，尤其是发放年终奖前离职的，用人单位是否须支付年终奖，是最为常见及分歧最大的争议。

1 年终奖是否属于工资？

国家统计局发布的《关于工资总额组成的规定》第4条规定，“工资总额由下列六个部分组成……（三）奖金……”另根据国家统计局发布的《〈关于工资总额组成的规定〉若干具体范围的解释》之“二、关于奖金的范围”的规定，生产（业务）奖包括超产奖、质量奖、安全（无事故）奖、考核各项经济指标的综合奖、提前竣工奖、外轮速遣奖、年终奖（劳动分红）等。

由此可知，如果是与劳动有关的奖金，均属于工资总额的一部分，年终奖也是。

2 用人单位是否必须向员工发放年终奖?

不能一概而论。根据《劳动法》第47条的规定，用人单位根据本单位的生产经营特点和经济效益，依法自主确定本单位的工资分配方式和工资。如果用人单位依法制定的规章制度对是否发放年终奖进行了规定，用人单位应当依照规章制度执行。

因为年终奖非法定，除非用人单位与劳动者对是否发放年终奖有约定或有相应的制度规定，才应当遵从其约定或规定，如果无约定也无规定，则是否发放、发放多少，一般由用人单位自主决定。

但需要注意的是，也有部分裁判者认为，如果以往都发放年终奖，那么可视为双方实际履行的方式确定了劳动者享有年终奖，如果用人单位不予发放的，应有合理的事由，否则仍须支付。

3 用人单位给正式职员工发放年终奖，但不给派遣员工发放，是否违反同工同酬?

笔者认为，同工同酬涉及很多因素，如学历、贡献、忠诚度以及用人单位的用工期望等。又因为年终奖非法定，如无约定的情况下是否发放以及如何发放均属于用人单位的用工自主权，因此，正式职工和派遣职工在福利上有一定的区别，笔者认为并不违法。

4 约定根据生产经营状况及员工的表现决定是否发放年终奖及年终奖的金额是否对公司有利?

根据我国《劳动法》第47条的规定，用人单位根据本单位的生产经营特点和经济效益，依法自主确定本单位的工资分配方式和工资水平，看起来这个约定好像对单位比较有利，实则不然，有了这样的约定，用人单位对公司的经营状况及劳动者的表现均须予以证明，才可免除发放的义务。

从用人单位的用工自主权角度来看，用人单位和劳动者之间如果明确约定年终奖属于用人单位的用工自主权，并明确是否发放，发放多少由用人单位自主决定，发放年终奖非用人单位的义务，则此主动权大了很多。当然，如果确实要根据生产经营情况及劳动者表现发放的，还可以约定，如用人单位决定发放年终奖的，则可根据经营状况及员工的表现决定。这种情况下，用人单位仍掌握了是否启动年终奖发放程序的自主权。

5 员工提前离职，劳动者的年终奖应当如何发放?规定提前离职不能享受是否有效?

有些单位的规章制度中明确规定，员工在年终奖发放前离职，不予发放，司法实践中，到底能否支持这样的规定呢?下面以广州、深圳以及最高人民法院公布的案例为例作说明。

《广州市中级人民法院民事审判若干问题的解答》“劳动争议部分”第13条明确：“用人单位就年终奖问题规定以某个时间点为分界线，如规定三月份在职的职工可以领取上一年度的年终奖，现在该时间点之前离职的劳动者主张上年度的年终奖，应否支持?关于年终奖的问题，用人单位与劳动者有约定的，从其约定；在没有约定的情况下，年终奖的性质更属于一种激励机制，用人单位根据其经营状况决定是否发放年终奖以及如何发放年终奖，是其企业的经营自主权的合理范围，应当予以尊重。”

2009年的《深圳市员工工资支付条例》第14条第2款规定：“劳动关系解除或者终止时，支付周期未满的员工月度奖、季度奖、年终奖，按照劳动合同的约定计发；劳动合同没有约定的，按照集体合同的约定计发；劳动合同、集体合同均没有约定的，按照依法制定的企业规章制度的规定计发；没有约定或者规定的，按照员工实际工作时间折算计发。”

由此可见，对于该问题，双方约定优先，无约定则尊重用人单位的经营自主权。因而，没有关于年终奖的劳动合同约定的情况下则按规章制度规定处理，无疑具有合理性。

但需要注意的是，广州的规定是没有约定的情况下，是否发放、发放多少，属于用人单位的自主权，而深圳的规定是没有约定或规定的，则按工作时间来折算，但广州也没有排除按工作时间来折算的模式。另外，还需要注意的是，也有观点认为，如双方对于年终奖已有约定，且约定支付标准等，即便双方在劳动合同中约定劳动者提前离职，用人单位无须支付奖金，但这种约定往往会因为被认定属于用人单位免除自己的法定责任，排除劳动者权利的条款而无效。

需要提示的是，如果是用人单位违法解除或终止劳动合同的，即便是明确约定或规定提前离职不得领取年终奖，用人单位的抗辩也不应获得支持。

但也有一些不同的观点认为，年终奖的性质应当属于“工资”范畴，那么既然是工资，劳动者就有获得劳动报酬的权利，公司规章制度规定年终奖发放对象仅为发放时在职员工排除了劳动者获得劳动报酬的权利，应属无效，所以即使员工离职，还应当向其发放。

在最高人民法院公布的183号指导案例房某诉中美联泰大都会人寿保险有限公司劳动合同纠纷案中就认为：

年终奖发放前离职的劳动者主张用人单位支付年终奖的，人民法院应当结合劳动者的离职原因、离职时间、工作表现以及对单位的贡献程度等因素进行综合考量。用人单位的规章制度规定年终奖发放前离职的劳动者不能享有年终奖，但劳动合同的解除非因劳动者单方过失或主动辞职所导致，且劳动者已经完成年度工作任务，用人单位不能证明劳动者的工作业绩及表现不符合年终奖发放标准，年终奖发放前离职的劳动者主张用人单位支付年终奖的，人民法院应予支持。本案中，房某在大都会公司工作至2017年12月29日，此后两日系双休日，表明房某在2017年度已在大都会公司工作满1年；在大都会公司未举证房某的2017年度工作业绩、表现等方面不符合规定的情况下，可以认定房某在该年度为大都会公司付出了一整年的劳动且正常履行了职责，为大都会公司作出了应有的贡献。基于上述理由，大都会公司关于房某在年终奖发放月之前已离职而不能享有该笔奖金的主张缺乏合理性。故对房某诉求大都会公司支付2017年度年终奖，应予支持。

6 员工能否主张公司按往年惯例支付年终奖？

一般认为，是否向员工发放年终奖属于用人单位有权自主决定的事项，其可以根据本单位生产经营状况和劳动者的工作表现、业绩完成量等实际情况，决定是否发放年终奖以及发放的条件和数额。原则上，劳动者不能要求用人单位按照往年惯例发放年终奖，但如果双方在劳动合同中就年终奖的发放数额、发放时间以及考核标准进行了明确的约定，或者用人单位的规章制度对此作出了具体的规定，用人单位自然应当发放。不过，就算双方没有约定或规定，在劳动争议司法实践中，在符合下列条件的情况下，裁判者可能认为双方以实际履行的方式确定了双方约定劳动者可享有年终奖，因而参照往年的发放惯例计算劳动者应得的年终奖数额：第一，根据在案证据，无法查明应当发放年终奖时段的计算标准和具体数额；第二，负有证明责任的当事人能够证明往年一直有发放年终奖的惯例。但这个争议极大，不同裁判者会有不同的裁判观点，以下两个案例就是截然不同的裁判结果。

在（2022）京03民终11432号案中，北京市第三中级人民法院认为：

关于滕某主张的2020年度奖金一节，经审查本案双方签订的《劳动合同书》、2020年《劳动规则》等证据及滕某之前发放奖金的惯例，法院认为滕某能够证明自己享有年度奖金的相关权益，二审诉讼中，某公司虽主张滕某2020年度工作量一直不饱和，对公司贡献度为零，但作为用人单位，某公司并未对此充分予以举证证明，也未对奖金的量化评价标准举证证明，结合本案解除劳动关系系因某公司违法解除，并非滕某之故，法院对某公司不支付奖金的上诉主张不予采纳。因某公司未就发放2020年度奖金的制度依据、评价标准等进行举证，故一审法院对滕某关于年度奖金的计算标准、支付数额的主张予以采信并无不当。一审法院结合滕某该年度的工作期间、工作情况、往年发放奖金的数额等，酌情确定的金额适当，应予维持。

在（2021）沪01民终13428号案中，上海市第一中级人民法院认为：

关于争议焦点二，基于双方对绩效工资及年终奖并无约定，且公司员工手册亦未对该款项有明确规定，章某仅以往年发放惯例为由主张绩效工资及年终奖，缺乏依据，法院不予支持。

7 劳动者与用人单位因年终奖产生争议的仲裁时效及举证责任？

关于仲裁时效的问题。司法实务认为，按照国家统计局《关于工资总额组成的规定》第4条的规定，年终奖属于劳动报酬，按《劳动争议调解仲裁法》第27条的规定，适用1年特殊仲裁时效。

关于举证责任的问题。根据“谁主张，谁举证”的规则，应当先由劳动者就存在年终奖约定或年终奖发放制度承担举证责任。在劳动者已经举证存在约定或者制度规定时，用人单位主张少发或不发年终奖的，根据最高人民法院《关于审理劳动争议案件适用法律问题的解释（一）》第44条的规定，因用人单位作出的开除、除名、辞退、解除劳动合同、减少劳动报酬、计算劳动者工作年限等决定而发生的劳动争议，用人单位负举证责任。因而，由用人单位承担不发放的举证责任。

专题八 竞业限制争议

所谓竞业限制，是指用人单位的高级管理人员、高级技术人员和其他负有保密义务的人员在离职后一段时间内，不得到与本单位生产或者经营同类产品、从事同类业务的有竞争关系的其他用人单位，或者自己开业生产或者经营同类产品、从事同类业务。为了实现以上目的，用人单位需要与劳动者签订相应的竞业限制协议。我国现行的法律规则中对于竞业限制的规定较少，这就导致了竞业限制的规则在适用时争议较多，裁判也不尽统一。

一、竞业限制的产生

1 劳动合同无效的情况下，竞业限制条款还有效吗？

笔者认为，竞业限制协议或条款是为了保护用人单位商业秘密、知识产权等与单位核心竞争力密切相关的内容或信息，用人单位依法与其聘任的负有保密义务的高级管理人员、高级技术人员和其他负有保密义务的人员约定在其为本单位工作期间以及离职后的一定期限内不得自营或为他人从事与本单位存在竞争的同类业务，竞业限制期间用人单位向上述人员支付一定数额经济补偿金的约定。竞业限制约定形式一般是在劳动合同中设立竞业限制条款或在劳动合同之外单独订立竞业限制协议。如此看来，竞业限制约定的效力，原则上以存在有效的劳动关系为前提，但在实践中也存在例外情形。竞业限制是劳动合同的可备条款，而非必备条款，劳动合同本身具有一定的独立性，存在单独认定其效力的空间，事实上，在某些具体个案中也有单独认定其效力的必要性。竞业限制（协议）的本质是一个合同，当劳动合同全部或部分无效时，竞业限制约定的效力可能会受到影响，但从一般合同的角度看，若该约定不违反法律、行政法规的效力性强制规范的，仍然应当认定有效。最高人民法院民事审判第一庭编著的《最高人民法院新劳动争议司法解释（一）理解与适用》一书中，在阐释竞业限制相关条文时也倾向于单独认定竞业限制协议的效力。

在（2019）粤06民终10345号案中，佛山市中级人民法院在二审就持该观点。佛山市中级人民法院认为：

从竞业限制协议产生的原因来看，劳动合同与竞业限制协议属于制约与被制约的关系，竞业限制协议的订立必须以劳动合同的存在为前提，没有劳动合同关系，竞业限制协议的存在亦无意义，竞业限制协议要依赖于劳动合同，在此意义上，劳动合同与竞业限制协议处于主从关系。但即使是主从合同关系，劳动合同关系无效并不会必然导致竞业限制协议无效，理由如下：首先，两者的目的不同。劳动合同的目的在于确定劳动合同关系存续期间双方当事人的权利义务，而竞业限制协议的目的主要在于规范双方当事人的劳动关系消灭后，劳动者不得利用原用人单位的商业秘密、不得从事相竞争的行业以及用人单位的经济补偿义务等内容。其次，两者发挥功能的时间不同。劳动合同主要在劳动关系存续期间发挥作用，而竞业限制义务主要在劳动关系消灭后发挥功能。因此，尽管竞业限制协议的订立与劳动合同存在依赖关系，但竞业限制协议具有相当程度的独立性。再次，即使典型的主从合同关系，在消灭的效力上亦并非一体对待。例如，最高人民法院《关于适用〈中华人民共和国担保法〉若干问题的解释》（已无效）第10条规定，担保合同与主合同的关系中，主合同解除后，除当事人另有约定外，担保人对债务人应当承担的民事责任仍应承担担保责任。上述规定的原因在于担保合同所负担的功能。因此，如果不加以区分一概认为劳动关系消灭必然导致竞业限制协议消灭，会导致竞业限制条款难以发挥其应有功能，造成利益失衡的后果。最后，公司员工在提供劳务过程中应秉持诚实、善意的动机为正当行为，忠实维护公司的合法权益，这是公司员工理应遵守的基本职业道德，也是诚实信用原则的基本体现。如果公司员工违背基本的忠诚义务，损害公司的合法权益，导致双方诚信关系的根本破裂，劳资关系赖以存续的信赖基础丧失。而竞业限制协议的存在则为公司寻求法律上的救济途径，为员工违法成本的付出提供了保障和依据。因此，如果仅仅认为劳动关系无效，从而否定竞业限制协议的效力，这与该制度设立的初衷和宗旨是相悖的。综上，秦某认为双方签订的劳动合同为无效劳动合同，故《保密（竞业限制）承诺书》作为劳动合同附件也当然无效的主张理据不足，法院不予支持。《保密（竞业限制）承诺书》是双方当事人的真实意思表示，合法有效，对双方当事人均具有约束力。

2 劳动合同中只简单约定劳动者有竞业限制的义务，但是没有竞业限制的具体条款，是否算约定了竞业限制？

此约定在司法实践中有很大争议。有观点认为，此约定缺乏竞业限制的必要条款，达不到一个协议应具备的要件，相当于没有协议；也有观点认为，协议内容不完备，可以通过补充协议的方式约定，或可根据法律的规定对相应未作约定的权利义务进行明确。

因而，劳资双方均须慎重，不能以为简单的条款没有明确具体的权利义务就可以随意约定。

二、竞业限制的解除

1 用人单位可以随时无理由解除竞业限制协议，但劳动者不能，对吗？

是的。根据最高人民法院《关于审理劳动争议案件适用法律问题的解释（一）》第38条的规定，当事人在劳动合同或者保密协议中约定了竞业限制和经济补偿，劳动合同解除或者终止后，因用人单位的原因导致3个月未支付经济补偿，劳动者请求解除竞业限制约定的，人民法院应予支持。也就是说，在约定了竞业限制的情形下，如果用人单位不存在拖欠经济补偿金的情形，劳动者就没有解除竞业限制的权利；即使用人单位未按时支付经济补偿金，劳动者也不可以立即解除协议，需要达到3个月未付的情况下才可以行使解除权。但深圳有特别的规定，深圳规定的是竞业限制补偿超过30日不支付的，劳动者就可以行使解除权。①

根据最高人民法院《关于审理劳动争议案件适用法律问题的解释（一）》第39条的规定，在竞业限制期限内，用人单位请求解除竞业限制协议的，人民法院应予支持。在解除竞业限制协议时，劳动者请求用人单位额外支付劳动者3个月的竞业限制经济补偿的，人民法院应予支持。也就是说，用人单位有随时解除竞业限制的权利，但行使随时解除权利的代价是支付3个月的额外经济补偿。

---

① 《深圳经济特区和谐劳动关系促进条例》第20条第2款规定，用人单位未按照前款规定支付经济补偿的，劳动者自用人单位违反约定之日起30日内，可以要求用人单位一次性支付尚未支付的经济补偿，并继续履行协议；劳动者未在30日内要求一次性支付的，可以通知用人单位解除竞业限制协议。《深圳经济特区企业技术秘密保护条例》第25条也有类似规定。

2 劳动合同解除或终止时同时解除竞业限制协议，单位须支付3个月的经济补偿吗？

无须支付，不少地方对此有明确的规定。

根据最高人民法院《关于审理劳动争议案件适用法律问题的解释（一）》第39条的规定，用人单位在竞业限制期限内解除竞业限制协议的，劳动者有权要求额外支付3个月的竞业限制经济补偿金。根据《劳动合同法》的规定，竞业限制期限是从劳动合同解除、终止后开始起算的，从此时开始，单位才负有向劳动者支付竞业限制补偿金的义务，相应地，劳动者也是从此时起才有权在单位不支付竞业限制补偿的情况下要求支付。根据权利义务对等的原则，单位在劳动合同解除、终止后，竞业限制期限届满前要求解除协议的，劳动者请求额外支付3个月竞业限制补偿金的，才能得到支持。虽然根据通说观点，竞业限制协议的效力当然及于劳动合同存续期间，但在职的劳动者并不会受到竞业限制带来的不利影响，并且单位也不负有向尚未离职的劳动者支付竞业限制补偿的法定义务。因此，只要在劳动合同解除、终止前或同时，单位已经明确作出解除竞业限制协议的意思表示，此后劳动者的择业自由权将不会受到限制，不应额外支付3个月的竞业限制补偿金。此外，单位支付额外3个月补偿金的理论基础是因存在违约行为，劳动者因自由择业权受到限制所导致的不利影响，只在其离职后实际履行竞业限制期间才能体现出来，单位在此时解除竞业限制协议就属于违约行为，劳动者据此要求支付额外补偿金才具有正当性。实践中对此虽然也存在争议，但在笔者所搜索的案例中，裁判的观点多认为在劳动合同解除、终止前或同时解除竞业限制协议的，单位无须支付额外的补偿金，以下两个案例均较为明确持该观点。

在（2016）苏民再26号案中，江苏省高级人民法院认为：

关于某公司是否应当向王某支付竞业限制补偿金的问题。用人单位须向劳动者支付竞业限制补偿金的前提条件是在竞业限制期内，劳动者履行了竞业限制义务。竞业限制期的起算时间，应当以劳动者与用人单位之间的劳动关系终止之日起算……而某公司在向王某发出解除劳动合同书面通知的同时，便告知王某解除双方之间的竞业限制约定，故本案中不存在竞业限制期，王某也并未履行竞业限制义务，原一、二审判决某公司须向王某支付竞业限制补偿金3653.21元不当，应予纠正。

在（2015）东民一终字第243号案中，虽然一审认为单位须额外支付补偿金，但二审仍然改判无须支付。东营市中级人民法院认为：

竞业限制是指用人单位与劳动者约定在解除或终止劳动合同后一定期限内，劳动者不得到本单位生产或者经营同类产品、从事同类业务的有竞争关系的其他用人单位任职，或者自己开业生产或者经营同类产品的书面协议。按照司法解释的规定，用人单位可以在竞业限制期限内单方解除竞业限制协议并支付相应的经济补偿，但是，在竞业限制期限尚未到来时，用人单位解除竞业限制协议的，由于劳动者并未实际受到竞业限制协议的约束和择业选择权的限制，故而用人单位无须向劳动者支付竞业限制补偿金，不存在因单方解除竞业限制协议额外支付经济补偿的问题。本案中，某公司在与杨某解除合同当日向杨某发出了《终止竞业限制通知》，杨某也于2013年10月31日合同到期当日签收，能够证明某公司已于竞业限制期限到来之前解除竞业限制协议，无须按照《最高人民法院关于审理劳动争议案件适用法律若干问题的解释（四）》第9条的规定向杨某支付补偿金。原审判决某公司向杨某支付解除竞业限制协议补偿金30060元属于适用法律错误，二审法院依法予以纠正。

广州市中级人民法院明确规定无须支付。广州市劳动人事争议仲裁委员会、广州市中级人民法院《关于劳动争议案件座谈会的意见综述》第19条规定，劳动关系存续期内，用人单位主张解除竞业限制协议，是否支持，是否需要支付经济补偿？若劳动关系终结后，用人单位立即主张解除竞业限制协议，是否须依照最高人民法院《关于审理劳动争议案件适用法律若干问题的解释（四）》第9条第2款的规定支付3个月的经济补偿？

劳动关系存续期内，用人单位主张解除竞业限制协议，予以支持，因劳动者还未离职并履行竞业禁止义务，用人单位可以不支付经济补偿金。在劳动关系终结后，即使用人单位立即主张解除竞业限制协议的，依照规定，也应支付3个月的经济补偿。

3 用人单位3个月不支付经济补偿，劳动者可以以实际违反竞业限制的方式合法解除竞业限制协议吗？

人力资源社会保障部、最高人民法院《关于劳动人事争议仲裁与诉讼衔接有关问题的意见（一）》（人社部发〔2022〕9号）第21条规定，当事人在劳动合同或者保密协议中约定了竞业限制和经济补偿，劳动合同解除或者终止后，因用人单位的原因导致3个月未支付经济补偿，劳动者请求解除竞业限制约定的，劳动人事争议仲裁委员会、人民法院应予支持。

这个规定看起来有点奇怪，感觉没有再作规定的必要。因为最高人民法院《关于审理劳动争议案件适用法律问题的解释（一）》已有明确的规定，其中第38条规定："当事人在劳动合同或者保密协议中约定了竞业限制和经济补偿，劳动合同解除或者终止后，因用人单位的原因导致三个月未支付经济补偿，劳动者请求解除竞业限制约定的，人民法院应予支持。"

笔者认为，《关于劳动人事争议仲裁与诉讼衔接有关问题的意见（一）》之所以再次强调，与现时不少观点认为，在用人单位没有支付3个月的经济补偿的情况下，劳动者可以以违反竞业限制的方式提出解除的观点有关。例如，在人力资源社会保障部、最高人民法院《劳动人事争议典型案例（第一批）》（人社部函〔2020〕62号）的案例12中，就持劳动者可以以实际违反的方式来解除竞业限制的观点，该案例认为：用人单位未支付竞业限制经济补偿，劳动者是否须承担竞业限制违约责任，"具体到本案中，银行在竞业限制协议履行期间长达11个月未向乐某支付经济补偿，造成乐某遵守竞业限制约定却得不到相应补偿的后果。根据公平原则，劳动合同解除或终止后，因用人单位原因未支付经济补偿达三个月，劳动者此后实施了竞业限制行为，应视为劳动者以其行为提出解除竞业限制约定，用人单位要求劳动者承担违反竞业限制违约责任的不予支持，故依法驳回银行的仲裁请求”。

笔者认为，《关于劳动人事争议仲裁与诉讼衔接有关问题的意见（一）》可对于现时认为竞业限制可以实际违反的方式作出解除的意思表示的回应，还是隐含了劳动者要明确提出解除的意思表示才可以。

三、竞业限制的对象、时间及范围

1 用人单位能否在竞业限制协议中约定员工近亲属的竞业限制？

司法实践对于近亲属竞业限制条款的约定是否有效存在争议。部分法院根据合同相对性原则，竞业限制协议不能约束员工近亲属的就业权，认为约定无效。也有法院认可条款效力，以员工近亲属的竞业行为违反协议约定为由，判决员工承担违约责任。笔者认为，即使约定被认定为无效，也不影响用人单位与员工关于竞业限制其他条款的效力，鉴于实践中部分员工利用近亲属进行隐蔽性竞业行为，为防止员工利用近亲属竞业损害用人单位的利益，建议用人单位在竞业限制协议中增加近亲属竞业限制条款，以争取一种可能性，保障用人单位的合法权益。

2 没有约定竞业限制，公司董事和高管违反竞业禁止有什么法律后果？

此情形下，劳动者获得的收益归用人单位，造成损失的，劳动者还须赔偿损失，且用人单位可以此为由解除劳动合同。相应依据如下：

《公司法》第 184 条规定，董事、监事、高级管理人员未向董事会或者股东会报告，并按照公司章程的规定经董事会或者股东会决议通过，不得自营或者为他人经营与其任职公司同类的业务。第 186 条规定，董事、监事、高级管理人员违反《公司法》第 181 条至第 184 条规定所得的收入应当归公司所有。

至于高管违反竞业禁止，当然也违反劳动法的相关规定，用人单位可根据恶劣程度，结合规章制度的规定，决定是否可依法解除劳动合同。

另外，如果造成损失的，也是当然需要承担赔偿责任的。

3 用人单位能否约定员工竞业限制义务的范围包括本公司及其关联公司的经营范围?

各地司法实务对此存在争议。

有观点认为：首先，竞业限制范围属于约定范畴，应认可当事人的意思自治，除非劳动者能够举证证明竞业限制的约定侵犯自主择业权，否则应当认可竞业限制范围的约定。其次，现行企业模式下，许多企业普遍采用集团化管理模式。用人单位与其关联主体之间不是彼此割裂的状态，虽然员工只与其中一家公司建立劳动关系，但服务范围涉及其他关联公司经营范围，故用人单位约定竞业限制的范围包括本公司及关联公司的做法具有合理性。

广州市的相关裁判支持该观点，如（2020）粤 01 民终 11797 号、11798 号案中，广州市中级人民法院认为：

在 2017 年 11 月 16 日员工与某公司签订的《变更（广州市劳动合同）协议书》第 5 条第（2）款“竞业限制”第 1 项约定：“未经甲方（某公司）书面同意，乙方（员工）在职甲方期间不得自营或者为他人经营与甲方（包括甲方关联公司和某公司香港）同类或相类似的营业或业务。”……员工已经分别在上述《变更（广州市劳动合同）协议书》以及《HR97－行为准则指引与纪律政策》签收表中签名，表明员工已经清楚知悉上述规定。但员工仍然与其下属林某某，在未经某公司同意或向云顶某公司申报的情况下，私自成立经营范围与某公司及其关联企业业务有重合的公司，并在该公司担任管理职务，显然违反了上述规定……因此，某公司认为，员工的行为已经违反了其规章制度规定的理由，有事实依据，法院予以采信。

也有观点认为，竞业限制范围应以原用人单位为限，约定用人单位关联公司经营范围属于竞业限制范围容易限制劳动者自主择业权，因此，审查是否违反竞业限制时，应当将关联公司的经营范围予以排除。在（2009）浦民一（民）初字第18656号案中，双方明确约定，“在雇员被公司雇用期间和雇用期结束后的十二个月（以下简称不竞争期）内，未经公司事先书面同意，在中国境内任何地方，雇员不得直接或间接与任何直接或间接从事与公司、其母公司、子公司、关联公司或相关实体的任何业务竞争的公司或实体建立或保持任何雇用或合同关系（以下简称竞争性工作）”，但法院在认定员工是否存在违约行为时，只审查与原公司是否构成竞业限制，而没有将关联公司的经营范围列入审查范围，间接证明裁判机构倾向于认可“竞业限制范围应限于本公司经营范围”的观点。

4 用工单位与劳务派遣的员工签订竞业限制协议是否有效？

司法实践中存在争议。有观点认为，《劳动合同法》第23条设置竞业限制制度的目的旨在保护用人单位的商业秘密以及与知识产权有关的秘密。劳务派遣属于特殊用工情形，被派遣劳动者可能涉及知悉或接触到用工单位的商业秘密，在法律没有明确禁止的情况下，应当认为用工单位与劳务派遣员工之间签订竞业限制协议有效。也有观点认为，根据《劳务派遣暂行规定》第3条第1款的规定，用工单位只能在临时性、辅助性或者替代性的工作岗位上使用被派遣劳动者，因此这些岗位是否可设定竞业限制存在较多争议。

广州市司法实践中认为，劳务派遣用工中可以签订竞业限制协议，并明确了责任的处理问题。2015年广州市劳动人事争议仲裁委员会、广州市中级人民法院民事审判庭《关于劳动争议案件座谈会的意见综述》第4条规定，劳务派遣用工中涉及违反服务期、保密义务、竞业限制违约金以及违反保密义务、竞业限制赔偿责任类争议，如何处理？如劳动者与用工单位签订相关协议，根据《劳动合同法》第92条的规定，用工单位与劳务派遣单位承担连带责任。劳务派遣单位或用工单位作为申请人申请劳动仲裁，按照《劳动争议调解仲裁法》第22条第2款的规定，用工单位和劳务派遣单位均应作为当事人。审理该类案件时，应根据案件实际情况，确定劳动者是否需要承担法律责任。

5 竞业限制约定不得从事相类似业务是否有效？

存在不同的争议，有观点认为不可以，理由是竞业限制协议限制了劳动者的择业权，甚至可能影响劳动者的生存权，故对“与原用人单位有竞争的业务”不应作扩大解释，限定为用人单位经营范围内实际经营的业务为宜。

有观点认为可以，理由是《劳动合同法》第24条第2款明确规定，竞业限制约定中可以禁止的劳动者行为是，到与本单位生产或者经营同类产品、从事同类业务的有竞争关系的其他用人单位，或者自己开业生产或者经营同类产品、从事同类业务。除此之外，《劳动合同法》没有规定其他竞业限制行为。但从切实保护用人单位合法权益出发，为防止劳动者打擦边球，可考虑对该条中“同类”二字扩大解释为“同类、相似、相关联”，以尽可能地周延竞业限制的保护范围。由此，如果劳动者实施了某些第24条明确规定之外的行为，仍然可能构成违反竞业限制义务，需要承担违约责任。

6 针对员工在职期间的竞业限制，有无法律效力？

最高人民法院《关于审理劳动争议案件适用法律问题的解释（二）（征求意见稿）》第18条规定，用人单位与高级管理人员、高级技术人员和其他负有保密义务的人员约定在职期间竞业限制条款，劳动者以在职期间不得约定竞业限制、未支付经济补偿为由请求确认竞业限制条款无效的，人民法院不予支持。不过该规定尚未发布，存在不确定性，在该规定正式发布之前，关于在职期间的竞业限制有无法律效力的问题，实践中有不同的观点，笔者认为应认定有效。

（1）认为无效的，其相应理由如下：

①根据《劳动合同法》第 24 条第 2 款“在解除或者终止劳动合同后，前款规定的人员到与本单位生产或者经营同类产品、从事同类业务的有竞争关系的其他用人单位，或者自己开业生产或者经营同类产品、从事同类业务的竞业限制期限，不得超过二年”的规定，竞业限制期间，应为劳动合同终止或解除之后。

②《劳动合同法》第 39 条第 4 项已明确规定“劳动者同时与其他用人单位建立劳动关系，对完成本单位的工作任务造成严重影响，或者经用人单位提出，拒不改正的”用人单位可单方解除劳动合同，法律上已对此在职违反竞业限制义务的行为明确了法律途径，则不应再作与之不符之规定。

③《公司法》中对于相应的董事、高管已有相应的忠诚义务之规定，无须也不宜再另行规定。

（2）认为有效的（笔者也持这一观点），相应理由如下：

①根据《劳动合同法》第 23 条的规定，法律并未限制用人单位与劳动者约定竞业限制条款的期间。况且，劳动者在职期间能够更加密切地接触用人单位的保密信息。如果劳动者在职期间从事竞业行为，则可能给用人单位造成更加严重的后果，因此应当允许双方约定违约金。在劳动合同履行期间的竞业限制，与《劳动合同法》的规定并无冲突，第 24 条第 2 款并未禁止在职期间对竞业限制作约定，法无禁止即可为，意思自治的自由应予以尊重。

②《劳动合同法》第 39 条第 4 项固然规定了对于兼职的行为可以进行相应的处理，但不足的是，其仅在“对完成本单位的工作任务造成严重影响，或者经用人单位提出，拒不改正的”才可进行处分，如根据该规定，用人单位无法对初次被发现，但又身负重要商业或技术秘密者在竞争对手处工作的

员工进行处理。

③《公司法》规定的法律责任过低，仅为收益归用人单位及赔偿损失，[①]即便是根据《劳动合同法》的规定而解除劳动合同或主张其他法律责任，仍难消除已然兼职所致秘密被泄而致的损失，更无法对劳动者形成震慑的效果。尤其是用人单位对于员工违反竞业限制所致法律后果往往难以证明，此对于用人单位而言，更难保障其合法权益。

④《公司法》中的竞业法定义务者范围过窄，仅限于“董事、监事、高管人员”，保护范围不够。

⑤按照举轻以明重的原则，离职后违反竞业限制义务都须支付违约金，在职期间违反该义务情节更恶劣，更应当支付违约金。（2019）粤1972民初1854号判决书就明确支持该观点，法院认为：“而王某秀称竞业限制期限为解除或者终止劳动合同后，非在职期间，但法律规定离职后都可以约定劳动者负有竞业限制义务，现约定在职期间需要履行竞业限制义务，当然有效，故本院对王某秀称秦泰盛公司限制其在职期间竞业应为无效条款的主张不予采纳。”

关于该问题，深圳市中级人民法院明确规定可以约定竞业限制。深圳市中级人民法院《关于审理劳动争议案件的裁判指引》（深中法发〔2015〕13号）第106条第2款明确规定，劳动者在职期间违反竞业限制义务，用人单位依据双方约定要求劳动者支付违约金的，应予支持。

7 劳动者退休后是否仍须履行竞业限制协议？

司法实务中有不同的观点，笔者认为仍须履行。

有观点认为，竞业限制约束的对象是法定劳动年龄内劳动者，当劳动者达到退休年龄办理退休手续后不再属于劳动合同法意义上的劳动者，不再受其约束。亦有观点认为，竞业限制目的在于保护用人单位的商业秘密及利益

① 《公司法》第186条。

不因被泄露而受侵害。即便员工退休离岗，竞业限制协议并不应因此而失去约束力。

笔者认同后者观点，竞业限制条款具有独立性与约定性，即便劳动者因达到法定退休年龄而终止劳动合同，也不影响竞业限制协议的效力。

广州市中级人民法院《关于审理劳动人事争议案件若干问题的研讨会纪要》第15条就明确规定，劳动者达到法定退休年龄导致劳动合同终止，劳动合同中的竞业限制条款对退休后的劳动者仍有约束力，履行了竞业限制义务的劳动者仍然有权获得竞业限制补偿。

8 超经营范围约定竞业限制有效吗？

竞业限制约定是维护用人单位核心竞争力的重要手段之一，它是通过限制劳动者在一定范围和期限内的就业自主权，以达到保护用人单位在约定的期间内不会受到掌握其重要信息的在职、离职人员进行同业竞争而给单位带来的不利影响。用人单位的商业秘密、知识产权等与生产经营相关的重要信息，是其赖以生存的根基，因此竞业限制约定是非常正当和有必要的，但从劳动者的角度出发，竞业限制的约定又确实限缩了劳动者的就业选择权，约定时应当特别慎重。有些用人单位为了使竞业限制条款更加严密，会试图扩张竞业限制的范围，以便发生纠纷时尽可能多地维护自身权益。笔者认为，首先，竞业限制约定，实际上是在一定范围内牺牲劳动者就业自主权而形成的，限度应当从严把握，如果允许随意扩张，势必导致大量的劳动者失去工作机会，限制了劳动力的正常流动，不利于社会经济的发展；其次，竞业限制范围界定在与本单位生产经营重合部分才是法律应当保护的用人单位合法权益，如果约定超出了自身经营的范围，法律不会以牺牲劳动者就业自由的代价来维护本就不属于单位应当享有的利益；最后，恪守诚信是每一个社会主体都须遵守的基本原则，如果允许设定超出经营范围的竞业限制约定，明显违背社会公序良俗，这是法律所禁止的效力性强制规范，超范围的约定也因此失去了法律效力。

在（2018）粤03民终23200号案中，深圳市中级人民法院就持类似的裁判观点：

竞业限制是禁止知悉用人单位商业秘密和与知识产权相关保密事项的员工在一定期限内到与本单位有竞争关系的其他单位任职，或者自己从事与原工作单位有竞争关系的生产经营活动。竞业限制制度是通过对劳动者就业权的限制实现对用人单位商业秘密和知识产权的保护。因此，在确定竞业限制义务时既要保护用人单位在知识产权及商业秘密方面享有的正当权益，又要保障劳动者的就业自由权和劳动力的正常流动。因此，竞业限制义务的范围必须限制在合理范围内，不得随意扩大。根据《中华人民共和国劳动合同法》第二十三条、第二十四条的规定，竞业限制义务所限制的同业竞争行为应限于与用人单位存在竞争关系的行为。本案中，双方当事人签订的《竞业禁止协议》第一条也载明竞业禁止是指不得从事“与企业相竞争的业务”，即与某公司相竞争的业务。但某公司在《竞业禁止协议》第三条中要求郭某履行竞业限制义务的行业却非某公司所处行业，亦非与某公司存在竞争业务的行业。该竞业限制范围明显不符合法律规定，不适当地加重了郭某的竞业限制义务，排除了其基本权利就业自由权。根据《中华人民共和国劳动合同法》第二十六条的规定，该约定应为无效。

9 用人单位能否以员工不属于保密人员为由主张竞业限制协议无效？

根据《劳动合同法》第24条的规定，竞业限制的人员限于用人单位的高级管理人员、高级技术人员和其他负有保密义务的人员。司法实践中，法院对于“其他负有保密义务的人员”的认定以形式审查为主，绝大多数的案件中，法院都直接依据书面协议认定员工属于保密人员。即使员工只是前台、普通文员等不可能接触商业秘密的普通岗位，但鉴于用人单位最有能力判断员工是否接触商业秘密，并有权决定是否签署协议，在合同已经签订的情况下，再以此员工不属于“其他负有保密义务的人员”为由主张合同无效，通常难以得到支持。

对于已经签订了协议的普通员工，建议企业在员工离职前书面通知员工不再履行竞业限制协议，并保留好证据。

四、竞业限制的补偿

1 用人单位与劳动者在竞业限制协议中未约定经济补偿金额的，按什么标准支付？

一般来讲，按照劳动者在劳动合同解除或者终止前 12 个月平均工资的 30% 按月支付，但不得低于劳动合同履行地最低工资标准。根据最高人民法院《关于审理劳动争议案件适用法律问题的解释（一）》第 36 条的规定，当事人在劳动合同或者保密协议中约定了竞业限制，但未约定解除或者终止劳动合同后给予劳动者经济补偿，劳动者履行了竞业限制义务，要求用人单位按照劳动者在劳动合同解除或者终止前 12 个月平均工资的 30% 按月支付经济补偿的，人民法院应予支持。前款规定的月平均工资的 30% 低于劳动合同履行地最低工资标准的，按照劳动合同履行地最低工资标准支付。

但也有不少地方高于最高人民法院所规定的标准。江苏省认为月经济补偿额不得低于该劳动者离开用人单位前 12 个月月平均工资的 1/3。《江苏省劳动合同条例》第 28 条第 1 款规定：用人单位对处于竞业限制期限内的离职劳动者应当按月给予经济补偿，月经济补偿额不得低于该劳动者离开用人单位前 12 个月月平均工资的 1/3。深圳市认为补偿标准不得少于该员工离开企业前最后 12 个月月平均工资的 1/2。《深圳经济特区企业技术秘密保护条例》第 24 条规定，竞业限制协议约定的补偿费，按月计算不得少于该员工离开企业前最后 12 个月月平均工资的 1/2。约定补偿费少于上述标准或者没有约定补偿费的，补偿费按照该员工离开企业前最后 12 个月月平均工资的 1/2 计算。

2 假如在职期间约定竞业限制合法有效，用人单位是否须支付经济补偿？

笔者认为不需要，劳动法律法规并未规定在职期间的竞业禁止义务应以支付竞业限制补偿金为前提。这是因为此并未加重员工的负担，且约定无须支付经济补偿，也不违背竞业限制补偿的立法本意，经济补偿的本意是要对负有竞业限制者基于就业机会、就业优势的失去而作相应补偿，以免影响其生活甚至生存，但在职期间显然并无补偿的基础，无损失，无补偿。

另外，员工忠诚是法定之责，并非额外增加的义务。

最高人民法院《关于审理劳动争议案件适用法律问题的解释（二）（征求意见稿）》第 18 条就规定，用人单位与高级管理人员、高级技术人员和其他负有保密义务的人员约定在职期间竞业限制条款，劳动者以在职期间不得约定竞业限制、未支付经济补偿为由请求确认竞业限制条款无效的，人民法院不予支持。

3 可否在员工离职时一次性支付竞业限制的经济补偿？

法律上并没有限制此种模式，且也没有损害劳动者的权益，笔者认为可以。广州市中级人民法院明确认可，广东省高级人民法院也没有否认此模式，仅是否定了劳动关系存续期间的工资已包含竞业限制经济补偿的抗辩理由。

（1）广州市劳动人事争议仲裁院《关于审理劳动人事争议案件若干问题的研讨会纪要》第 16 条规定，用人单位和劳动者约定竞业限制补偿金在解除或终止劳动合同后提前一次性支付，如该约定是双方真实意思表示，内容未违反法律、法规的强制性规定，可以认定有效。

（2）广东省高级人民法院、广东省劳动人事争议仲裁委员会《关于审理劳动人事争议案件若干问题的座谈会纪要》（粤高法〔2012〕284 号，已废止，但仍是重要参考）第 21 条规定，用人单位以其在劳动关系存续期间向劳动者支付的劳动报酬已包含竞业限制经济补偿进行抗辩的，不予支持。

4 用人单位在职期间支付竞业限制经济补偿，能抵扣吗？

《劳动合同法》第 23 条第 2 款规定，对负有保密义务的劳动者，用人单位可以在劳动合同或者保密协议中与劳动者约定竞业限制条款，并约定在解除或者终止劳动合同后，在竞业限制期限内按月给予劳动者经济补偿。依据此规定，用人单位与劳动者约定了竞业限制条款的，当劳动合同解除或终止后，单位须在竞业限制期内按月向劳动者支付一定数额的竞业限制补偿金，严格按照条文的字面含义理解，似乎用人单位只能在劳动合同解除、终止后才应支付上述款项。笔者认为，《劳动合同法》第 23 条的规定，确立了劳动者在受到竞业限制协议约束的情况下，用人单位应当支付补偿金的义务是具有强制性的，但不应认为支付的时间也具有强制性。按照民事法律规范的一般原理，当事人的约定应当优先于法律规定得到尊重，因此应当允许劳资双方就竞业限制补偿金的支付时间作出不同于法律规定的约定。根据学理通说，竞业限制协议除在劳动关系解除、终止后的一定期间内具有法律效力外，其效力当然及于劳动关系存续期间，故此，用人单位在此期间预先支付补偿金的做法与法律规定并不冲突。若在劳动者离职后双方因此产生争议的，单位主张扣减已经支付的部分应当得到支持。如果认为竞业限制的约定在劳动关系存续期间并未生效的，则单位在此期间支付的款项就不能认定为竞业限制补偿金，当然也就无权主张将已支付的款项与劳动关系解除、终止后应当支付的部分进行抵扣。竞业限制的约定主要是通过限制劳动者的同业竞争行为以达到保护用人单位商业秘密、知识产权等合法权益不被侵害的目的。如果认为竞业限制的效力并不及于劳动者在职期间的，由于我国现行法律并未禁止劳动者与两个以上的用人单位同时建立劳动关系，竞业限制的法律约束力就出现了空档期，可能会对用人单位造成不利的影响。广州市中级人民法院就认为，预先支付竞业限制补偿金的行为有效，单位主张将已支付的部分从所须支付的补偿金总额中相应扣减的，应当予以支持，但深圳市对此存在不同的观点，《深圳经济特区企业技术秘密保护条例》第25条规定，竞业限制补偿费应当在员工离开企业后按月支付。用人单位未按月支付的，劳动者自用人单位违反约定之日起30日内，可以要求用人单位一次性支付尚未支付的经济补偿，并继续履行协议。因此，在深圳市，用人单位若与劳动者约定预先支付竞业限制补偿的，其效力可能不会得到承认。

广东省高级人民法院曾发文明确，提前支付无效。广东省高级人民法院、广东省劳动人事争议仲裁委员会《关于审理劳动人事争议案件若干问题的座谈会纪要》（粤高法〔2012〕284号，已废止，但仍是重要参考）第21条规定："劳动合同解除或者终止后，劳动者请求用人单位支付竞业限制经济补偿或以用人单位未按约定支付竞业限制经济补偿为由要求不履行竞业限制义务，用人单位以其在劳动关系存续期间向劳动者支付的劳动报酬已包含竞业限制经济补偿进行抗辩的，不予支持。"

司法实践中，有不同的裁判，举例如下：

（1）认为可以提前支付的有秦成与长春恒信信息技术开发有限公司竞业限制纠纷案和李某宽与广州市泓景首饰铸造材料有限公司竞业限制纠纷案。

其中，秦成与长春恒信信息技术开发有限公司竞业限制纠纷案中认为：

根据双方签订的《保密协议》第五条和第八条的约定，秦某在任职期间负有竞业限制义务，且秦某在离职后一年内需承担保密义务，秦某认可单位在支付工资报酬时已考虑到了其所需承担的保密义务。同时，某信公司在原审时提供了工资明细、电子邮件以及证人证言，证明在秦某任职期间，某信公司每月支付其保密费1000元，已依约履行了公司支付保密费的义务。

李某宽与广州市泓景首饰铸造材料有限公司竞业限制纠纷案中认为：

最后，本案双方争议较大的是某公司在李某在职期间向其发放的非竞争性补贴是否可定性为竞业限制补偿金的问题。《中华人民共和国劳动合同法》第二十三条第二款规定："对负有保密义务的劳动者，用人单位可以在劳动合同或者保密协议中与劳动者约定竞业限制条款，并约定在解除或者终止劳动合同后，在竞业限制期限内按月给予劳动者经济补偿。劳动者违反竞业限制约定的，应当按照约定向用人单位支付违约金。”李某据此认为某公司在其在职期间发放非竞争性补贴违反了该条款规定，不应认定为竞业限制补偿金。但该条款并非强制性规定，并未限制在双方达成一致的情况下，用人单位不可在其他时间段向劳动者发放竞业限制补偿金。本案中，双方签订的竞业禁止协议明确约定某公司在李某在职期间向其支付一定的费用作为保密和竞业禁止义务的对价，且李某在2017年8月29日也向某公司出具的承诺书亦确认收到某公司支付的非竞补偿共71800元，并承诺按照竞业禁止协议的约定执行，由此，应确定上述款项即为某公司向李某发放的竞业限制补偿金。结合上述，某公司最多需向李某支付六个月的竞业限制补偿金，即使按照李某主张的发放标准，某公司也已足额向其发放了该补偿。现李某要求某公司再支付一定数额的竞业限制补偿，依据不足，本院不予支持。

（2）认为不可以提前支付的有陈某民与浙江恒生汽配有限公司竞业限制纠纷案，该案中认为：

本院认为，虽然在某生公司与陈某签订的《聘用合同》中约定了竞业限制条款及薪酬中包含保密补偿费、竞业限制补偿费等，并就违反竞业限制和保密义务应承担的违约责任进行了约定。在实际履行中，某生公司在每月发放工资中向陈某发放了“保密补贴”“竞业限制补偿金”以及以工资以外款项的方式向陈某发放了至2014年1月款项用途为“竞业限制补偿金”的款项，然法律规定竞业限制补偿金的发放是在解除或者终止劳动合同后按月发放，其目的即为保护用人单位的利益，在劳动者履行竞业限制义务时才发放补偿金，同时也是为了保障劳动者不因履行竞业限制义务而影响正常生存和生活。陈某主张其与某生公司已于2011年8月解除劳动关系缺乏依据，本院不予采信。虽然根据《工资以外款项发放凭证》的记载，某生公司已经支付陈某至2014年1月的竞业限制补偿金，但该款项却是在陈某在职期间发放，且凭证上还载明已综合包含了离职后两年内的竞业限制补偿，但此时陈某尚未离职，合同期满双方是否续签劳动合同均不明确的情况下，某生公司如此约定明显与常理不符，且某生公司对于其所支付的竞业限制补偿金的数额是如何组成，发放的标准等，均无法进行说明，故从现有证据不能认定某生公司已经按法律规定向陈某支付了竞业限制补偿金，其要求陈某继续履行劳动合同项下竞业限制义务，返还经济补偿金319600元，并承担违约金319600元的上诉请求不予支持。

5 竞业限制补偿能否以发放股票期权的方式履行？

一种观点认为，法律没有明确禁止用人单位以替代性给付的方式支付竞业限制补偿，法无禁止即可为，只要双方依据真实意思表示缔结约定，且不具有《劳动合同法》第26条规定的情形的，即为有效，在上海市第一中级人民法院（2018）沪01民终1422号案中，裁判就持这种观点。

另一种观点认为，竞业限制补偿是对劳动者择业权利受影响而造成一定利益损失的补偿，不属于劳动者的福利，因此竞业限制补偿应该是确定的、固定的。且《劳动合同法》第23条规定“在解除或者终止劳动合同后，在竞业限制期限内按月给予劳动者经济补偿”。股票期权等限制性股票具有不固定性，而且需要在市场交易中才能实现价值，收益具有不确定性。因此，不能以发放股票期权的形式代替支付竞业限制补偿。为此，这类约定无效。广州市中级人民法院（2018）粤01民终619号案中，裁判就持这种观点。

6 劳动者违反了竞业限制约定，用人单位除要求劳动者承担违约金外，能否要求其返还已支付的经济补偿？

最高人民法院《关于审理劳动争议案件适用法律问题的解释（一）》第40条规定，劳动者违反竞业限制约定，向用人单位支付违约金后，用人单位要求劳动者按照约定继续履行竞业限制义务的，人民法院应予支持。根据上述规定，劳动者承担的法律后果仅限于支付违约金、赔偿损失和继续履行竞业限制义务，而法律亦未明确规定劳动者在竞业限制期间违反竞业限制协议须返还其已经获得的经济补偿。因此，司法实践中对于是否需要返还经济补偿存在很大争议。浙江省对此有明确规定，浙江省高级人民法院民事审判第一庭、浙江省劳动人事争议仲裁院《关于审理劳动争议案件若干问题的解答（三）》第3条规定，劳动者违反竞业限制约定，用人单位要求劳动者返还违反竞业限制约定期间用人单位向其支付的经济补偿的，应予支持。对劳动者履行竞业限制约定期间用人单位向其支付的经济补偿，用人单位要求返还的，不予支持。用人单位向劳动者一次性支付经济补偿的，应当将经济补偿数额进行折算，对劳动者违反竞业限制约定期间相对应的经济补偿予以返还。但笔者并不认同浙江省高级人民法院的观点，笔者认为，用人单位承担支付竞业限制经济补偿的义务、享有秘密得以保护的权利，与劳动者承担履行竞业限制义务、享有竞业限制经济补偿的权利，均是权利义务相统一。劳动者承担违约金的前提，是用人单位承担经济补偿的支付义务，因而经济补偿本身就是违约责任的前提条件，既然是前提条件，就不存在要退回的理由。当然，鉴于司法裁判观点不一，而竞业限制又具有约定性，笔者建议用人单位在与劳动者签订的竞业限制协议中明确约定劳动者违反竞业限制的法律后果包括返还已支付的经济补偿，以充分保障用人单位的合法权益。

最高人民法院《关于审理劳动争议案件适用法律问题的解释（二）（征求意见稿）》第19条规定，竞业限制条款约定的竞业限制范围、地域、期限等内容应当与劳动者知悉、接触的商业秘密和与知识产权相关的保密事项、具有的商业价值和形成的竞争优势相适应。劳动者违反竞业限制约定，用人单位按照约定依法要求劳动者返还违反竞业限制约定期间已经支付的经济补偿、支付违约金的，人民法院应予支持。根据上述规定可知，“按照约定”是可以的，至于没有约定的情况下，并没有明确。

司法实践中的一些裁判规则大致如下，供参考：

（1）明确约定违反竞业限制义务须返还经济补偿的，劳动者一般应按约定返还，最高人民法院的征求意见稿就持这样的观点。

（2）未明确约定违反竞业限制义务须返还经济补偿的，存在两种观点：

①应予以返还。竞业限制补偿金的法律属性，系用人单位向劳动者支付的因履行竞业限制义务而导致一定程度择业受限的补偿。若劳动者未履行竞业限制义务，用人单位自然无须向其支付相应对价，故劳动者应当向用人单位返还竞业限制补偿金。

②不应予以返还。用人单位与劳动者签订的竞业限制协议中没有明确约定返还经济补偿，应当尊重双方合意，即便劳动者未履行竞业限制义务，也不应支持用人单位要求返还经济补偿的主张。

7 劳动者不履行竞业限制的报告义务，用人单位是否可以不支付经济补偿?

根据《劳动合同法》第 25 条的规定，用人单位与劳动者约定违约金仅限于劳动者违反服务期约定或者竞业限制义务。劳动者违反竞业限制的报告义务，并不意味着其已经违反了竞业限制义务，用人单位不能以此为由不支付补偿金。可参考（2016）粤 03 民终 15762 号案中深圳市中级人民法院的观点：

支付竞业限制补偿金与实质性履行竞业限制的承诺分别为用人单位与劳动者的基本合同义务，双方应当同时履行，劳动者是否履行报告义务应不影响其获得补偿金的权利，故敦泰公司以莫某华未履行报告义务作为其未履行支付补偿金义务的理由，依据不足，法院不予采纳。

劳动者离职之后，关于劳动者竞业限制基本义务的履行情况，用人单位获知途径有限，为了更好发挥竞业限制协议的作用，笔者建议用人单位可以在竞业协议中与劳动者约定报告义务的形式和内容，劳动者未履行报告义务，用人单位可以暂缓发放补偿金。

8 竞业限制协议中未约定经济补偿，劳动者必须遵守竞业限制协议吗？

实践中有不同的观点。最高人民法院《关于审理劳动争议案件适用法律问题的解释（一）》第36条规定，当事人在劳动合同或者保密协议中约定了竞业限制，但未约定解除或者终止劳动合同后给予劳动者经济补偿，劳动者履行了竞业限制义务，要求用人单位按照劳动者在劳动合同解除或者终止前12个月平均工资的30%按月支付经济补偿的，人民法院应予支持。前款规定的月平均工资的30%低于劳动合同履行地最低工资标准的，按照劳动合同履行地最低工资标准支付。根据上述规定可知，竞业限制协议中没有约定竞业限制的经济补偿的，如果劳动者已履行了竞业限制协议的情形下，用人单位应支付相应竞业限制的经济补偿，但该法第36条没有明确此情形下，劳动者是否必须遵守履行竞业限制协议，司法实践中主要有以下三种观点：

（1）劳动者可以选择履行，也可以选择不履行。

有观点认为，只约定违约金却未约定经济补偿金的竞业限制协议仅是限制用人单位主张权利，即用人单位不能据此要求劳动者履行竞业义务或者支付违约金。但劳动者有权选择是否履行该竞业限制协议。广东、江苏司法意见支持该观点。

根据广东省高级人民法院、广东省劳动争议仲裁委员会《关于适用〈劳动争议调解仲裁法〉〈劳动合同法〉若干问题的指导意见》（粤高法发〔2008〕13号，已废止，但仍是重要参考）第26条的规定，用人单位与劳动者约定竞业限制的，应当在竞业限制期限内依法给予劳动者经济补偿，用人单位未按约定支付经济补偿的，劳动者可要求用人单位履行竞业限制协议。至工作交接完成时，用人单位尚未承诺给予劳动者经济补偿的，竞业限制条款对劳动者不具有约束力。

另外，2014年广州市中级人民法院《关于审理劳动人事争议案件若干问题的研讨会纪要》第12条对此也有明确规定："竞业限制补偿协议中如未约定经济补偿金和违约金，鉴于竞业限制补偿是劳动者履行竞业限制义务的对价，劳动者可履行抗辩权，自由决定是否仍然履行竞业限制义务。如未约定经济补偿金，却约定了违约金，劳动者未履行竞业限制义务或违反了竞业限制义务，用人单位主张劳动者按约定支付违约金的，不予支持。”

根据该规定可知，在工作交接都完成时，用人单位是否已作出支付经济补偿的承诺，是竞业限制约定是否有约束力的前提条件。

（2）劳动者必须履行。

因为法律规定的不完善，导致了在实践中存在较多的分歧。在现时的实践中，多趋向于认定：竞业限制中未约定经济补偿的，竞业限制协议同样有效，且对双方均有约束力。理由是竞业限制的协议未约定经济补偿，属于合同的漏洞，可以通过合同解释、另行协商或其他法定方式加以补充，并且司法解释也已对此漏洞作了规定，可据此推断劳动者也无选择权，不可拒绝履行。

浙江省高级人民法院民事审判第一庭、浙江省劳动人事争议仲裁院《关于审理劳动争议案件若干问题的解答（三)》第2条则规定，用人单位与劳动者约定了竞业限制，但未约定经济补偿或者约定的经济补偿过低，竞业限制条款或协议的效力如何认定？用人单位与劳动者约定了竞业限制，但未约定经济补偿或约定的经济补偿过低的，不影响竞业限制条款或协议的效力。用人单位可按照劳动者在劳动合同解除或者终止前12个月平均工资的30%按月支付或补足经济补偿。该标准低于劳动合同履行地最低工资标准的，按照劳动合同履行地最低工资标准支付。

也就是说，没有约定补偿，协议条款也有效。北京、上海司法意见支持该观点。

（3）合同无效。

也有观点认为，竞业限制协议本身无效。理由有二：一是竞业限制是对保护商业秘密和限制劳动者择业权之间的权衡与取舍，所以经济补偿金条款是竞业限制协议的必然生效条款。缺少经济补偿金的约定，合同自始无效，不具有补救性。二是此情形属于“用人单位免除自己的法定责任、排除劳动者权利的”，协议也无效。不过该观点现时难被司法裁判所采纳。

9 约定的竞业限制补偿标准是否可以低于劳动合同解除或者终止前12个月平均工资的30%？

关于竞业限制的经济补偿能否低于离职前12个月平均工资30%的问题，最高人民法院《关于审理劳动争议案件适用法律问题的解释（一）》第36条规定，当事人在劳动合同或者保密协议中约定了竞业限制，但未约定解除或者终止劳动合同后给予劳动者经济补偿，劳动者履行了竞业限制义务，要求用人单位按照劳动者在劳动合同解除或者终止前12个月平均工资的30%按月支付经济补偿的，人民法院应予支持。前款规定的月平均工资的30%低于劳动合同履行地最低工资标准的，按照劳动合同履行地最低工资标准支付。

上述司法解释解决了没有约定时的补偿标准，但对于有约定的，约定标准能否低于30%的问题，上述司法解释并没有明确，各地司法实践不一。

浙江省一般认为，不得低于离职前12个月平均工资的30%。浙江省高级人民法院民事审判第一庭、浙江省劳动人事争议仲裁院《关于审理劳动争议案件若干问题的解答（三）》第2条规定：用人单位与劳动者约定了竞业限制，但未约定经济补偿或者约定的经济补偿过低，竞业限制条款或协议的效力如何认定？用人单位与劳动者约定了竞业限制，但未约定经济补偿或约定的经济补偿过低的，不影响竞业限制条款或协议的效力。用人单位可按照劳动者在劳动合同解除或者终止前12个月平均工资的30%按月支付或补足经济补偿。该标准低于劳动合同履行地最低工资标准的，按照劳动合同履行地最低工资标准支付。

江苏则认为月经济补偿额不得低于该劳动者离开用人单位前12个月的月平均工资的1/3。《江苏省劳动合同条例》第28条第1款规定：用人单位对处于竞业限制期限内的离职劳动者应当按月给予经济补偿，月经济补偿额不得低于该劳动者离开用人单位前12个月月平均工资的1/3。

深圳认为补偿标准不得少于该员工离开企业前最后12个月月平均工资的1/2。《深圳经济特区企业技术秘密保护条例》第24条规定，竞业限制协议约定的补偿费，按月计算不得少于该员工离开企业前最后12个月月平均工资的1/2。约定补偿费少于上述标准或者没有约定补偿费的，补偿费按照该员工离开企业前最后12个月月平均工资的1/2计算。

上海则认为按照意思自治原则，即使低于30%，也属有效，广州也没有明确。

五、竞业限制的违约金

1 约定竞业限制没约定违约金，可要求违反的劳动者支付违约金吗？竞业限制协议有效吗？

关于该问题，争议较大，大概观点如下：

一种观点认为，劳动者违反竞业限制协议，无须支付违约金。理由是根据《劳动合同法》第23条的规定，“劳动者违反竞业限制约定的，应当按照约定向用人单位支付违约金”。由此可见，劳动者支付违反竞业限制违约金是以双方明确约定为前提。

另外，《民法典》第585条第1款也规定：“当事人可以约定一方违约时应当根据违约情况向对方支付一定数额的违约金，也可以约定因违约产生的损失赔偿额的计算方法。”由此可见，违约金是约定责任而非法定责任，在双方没有约定的情况下，不能适用违约金条款。

另一种观点则认为，虽然无须支付违约金，但竞业限制协议有效。理由是不管是从《劳动合同法》还是《民法典》的角度来看，都不能明确得出协议无效的结论。根据《劳动合同法》第90条的规定：“劳动者违反本法规定解除劳动合同，或者违反劳动合同中约定的保密义务或者竞业限制，给用人单位造成损失的，应当承担赔偿责任。”也就是说，虽然违约金无须支付，但违反竞业限制协议所造成的损失，仍然要承担损失的赔偿责任，从这个角度来看，并没有否定竞业限制的法律效力。

2 新入职的用人单位是否须对竞业限制违约责任承担连带责任？

笔者认为无须承担连带责任，理由如下：

首先，根据合同的相对性，非签订竞业限制协议的一方无承担他方设定义务的义务，新用人单位不是竞业限制协议的签署方，其显然不必承担该义务。

其次，其非合同的签订主体，也存在不知道竞业限制约定的较大可能性。

最后，司法实践中可能存在新用人单位承担连带责任的可能性，但其担任的应是共同侵权——侵犯原单位商业秘密、知识产权的侵权责任而非违约责任。现实中，新用人单位与劳动者对原用人单位的共同侵权行为，主要体现为用人单位明知劳动者负有竞业限制义务而与劳动者共同配合违反竞业限制业务，并损害用人单位商业秘密或知识产权。实务中更多地应当适用《民法典》“侵权责任编”、《反不正当竞争法》来处理，而不应适用《劳动合同法》第 90 条，因为该条是违约之诉而非侵权之诉。

但《深圳经济特区企业技术秘密保护条例》（2019 年修正）有不同的规定，其甚至明确规定新的用人单位须承担相应的行政处罚及连带赔偿责任。其中第 31 条第 3 项规定新的用人单位须承担行政责任：明知他人负有竞业限制义务不得到本企业任职，仍然招用该人的，市知识产权主管部门应当责令立即停止侵权，并处违法经营额等罚款，没有违法经营额或者违法经营额难以确定的，根据情节对个人处 5 万元以上 10 万元以下罚款，对单位处 10 万元以上 20 万元以下罚款。

该条例第 35 条第 3 款则明确规定了连带责任：具有业务竞争关系的相关企业知道或者应当知道该员工负有竞业限制义务，仍然招用该员工的，应当承担连带责任。

3 劳动者违反竞业限制，用人单位按约定主张过高的违约金时如何调整？

最高人民法院于2016年11月30日发布了《第八次全国法院民事商事审判工作会议（民事部分）纪要》，其中第28条规定："用人单位和劳动者在竞业限制协议中约定的违约金过分高于或者低于实际损失，当事人请求调整违约金数额的，人民法院可以参照《最高人民法院关于适用〈中华人民共和国合同法〉若干问题的解释（二）》第二十九条①的规定予以处理。"

根据该纪要可知，其实最高人民法院对于竞业限制的赔偿，并不认可过高的幅度。

我们对比一下原来的一些法律草案，可以看出最高人民法院的做法是趋于谨慎，对违反竞业限制的处理从轻了。原《劳动合同法》（草案）第16条第3款规定"用人单位与劳动者有竞业限制约定的，应当同时与劳动者约定在劳动合同终止或者解除时向劳动者支付的竞业限制经济补偿，其数额不得少于劳动者在该用人单位的年工资收入。劳动者违反竞业限制约定的，应当向用人单位支付违约金，其数额不得超过用人单位向劳动者支付的竞业限制经济补偿的3倍"。虽然最后删除了该规定，但可见当时的态度是认为应承担较大的违约责任。

在司法实践中，因为很难查明损失的情况，因而即便约定较高的违约金，也很可能会支持，甚至可能会按劳动者解除劳动合同前12个月总收入的3~5倍认定违约金。

① 该司法解释第29条第2款规定，当事人约定的违约金超过造成损失的30%的，一般可以认定为《合同法》第114条第2款规定的"过分高于造成的损失"，现该规定已被最高人民法院《关于适用〈中华人民共和国民法典〉合同编通则若干问题的解释》第65条所整合、替代。

六、对违反竞业限制的举证

1 劳动者违反竞业限制协议，用人单位可通过哪些证据予以证明？

根据取证的难易程度，说明如下：

（1）与新用人单位签订的劳动合同、入职登记表。基本无取得的可能性，除非新用人单位的员工提供协助，且具有人力资源档案管理的权限才有可能。

取证难度：★★★★★

（2）工资发放证明，包括签收的工资条等。取证方式，参考第一种。

取证难度：★★★★★

（3）考勤记录。纸张的打卡是个不错的证据，但往往没有单位名称。电子考勤也是个好证据，但也难以取得，即使取得，真实性也很难被认定。取证方式，参考第一种。

取证难度：★★★★★

（4）微信、QQ 工作群的记录。提供员工在该工作群中有相应发言的证据。

取证难度：★★★★

（5）缴纳个人所得税证据。非用人单位及员工本人一般查不到该证据，可以申请裁判机构调查取证，但很难获得支持。

取证难度：★★★

（6）缴纳“五险一金”的证据。“五险一金”的缴纳情况，并非肯定或否定劳动关系的根本证据，因为缴纳主体和实际用人单位往往不是同一主体。取证方式，参考第 5 种。

取证难度：★★★

（7）银行发放工资的证据。银行账户明细的证明力极强。

取证难度：★★★

（8）劳动者与原来客户、同类客户进行商业活动、进出原来客户场所的影像资料。

取证难度：★★★

（9）劳动者以新单位员工名义签订的合同等业务方面的证据。如调查人员想获得该证据，其前提是对方相信确实有相应的商业合作可能性，进而以竞争单位的名义与调查人员洽谈、签订相应协议。

取证难度：★★★

（10）录音、录像。如果在上述情形下，正式签名的合同难取得，可以用录音或录像的方式，将洽商过程记录下来。

取证难度：★★

（11）劳动者在新单位的名片、电子邮件。取得对方的名片，最好是通过电子邮件的方式与对方商谈业务。如果对方的电子邮件有签名的设置，且有自动回复的功能，那就很便于证据的收集。

取证难度：★★

（12）劳动者进出新单位工作场所的影像资料。取证难易，主要是取决于对方是否进入竞争单位法定工作场所工作，同时也需要了解员工的住址。

有人会担心侵犯隐私，但笔者觉得，在公众场合的公共空间取得相应的录像，不构成对个人隐私的侵犯，更没有违反公序良俗，合法性并无问题。

取证难度：★★

（13）快递签收证明。不收快递的可能性极低，尤其是单位的前台很可能早就代收了。甚至还可以假扮快递员，送上办公室。甚至还有人建议用到付的方式，连快递费都省了。

取证难度：★

（14）打座机电话。把拨打电话的过程录音录像。

取证难度：★

（15）其他证人证言等能佐证劳动者从事与本单位有竞争关系的业务事实的证据。证人证言的真实性不易被认定，但在裁判者也内心确信的情况下，有证人证言也是一个不错的辅助证据。

取证难度：★

（16）工商登记。现实中确有个别员工签订了竞业限制的协议，但还会当竞争公司的显名股东，不过极罕见。

取证难度：★

（17）对于上市公司还可以关注其信息披露以及对外宣传信息等。

取证难度：★

（18）新单位对劳动者在新单位网站、宣传册、广告等载体上的记载。

取证难度：★

专题九 确认劳动关系

确认劳动关系是劳动争议中较为特殊的一种诉求，其本身并不涉及权利与义务之争，但其裁判结果却又与劳资双方的权利义务息息相关。其特殊性体现在其诉求的目的、程序、抗辩理由等都与其他诉求有较大的差异。

一、劳动关系的认定规则

1 劳动关系的认定，适用什么样的规则？劳动关系的认定，发生了哪些变化？

关于劳动关系的确认，原来一直是“两分法”，要么就是劳动关系，要么就不是劳动关系，相应的依据为劳动和社会保障部《关于确立劳动关系有关事项的通知》（劳社部发〔2005〕12 号）第 1 条的规定，用人单位招用劳动者未订立书面劳动合同，但同时具备下列情形的，劳动关系成立：（1）用人单位和劳动者符合法律、法规规定的主体资格；（2）用人单位依法制定的各项劳动规章制度适用于劳动者，劳动者受用人单位的劳动管理，从事用人单位安排的有报酬的劳动；（3）劳动者提供的劳动是用人单位业务的组成部分。

但是，随着新就业形态的发展，劳动关系的认定从两分法变成三分法。

相应依据为人力资源社会保障部、国家发展改革委、交通运输部、应急部、市场监管总局、国家医保局、最高人民法院、全国总工会联合发布的《关于维护新就业形态劳动者劳动保障权益的指导意见》（人社部发〔2021〕56 号）第 1 条第 2 项规定："符合确立劳动关系情形的，企业应当依法与劳动者订立劳动合同。不完全符合确立劳动关系情形但企业对劳动者进行劳动管理（以下简称不完全符合确立劳动关系情形）的，指导企业与劳动者订立书面协议，合理确定企业与劳动者的权利义务。个人依托平台自主开展经营活动、从事自由职业等，按照民事法律调整双方的权利义务。"

二、确认劳动关系的目的

1 确认劳动关系，有哪些特殊的目的?

确认劳动关系的诉求一般不产生直接的权利义务，属于事实而非权益之争，但该事实却是一些劳动者特定权益的起点，因而该诉求具有一些特殊的目的，主要目的如下：

（1）认定工伤。除了一些特定情形下的工伤，如违法分包、挂靠、达到退休年龄的进城务农工以外，一般而言，认定工伤均需要以存在劳动关系的前提，因而劳动者在提供劳动的过程中发生人身损害时，往往会申请仲裁，要求确认存在劳动关系。

（2）补缴五险一金。补缴五险一金不可诉，劳动者要求用人单位补缴时，往往需要确认存在劳动关系才可补缴。

（3）如下几种虽然直接可诉，但也以劳动关系建立的年限查明为前提。

①主张无固定期限劳动合同订立的权利。根据《劳动合同法》第 14 条第 2 款第 1 项的规定，劳动者在该用人单位连续工作满 10 年的，在劳动者提出或者同意续订、订立劳动合同的情形下，除劳动者提出订立固定期限劳动合同外，应当订立无固定期限劳动合同。

②主张劳动关系违法解除或终止。根据《劳动合同法》第 42 条、第 45 条的规定，“在本单位连续工作满十五年，且距法定退休年龄不足五年的”用人单位不得以《劳动合同法》第 40 条的无过失性辞退及第 41 条的经济性裁员规定解除劳动合同，也不得以劳动合同期满为由终止劳动合同。也即不得以如下常见的规则解除、终止劳动合同，否则就属于违法解除或终止：

a. 劳动者患病或者非因工负伤，在规定的医疗期满后不能从事原工作，也不能从事由用人单位另行安排的工作的；

b. 劳动者不能胜任工作，经过培训或者调整工作岗位，仍不能胜任工作的；

c. 劳动合同订立时所依据的客观情况发生重大变化，致使劳动合同无法履行，经用人单位与劳动者协商，未能就变更劳动合同内容达成协议的；

d. 经济性裁员；

e. 劳动合同期满。

③主张与劳动关系存续时长有关的劳动合同解除与终止的权益。在劳动合同的解除与终止时，如须支付经济补偿或赔偿金的，则工作年限与金额直接相关。另外，2 倍工资、年休假待遇、失业保险待遇损失、非因工死亡待遇等，也与劳动关系的存续期有关。

三、程序的特殊性

1 确认劳动关系的请求，在调解及终局裁决中有什么样的限制？

因为确认劳动关系可能会涉及补缴社保等权益，基于可能虚假诉讼的风险以及涉公共利益的原因，在司法实践中，涉及劳动关系确认的诉求，尽量不作调解，也不作终局处理。人力资源社会保障部、最高人民法院《关于劳动人事争议仲裁与诉讼衔接有关问题的意见（一）》（人社部发〔2022〕9 号）第 11 条规定：“裁决事项涉及确认劳动关系的，劳动人事争议仲裁委员会就同一案件应当作出非终局裁决。”有些地方也明确规定，比如，根据广州市劳动人事争议仲裁院发布的《裁终局案件适用规定》（穗劳人仲发〔2018〕27 号）第 6 条第 2 项的规定，有确认劳动关系仲裁请求的仲裁裁决为非终局裁决。

北京市人力资源和社会保障局《关于进一步做好劳动争议案件仲裁终局裁决工作的通知》（京人社仲发 32 号）“二、终局裁决适用原则”中规定，“对劳动关系存疑的案件，不适用终局裁决”。

广州市劳动人事争议仲裁院《关于审理确认劳动关系争议案件工作指引》第 6 条明确“为补缴社会保险费或因办理社保异地转移手续而要求确认劳动关系的，不得通过仲裁审查确认，慎用仲裁调解方式处理”。

重庆市高级人民法院等《关于审理劳动争议案件法律适用问题专题座谈会纪要（六）》第 2 条规定，确认劳动关系纠纷案件是否适用调解程序的问题：根据《最高人民法院关于适用〈中华人民共和国民事诉讼法〉的解释》第 143 条的规定，对以用人单位与劳动者是否建立劳动关系为争议焦点的确认劳动关系纠纷案件，不得适用调解程序。

四、抗 辩 理 由

1 确认劳动关系的诉求，适用时效的规则吗？

确认之诉是否适用仲裁时效一直存在争议，目前并无定论，具体要看各地司法实践的定性，但总体而言，还是适用时效的裁判模式居多。

第一种观点认为，根据民法理论，确认之诉不能够适用诉讼时效。根据最高人民法院《关于审理民事案件适用诉讼时效制度若干问题的规定》第 1 条的规定，当事人可以对债权请求权提出诉讼时效抗辩。由此可见，该条文仅规定，债权请求权可以适用诉讼时效制度，并未规定确认之诉适用诉讼时效制度。作为特殊的民事诉讼，确认劳动关系之诉也不应受仲裁时效期间限制。另外，确认劳动关系是事实的认定且不涉及权利义务，事实的认定与时效无关。

重庆市高级人民法院等《关于审理劳动争议案件法律适用问题专题座谈会纪要（六）》第3条规定，确认劳动关系之诉是否适用时效制度的问题：确认劳动关系之诉是用人单位和劳动者因是否建立劳动关系发生争议而引发的确认之诉，不宜适用时效制度的规定。

第二种观点认为，《劳动争议调解仲裁法》第2条第1项规定："中华人民共和国境内的用人单位与劳动者发生的下列劳动争议，适用本法：（一）因确认劳动关系发生的争议……"第27条第1款规定："劳动争议申请仲裁的时效期间为一年。仲裁时效期间从当事人知道或者应当知道其权利被侵害之日起计算。"因此，作为特殊类型的民事争议，应当适用特殊法优于一般法的原则，因确认劳动关系发生的争议与其他劳动争议一样，应当适用仲裁时效的规定。另外，虽是事实的认定，但会带来后续的实质权利义务问题。

有人对第二种观点提出质疑，认为依据《劳动争议调解仲裁法》第27条第1款的规定，仲裁时效期间也应当从当事人知道或者应当知道其权利被侵害之日起计算。但是在确认劳动关系之诉中不存在所谓的"权利被侵害"，仲裁时效的起算点无从确定，进而也不适用仲裁时效的规定。

笔者认为应适用时效规则，实践中很多案例也对此予以了支持，例如，湖北省高级人民法院再审案例（2019）鄂民申110号案、广东省高级人民法院再审案例（2019）粤民申3245号案中有明确的裁判。并且有些地方直接对此予以明确规定，例如，广州市中级人民法院《关于审理劳动人事争议案件若干问题的研讨会纪要》第3条规定，确认劳动关系的案件，其仲裁时效适用《劳动争议调解仲裁法》第27条的规定。关于适用时效的问题，广州市中级人民法院的理由是：第一，确认劳动关系属于《劳动争议调解仲裁法》第2条列明的劳动争议种类之一，理应适用仲裁时效；第二，确认劳动关系通常是为了缴纳五险一金，若确认太久远的劳动关系，因为证据丢失难以审查，法院面临较大的压力；第三，社会保险机构依照职权也可以审查是否存在劳动关系，不宜将所有的压力推至法院。

另外，裁判者基于各种风险和压力，也会适用时效。

2 对于劳动关系，如何作实质性抗辩？

对于劳动关系的认定，相应的依据为原劳动和社会保障部《关于确立劳动关系有关事项的通知》（劳社部发〔2005〕12号）第1条的规定[①]以及人力资源社会保障部、国家发展改革委、交通运输部、应急部、市场监管总局、国家医保局、最高人民法院、全国总工会联合发布的《关于维护新就业形态劳动者劳动保障权益的指导意见》（人社部发〔2021〕56号）第1条第2项的规定[②]。在司法实践中，认定劳动关系一般看有无签订劳动合同，用人单位未与劳动者签订劳动合同，认定双方存在劳动关系时可参照下列凭证：（1）工资支付凭证或记录（职工工资发放花名册）、缴纳各项社会保险费的记录；（2）用人单位向劳动者发放的“工作证”“服务证”等能够证明身份的证件；（3）劳动者填写的用人单位招工招聘“登记表”“报名表”等招用记录；（4）考勤记录；（5）其他劳动者的证言等。其中，（1）（3）（4）项的有关凭证由用人单位负举证责任。[③]

不过在司法实践中，情形较为复杂，有些时候约定与实际的履行并不一致，则须作实质性的审查，并予以认定。实际履行与约定不一致或双方未约

---

① 该条规定，用人单位招用劳动者未订立书面劳动合同，但同时具备下列情形的，劳动关系成立。（1）用人单位和劳动者符合法律、法规规定的主体资格；（2）用人单位依法制定的各项劳动规章制度适用于劳动者，劳动者受用人单位的劳动管理，从事用人单位安排的有报酬的劳动；（3）劳动者提供的劳动是用人单位业务的组成部分。

② 该条规定，符合确立劳动关系情形的，企业应当依法与劳动者订立劳动合同。不完全符合确立劳动关系情形但企业对劳动者进行劳动管理（以下简称不完全符合确立劳动关系情形）的，指导企业与劳动者订立书面协议，合理确定企业与劳动者的权利义务。个人依托平台自主开展经营活动、从事自由职业等，按照民事法律调整双方的权利义务。

③ 原劳动和社会保障部《关于确立劳动关系有关事项的通知》（劳社部发〔2005〕12号）第2条。

定的，以实际履行情况进行认定，举例如下：

（1）广东省高级人民法院、广东省劳动人事争议仲裁委员会《关于劳动人事争议仲裁与诉讼衔接若干意见》（粤高法发〔2018〕2号）第1条规定："出租汽车（巡游车和网约车）驾驶员与经营者订立劳动合同并按劳动合同履行的，认定为劳动关系；双方订立承包、租赁、联营等合同，并建立营运风险共担、利益共享分配机制的，按双方约定执行。实际履行与约定不一致或双方未约定的，以实际履行情况认定。"第2条规定："网络平台经营者与相关从业人员之间的用工关系性质，原则上按约定处理。如双方属于自负盈亏的承包关系或已订立经营合同、投资合同等，建立了风险共担、利益共享的分配机制的，不应认定双方存在劳动关系。实际履行与约定不一致或双方未约定的，以实际履行情况认定。"

（2）广州市劳动人事争议仲裁院《关于审理确认劳动关系争议案件工作指引》第10条规定："出租汽车（巡游车和网约车）驾驶员与经营者订立劳动合同并按劳动合同履行的，认定为劳动关系；双方订立承包、租赁、联营等合同，并建立营运风险共担、利益共享分配机制的，按双方约定执行。实际履行与约定不一致或双方未约定的，以实际履行情况认定。"第11条规定："快递等相关行业中，用工单位可与快递人员等建立多种形式的用工关系，快递等人员与其用工单位之间的关系，应按双方的约定认定。但如果用工单位依法制定的各项劳动规章制度适用于该劳动者，该劳动者亦受用工单位的劳动管理，从事用工单位安排的有报酬的劳动，且该劳动者提供的劳动是用工单位业务的组成部分，应认定双方存在劳动关系。"第12条规定："依托互联网平台就业的网约配送员、网约车驾驶员、货车司机、互联网营销师等新就业形态劳动者与互联网平台企业或其用工合作企业之间的用工关系性质，原则上按约定处理。如双方属于自负盈亏的承包关系或已订立经营合同、投资合同等，建立了风险共担、利益共享的分配机制的，不应认定双方存在劳动关系。实际履行与约定不一致或双方未约定的，以实际履行情况认定。"

3 用人单位如何以无争议为由作消极抗辩?

庭审中如果劳资双方对于是否有劳动关系以及劳动关系的存续期间均无争议时，有裁判者会以双方无争议为由驳回。关于这个理由，很多人觉得不可思议，但实际上是有法律依据的。根据《劳动争议调解仲裁法》第2条第1项的规定，中华人民共和国境内的用人单位与劳动者发生的因确认劳动关系发生的争议，适用《劳动争议调解仲裁法》。既然是双方均无争议，就不属于裁判受理的范围。以广州的做法为例，广州市劳动人事争议仲裁院发布的《关于审理确认劳动关系争议案件工作指引》[①] 第4条规定“双方对确认劳动关系无争议的案件，应审慎审查双方证据，并结合庭审调查情况认定是否存在劳动关系及劳动关系存续期间；尽量不以双方无争议为由驳回申请人的仲裁请求。”从这里也可以反推，很多裁判者恰恰是以无争议为由驳回了诉求。

事实上，不仅是请求确认劳动关系的案件，类似的还有一些主张拖欠劳动报酬的诉求，如果明显不合理的，即便是劳资双方都认可，裁判也不会支持。之所以这样，是因为裁判会考虑可能会有虚假陈述的可能性，如支持会损害国家利益、公共利益或其他债权人的权益。而这种不支持，是有充分的法律依据的。

人力资源和社会保障部、最高人民法院联合印发的《关于劳动人事争议仲裁与诉讼衔接有关问题的意见（一）》（人社部发〔2022〕9号）第8条明确规定，在仲裁或者诉讼程序中，一方当事人陈述的于己不利的事实，或者对于己不利的事实明确表示承认的，另一方当事人无须举证证明，但下列情形不适用有关自认的规定：（1）涉及可能损害国家利益、社会公共利益的；（2）涉及身份关系的；（3）当事人有恶意串通损害他人合法权益可能的；（4）涉及依职权追加当事人、中止仲裁或者诉讼、终结仲裁或者诉讼、回避等程序性事项的。当事人自认的事实与已经查明的事实不符的，劳动人事争

① 2021年11月16日发布，为内部指引，未见发文字号。

议仲裁委员会、人民法院不予确认。由此可知，对于一方的请求，即便被告/被申请人确认，裁判机构以国家利益或公共利益等原因为由，同样可以不认定该事实，典型的劳动关系的认定，很多裁判机构就认为如双方串通虚构劳动关系，就可能会在认定劳动关系后补缴社保，进而损害社保基金或获得其他不法利益，即便劳资双方都认可，裁判机构一样会不认定劳动关系。

另外，关于这个问题，最高人民法院《关于防范和制裁虚假诉讼的指导意见》（法发〔2016〕13 号）第 2 条第 4 项规定，实践中要特别注意“当事人双方无实质性民事权益争议”这一情形，第 6 条规定，“诉讼中，一方对另一方提出的于己不利的事实明确表示承认，且不符合常理的，要做进一步查明，慎重认定。查明的事实与自认的事实不符的，不予确认”。

五、一些热点或争议问题

1 平台用工是否有劳动关系？

有裁判观点认为，平台与平台的劳动者之间应认定劳动关系，理由是虽然劳动者有打开或不打开 App 的权利，但一旦打开后，就必须接受管理，并且交易的对象、交易的价格均由平台单方确定，另外，平台还可以对劳动者进行约束、评价及惩戒，从这个角度来看，双方并非平等关系，平台也不仅仅是一个促成交易的信息提供者。另外，有一些平台为规避劳动关系，以免承担用人单位的义务，会让劳动者注册相应的个体户，签订相应的民事合作协议且层层分包。对于这种情况，裁判机构也会考虑真实的用工场景，对双方的关系作实质性的审查。比如，广东省高级人民法院、广东省劳动人事争议仲裁委员会《关于劳动人事争议仲裁与诉讼衔接若干意见》（粤高法发〔2018〕2 号）第 2 条规定，网络平台经营者与相关从业人员之间的用工关系性质，原则上按约定处理。如双方属于自负盈亏的承包关系或已订立经营合同、投资合同等，建立了风险共担、利益共享的分配机制的，不应认定双方存在劳动关系。实际履行与约定不一致或双方未约定的，以实际履行情况认定。

其他地方法院也有一些类似的规定。比如，2023 年 3 月发布的山东省高院审监三庭《关于审理劳动争议案件若干问题的解答》第 9 条规定，“新业态下网络平台经营者与相关从业人员之间用工关系的认定问题。答：依照我国劳动立法精神，参照人力资源社会保障部、最高人民法院等八部门于 2021 年 7 月 16 日联合发布的《关于维护新就业形态劳动者劳动保障权益的指导意见》（人社部发〔2021〕56 号）的规定，网络平台经营者与相关从业人员订立书面劳动合同并按照劳动合同履行的，应认定双方间的用工关系为劳动关系；双方订立的名为承包、合作等书面合同，实质包括劳动权利义务内容的，可以认定双方间的用工关系为劳动关系；双方订立的承包、合作等书面合同中，约定从业人员自主经营及风险共担、利益共享的，不宜认定双方之间的用工关系为劳动关系；双方未订立书面合同，其用工关系是否应认定为劳动关系，应依据双方之间的用工事实，参照《关于确立劳动关系有关事项的通知》的有关规定予以判断认定”。

但在一些平台的刻意规避下，劳动者举证更加困难，定性的争议也更大，劳动者主张劳动关系被支持的可能性越来越低。尤其是人力资源社会保障部、最高人民法院等八部门于 2021 年 7 月 16 日联合发布的《关于维护新就业形态劳动者劳动保障权益的指导意见》（人社部发〔2021〕56 号）中规定：“符合确立劳动关系情形的，企业应当依法与劳动者订立劳动合同。不完全符合确立劳动关系情形但企业对劳动者进行劳动管理（以下简称不完全符合确立劳动关系情形）的，指导企业与劳动者订立书面协议，合理确定企业与劳动者的权利义务。个人依托平台自主开展经营活动、从事自由职业等，按照民事法律调整双方的权利义务。”使劳动关系认定规则从“两分法”变为“三分法”，出现了一种“不完全符合确立劳动关系情形”的关系，对于一些虽有一定的人格及经济从属性，但对比传统劳动关系而言，从属性稍弱的，则不再认定劳动关系。

2 村民委员会、居民委员会与其聘用人员之间有无劳动关系？

此情形下，要具体看情况。根据《劳动合同法》第 2 条及《劳动合同法实施条例》第 3 条、第 4 条的规定，“用人单位”包括以下主体：中华人民共和国境内的企业、事业单位、社会团体、民办非企业单位、基金会、律师事务所、会计师事务所等组织和有雇工的个体工商户；以及依法取得营业执照或者登记证书的《劳动合同法》规定的用人单位设立的分支机构。其中，村民委员会和居民委员会的法人资格一直未曾得到明确。《民法典》第 101 条第 1 款规定：“居民委员会、村民委员会具有基层群众性自治组织法人资格，可以从事为履行职能所需要的民事活动。”该规定使“用人单位”的外延进一步扩充和完善，也即居民委员会、村民委员会具备签订劳动合同、履行用人单位主体资格的能力。

但应当注意的是，村民委员会、居民委员会、农村集体经济组织与本村村民无劳动关系，这是因为他们是基于村民、社民身份而参与的群防群治、自我管理的用工行为，属于自治范畴，不应认定劳动关系。只有其对外聘用人员发生的用工关系，符合劳动关系特征的，应认定为劳动关系。

基于一些高度农村城市化发展的客观现实及裁判需求，广东司法实践中早已明确，如广东省高级人民法院《关于审理劳动争议案件疑难问题的解答》（粤高法〔2017〕147 号，已废止，但仍是重要参考）中明确规定：“村民委员会、居民委员会与其对外招聘人员发生的用工关系符合劳动关系特征的，应按劳动关系处理。”广东省高级人民法院、广东省劳动人事争议仲裁委员会《关于劳动人事争议仲裁与诉讼衔接若干意见》（粤高法发〔2018〕2 号）第 3 条对此再次明确：“村民委员会、居民委员会、农村集体经济组织与其对外聘用人员发生的用工关系，符合劳动关系特征的，应认定为劳动关系。”

3 巡游出租车司机与出租车企业之间有无劳动关系?

按以往传统的规则，是必然存在劳动关系的，但按照现行的多数规则，应具体是以双方的约定为准，除非实际履行与约定不一致或双方未约定的，以实际履行情况认定。

（1）按旧规则，应一律认定劳动关系。原劳动部办公厅《关于〈中华人民共和国劳动法〉若干条文的说明》（劳办发〔1994〕289 号）第 39 条第 2 款规定："劳动部、人事部颁发的《国务院关于职工工作时间的规定实施办法》中规定：'由于工作性质和职责的限制，不宜实行定时工作制的职工，由国务院行业系统主管部门提出意见，报国务院劳动、人事行政主管部门批准，可以实行不定时工作制。'如：出租车驾驶员、森林巡视员等。"

国务院办公厅《关于进一步规范出租汽车行业管理有关问题的通知》（国办发〔2004〕81 号）第 4 条第 2 款规定，各地要采取有效措施，依法理顺出租汽车企业与司机的劳动用工关系，切实保障司机的合法权益。出租汽车企业必须依法与司机签订劳动合同，并向司机详细解释合同的主要条款。有关部门要结合实际情况制定示范合同，加强合同管理。有条件的地区可积极推行集体协商、集体合同制度，依法通过集体协商，保障司机劳动报酬、保险福利等权益。出租汽车企业要依法参加社会保险，按照国家规定为司机按时、足额缴纳基本养老、基本医疗、失业等保险费。有关部门要加大检查力度，对不按规定执行的企业责令限期改正，逾期不改的依法取消其经营权，并予以处罚。

（2）一系列新规，对此定性作出了完全不同的规定。

国务院办公厅《关于深化改革推进出租汽车行业健康发展的指导意见》（国办发〔2016〕58 号）中规定，"（五）健全利益分配制度。出租汽车经营者要依法与驾驶员签订劳动合同或经营合同"。另外，2014 年交通运输部颁布的《出租汽车经营服务管理规定》以及 2018 年 2 月 1 日施行的《广东省出租汽车经营管理办法》均不再要求巡游出租车与司机之间必须签订劳动合同，而是双方之间可以选择签订劳动合同或经营合同。

一些地方法院也明确，出租车司机与出租车公司之间，具体关系看约定与实际履行。广东省高级人民法院、广东省劳动人事争议仲裁委员会《关于劳动人事争议仲裁与诉讼衔接若干意见》（粤高法发〔2018〕2 号）明确规定：“一、出租汽车（巡游车和网约车）驾驶员与经营者订立劳动合同并按劳动合同履行的，认定为劳动关系；双方订立承包、租赁、联营等合同，并建立营运风险共担、利益共享分配机制的，按双方约定执行。实际履行与约定不一致或双方未约定的，以实际履行情况认定。”

2021 年广州市劳动人事争议仲裁院《关于审理确认劳动关系争议案件工作指引》第 10 条规定，出租汽车（巡游车和网约车）驾驶员与经营者订立劳动合同并按劳动合同履行的，认定为劳动关系；双方订立承包、租赁、联营等合同，并建立营运风险共担、利益共享分配机制的，按双方约定执行。实际履行与约定不一致或双方未约定的，以实际履行情况认定。

深圳市中级人民法院《关于〈审理劳动争议案件的裁判指引〉的说明》第 30 条规定：“……同时，现实中还应注意区分是否属于劳动关系项下收取押金的情形，如出租车司机交纳的‘安全保证金’有观点认为系基于承包关系而交纳的押金，并非基于双方劳动关系而交纳的押金，不应适用劳动法律规范。”

根据以上规定，似乎要作实质性审查，不过实践中总有偏差，以广州为例，事实上对出租车企业很残酷，不但要求签订劳动合同，且只要签订了劳动合同，就认定劳动关系，因为 2019 年实施的《广州市巡游出租汽车客运管理条例》第 27 条第 1 款明确规定：“巡游出租汽车经营者应当依法与未达到法定退休年龄的驾驶员签订劳动合同，办理相关招用备案手续，参加社会保险，缴纳社会保险费，保障驾驶员合法权益。”根据上述规定，明确了出租车司机与出租车公司之间存在劳动关系，虽然广东省高级人民法院和广州市中级人民法院明确规定要作实质性的审查，但最近的裁判还是认定双方存在劳动关系。

4 律师事务所作为用人单位，为什么曾存在较大争议？

按传统劳动法律的概念，律所并不能成为用人单位——因为律所没有进行民政或工商登记。

根据《劳动法》或者《劳动合同法》的规定，律师事务所不应当属于用人单位。根据《劳动合同法》第2条的规定："中华人民共和国境内的企业、个体经济组织、民办非企业单位等组织（以下称用人单位）与劳动者建立劳动关系，订立、履行、变更、解除或者终止劳动合同，适用本法。国家机关、事业单位、社会团体和与其建立劳动关系的劳动者，订立、履行、变更、解除或者终止劳动合同，依照本法执行。"原劳动和社会保障部《关于确立劳动关系有关事项的通知》《劳动法》对此也有类似的规定。虽然《劳动合同法》较《劳动法》增加了民办非企业单位为用人单位，但仍要求有工商登记或民政登记。

律所因其只在司法部门进行审核、登记，而没有进行民政或工商登记，所以未能归入上述类型中。①

直到《劳动合同法实施条例》第3条规定："依法成立的会计师事务所、律师事务所等合伙组织和基金会，属于劳动合同法规定的用人单位。"律师事务所的用人单位主体资格有了法律上的明确依据。至此，律师与律所之间建立劳动关系才有了明确的法律依据。

在此之前，只能是依据相关规定"推定"律师事务所可以作为用人单位，例如，根据2003年4月27日公布的《工伤保险条例》第2条明确规定，中华人民共和国境内的律所、会计师事务所等组织应当依照该条例规定参加工

① 律师事务所设立的依据可见：（1）《律师事务所管理办法》第18条规定："律师事务所的设立许可，由设区的市级或者直辖市的区（县）司法行政机关受理设立申请并进行初审，报省、自治区、直辖市司法行政机关进行审核，作出是否准予设立的决定。"（2）《司法部关于律师事务所不进行民政登记的批复》（司复〔2000〕4号）中规定："经研究认为，律师事务所是依据《律师法》及《律师事务所登记管理办法》设立的律师执业机构，律师事务所经司法行政机关审核登记后依法成立，不应再进行民政、工商等形式的登记。"

伤保险，为本单位全部职工或者雇工（以下称职工）缴纳工伤保险费。既然可以缴纳工伤保险，那么可以推定存在劳动关系。

5 律师事务所与合伙人之间是否构成劳动关系？

现在一些认为合伙人与律所之间无劳动关系的观点，比较有说服力的理由是合伙人与律所为内部关系，不同于劳动合同的外部关系，从合伙的特征上来看，合伙人是被管理者，但更是管理者，每一名合伙人均应主动执行合伙事务，此本系其天然的职责，至于工作内容，由合伙人之间商定，并不能认为因为参与律所的事务就是劳动者。此外，还有其他原因：

（1）合伙人对合伙承担的责任与劳动者不同，尤其是连带责任就与劳动关系相悖。《律师事务所管理办法》第53条第2款规定："普通合伙律师事务所的合伙人对律师事务所的债务承担无限连带责任。特殊的普通合伙律师事务所一个合伙人或者数个合伙人在执业活动中因故意或者重大过失造成律师事务所债务的，应当承担无限责任或者无限连带责任，其他合伙人以其在律师事务所中的财产份额为限承担责任；合伙人在执业活动中非因故意或者重大过失造成的律师事务所债务，由全体合伙人承担无限连带责任。个人律师事务所的设立人对律师事务所的债务承担无限责任……"

（2）《律师事务所管理办法》第17条规定，合伙协议应当载明包括合伙人会议的职责、议事规则等内容。由此看来，合伙人参与律所工作，是其作为合伙人时与其他合伙人之间的合伙协议而非与律所之间的劳动合同。

（3）从合伙的特征上来看，合伙人是被管理者，但也是管理者，每一名合伙人均应主动执行合伙事务，此本系其天然的职责，至于工作内容，由合伙人之间商定，并不能因为参与合伙企业的事务即是劳动者。因合伙人参与企业管理，具有更多的自主性，无劳动关系之从属性这一核心要件。

（4）成为合伙人或退伙，有特定的法律程序，此与订立或解除、终止劳动合同具有完全不同的程序。

其他非律所的合伙企业，合伙人与合伙企业的关系，也同样适用于如上的定性。

6 分公司可以与劳动者建立劳动关系吗?

《劳动合同法实施条例》第 4 条规定：“劳动合同法规定的用人单位设立的分支机构，依法取得营业执照或者登记证书的，可以作为用人单位与劳动者订立劳动合同；未依法取得营业执照或者登记证书的，受用人单位委托可以与劳动者订立劳动合同。”

根据上述规定可知，并非只有法人才可以与劳动者建立劳动关系，取得营业执照或者登记证书的分支机构就可以成为用人单位。但未取得营业执照或登记证书的分支机构则不可以。也就是说，这类分支机构不能作为用工主体直接用工，只能受用人单位委托以用人单位名义依法订立劳动合同。

7 公司股东与公司可以建立劳动关系吗?

依照我国的法律规定，股东并没有排除在员工的范围之外，在实践中，很多公司存在员工参股的情形。

8 公司董事与公司存在劳动关系吗?

如果是在职工中选任的董事，与公司就存在劳动关系。在公司法的规则和理论下，董事与公司之间的关系虽有多种观点，但通说无疑是“委任”关系，董事由股东会选出，而董事也就其职责作出承诺，双方之间委任关系清晰。

但董事和公司之间的劳动关系与委托关系之间无排斥关系。

《公司法》第 68 条第 1 款规定，有限责任公司董事会成员为 3 人以上，其成员中可以有公司职工代表。职工人数 300 人以上的有限责任公司，除依法设监事会并有公司职工代表的外，其董事会成员中应当有公司职工代表。董事会中的职工代表由公司职工通过职工代表大会、职工大会或者其他形式民主选举产生。

除上述法律之外，最高人民法院（2020）最高法民再 50 号判决中明确表示，公司与董事之间的委任关系并不排斥劳动合同关系的存在，即劳动者和用人单位之间在符合特定条件时还可以同时构成劳动法上的劳动合同关系。

9 内退人员与新的单位是否构成劳动关系？可否建立双重劳动关系？

企业停薪留职人员、未达到法定退休年龄的内退人员、下岗待岗人员以及企业经营性停产放长假人员均可与新单位构成劳动关系。

内退即内部退养，是指职工退出工作岗位休养期间，由企业支付生活费，并为其缴纳社会保险直至正式退休。在此期间，其可以与新单位构成劳动关系，比如，《劳动合同法》第 39 条第 4 项规定，劳动者同时与其他用人单位建立劳动关系，对完成本单位的工作任务造成严重影响，或者经用人单位提出，拒不改正的，用人单位可以解除劳动合同。也就是说，法律上是认可双重劳动关系的。

另外，最高人民法院《关于审理劳动争议案件适用法律问题的解释（一）》第 32 条中也有明确的规定：“用人单位与其招用的已经依法享受养老保险待遇或者领取退休金的人员发生用工争议而提起诉讼的，人民法院应当按劳务关系处理。企业停薪留职人员、未达到法定退休年龄的内退人员、下岗待岗人员以及企业经营性停产放长假人员，因与新的用人单位发生用工争议而提起诉讼的，人民法院应当按劳动关系处理。”

10 工伤一级至四级职工退出工作岗位，还能与其他单位建立劳动关系吗？

《工伤保险条例》第 35 条规定，“职工因工致残被鉴定为一级至四级伤残的，保留劳动关系，退出工作岗位，享受以下待遇……”现实中有劳动者退出岗位后入职新单位从事力所能及的工作，此情形下表面上完全符合劳动合同的要素，但对于此情形下与新单位是否存在劳动关系存在争议。在劳动者主张劳动关系时，新单位往往以劳动者在法律上属于完全丧失劳动能力者，且与原单位保留劳动关系为由进行抗辩，司法实践中也有完全不同的裁判观点。第一种观点认为，现行规则并不禁止双重劳动关系，《工伤保险条例》第 35 条的规定也只是为了保护劳动者在因工伤残的情况下可以通过领取伤残津贴的方式获得生活来源以满足日常生活需要，并未限制劳动者从事与其身体状况相适应的劳动，若劳动者未达到法定退休年龄且有一定劳动能力，当然可以与新单位建立劳动关系。第二种观点认为，劳动者仍与原单位保留劳动关系并按月领取伤残津贴，则不能与新的用人单位建立劳动关系。

笔者认为，《劳动合同法》第 44 条规定劳动合同终止的法定情形，在该条规定的法定的劳动合同终止情形中，并不包括工伤一级至四级的情形，且在《工伤保险条例》第 35 条规定中，也明确了双方“保留劳动关系”，也就是说，即便是一级至四级的工伤，也可存在劳动关系。事实上，法律上只是规定用人单位可以限制劳动者从事兼职，但双重劳动关系于法律事实上是存在的。劳动者依照法律规定享受工伤保险待遇，属于国家依法对劳动者的照顾和保护。法律既未禁止享受工伤保险待遇的劳动者从事其力所能及的工作，也未规定这类人员与新的用人单位之间的关系不受劳动法调整。

另外，在劳动者因工伤退出工作岗位后，其与另一用人单位建立劳动关系的，一般来讲，已不会对原来的劳动关系造成影响，因而该类工伤级别职工与新单位的劳动关系不应否定。不同的司法实践中也有不同的裁判，以下就存在两种不同的裁判观点。

在（2021）黑民再282号案中，黑龙江省高级人民法院认为：

许某2010年5月因工伤四级退出工作岗位，未到退休年龄，其与某车辆有限公司仍保留劳动关系。2012年7月许某到某押运公司从事某银行监控室工作，并工作多年。2018年7月8日，许某在工作中突发疾病死亡，现吴某、许某请求确认许某与某押运公司存在劳动关系。《工伤保险条例》第35条规定，职工因工致残被鉴定为一级至四级伤残的，保留劳动关系，退出工作岗位，享受工伤待遇。这是立法给予这类特殊人群的保护，其主要的立法目的是用人单位不能违背工伤职工的意愿强行安排工作。该条规定并未禁止一级至四级工伤职工从事与其劳动能力相匹配的适当工作，只要满足劳动关系的要素，就应受到法律保护。通过许某在某押运公司工作多年的事实，亦证明许某具备相应的劳动能力，符合劳动法意义上的劳动者主体资格，且法律亦未禁止双重劳动关系存在。

在（2016）京03民终8896号案中，北京市第三中级人民法院认为：

王某自认其于2006年左右在案外单位处工作时发生工伤，被鉴定为四级伤残，现其依照法律规定与案外单位仍然保留劳动关系并按月领取伤残津贴。法院认为，王某在与案外单位保留有劳动关系之情形下，现主张与某公司有劳动关系，缺乏法律依据。王某的上诉理由于法无据，其上诉请求和理由不成立，法院不予支持。

11 法定代表人与公司有劳动关系吗？

如果法定代表人是单位的股东、董事、出资方或相应关联等角色，作为出资方或受出资方指派，对单位的股东或出资方负责，不属于劳动关系。此情形下，其是“资方”的代表，而非“劳方”的代表。但如果其具体为单位提供了劳动，那其劳动者的身份不应否定。

12 法定退休年龄如何认定？女职工从事的岗位性质如何认定？

依据劳动和社会保障部办公厅《关于企业职工“法定退休年龄”涵义的复函》（劳社厅函〔2001〕125号）的规定，国家法定的企业职工退休年龄是：男年满60周岁，女工人年满50周岁，女干部年满55周岁。女职工身份性质的认定，一般以合同的约定为依据。

另外，从事井下、高空、高温、特别繁重体力劳动或其他有害身体健康工作的，退休年龄为男年满55周岁、女年满45周岁；因病或非因工致残，由医院证明并经劳动鉴定委员会确认完全丧失劳动能力的，退休年龄为男年满55周岁、女年满45周岁。

对于女职工的岗位性质，各地有一些不同的认定标准，例如：

（1）广东省的规定是按合同的约定。相应依据为广东省劳动厅、广东省社会保险管理局转发劳动和社会保障部《关于制止和纠正违反国家规定办理企业职工提前退休有关问题的通知》第2条的规定，对女职工现岗位的认定，以用人单位与劳动者签订的劳动合同为依据，即不论原身份是工人还是干部，其现岗位应以劳动合同中确定的岗位为准，凡在现岗位工作1年以上，均应以现岗位认定其身份。其退休年龄，在工人岗位工作的按50周岁，在管理岗位工作的按55周岁。

（2）江苏省是由根据合同约定及岗位目录性质确定。根据江苏省2022年执行的《江苏省企业职工基本养老保险实施办法》的规定，企业应当按照双方签订的劳动合同和本单位的岗位目录，确定女职工所从事岗位的性质。女职工从事岗位的性质发生变动时，应当及时通过签订岗位变动协议或者变更劳动合同等合法有效形式确定，并向社会保险经办机构申报变更岗位性质信息。

（3）广西壮族自治区明确，如果涉及退休问题，需要超过5年的变更。《关于企业女干部到工人岗位以及女工人到干部岗位工作有关退休年龄的请示的复函（广西）》规定，在国家和自治区没有明确规定前，企业实行全员劳动合同制后，女职工需要办理退休手续时，该职工必须在现工作岗位工作满 5 年才能按现工作岗位国家规定的退休年龄和退休条件执行。将来国家和自治区对此有新的规定，按国家和自治区的规定执行。

（4）四川省明确，如果涉及退休问题，需要超过两年的变更。《四川省贯彻执行〈中华人民共和国劳动法〉若干问题的实施意见》第 47 条规定："用人单位职工全部实行劳动合同制后，职工在用人单位由工人转为干部岗位或由干部转为工人岗位，其退休年龄和条件，按现任岗位国家规定分别执行，即由工人转为干部岗位，并在干部岗位满两年以上的，按干部的退休年龄和条件退休；由干部转为工人岗位，并在工人岗位满两年以上的，按工人的退休年龄和条件退休。工人岗位、干部岗位的划分，由用人单位确定，报所在地劳动行政部门和社会保险局备案。"

13 达到法定退休年龄但未享受养老保险待遇是否存在劳动关系？

关于该问题，司法实践中存在争议，并无统一的意见。争议的原因在于《劳动合同法》第 44 条第 2 项规定，劳动者开始依法享受基本养老保险待遇的，劳动合同终止，而《劳动合同法实施条例》第 21 条规定"劳动者达到法定退休年龄的，劳动合同终止"。两者有不一致之处，这是争议的原因。《劳动合同法》规定，要开始享受养老保险待遇劳动合同才终止，但《劳动合同法实施条例》规定，只在达到退休年龄即终止。除去上述两规定以外，不同的部门及地方也有不同的观点，笔者个人的总体感觉是司法实践中更多的裁判观点是不存在劳动关系，但也有一些裁判观点认为存在劳动关系，以下部分规定，供参考：

（1）人社部的态度是已到法定退休年龄，即不再存在劳动关系。

①《人力资源社会保障部对十二届全国人大四次会议第 4419 号建议的答复》（人社建字〔2016〕69 号）认为："按照《劳动合同法实施条例》，劳动者只要达到法定退休年龄，无论其是否享受养老保险待遇，劳动合同自然

终止。”

②根据《人力资源社会保障部对十三届全国人大二次会议第6979号建议的答复》（人社建字〔2019〕37号）的说明，根据《劳动合同法》第44条第6项关于有“法律、行政法规规定的其他情形”劳动合同终止的授权，2008年9月公布施行的《劳动合同法实施条例》第21条明确，劳动者达到法定退休年龄的，劳动合同终止。对超过法定退休年龄的劳动者，愿意继续工作的，用人单位与劳动者的关系可以按劳务关系处理，依据民事法律关系调整双方的权利义务。

（2）最高人民法院的规定是未享受养老待遇就尚未终止劳动合同关系。

最高人民法院民一庭《关于达到或者超过法定退休年龄的劳动者（含农民工）与用人单位之间劳动关系终止的确定标准问题的答复》（〔2015〕民一他字第6号）中明确：“原则同意你院审判委员会的倾向性意见，即：对于达到或者超过法定退休年龄的劳动者（含农民工）与用人单位之间劳动合同关系的终止，应当以劳动者是否享受养老保险待遇或者领取退休金为标准。”

（3）最高人民法院的最新观点是要看不能享受养老保险待遇的原因是否为用人单位原因，如果是由用人单位所致，存在劳动关系。《〈关于审理劳动争议案件适用法律问题的解释（一）〉几个重点问题的理解与适用》[①] 中对此予以说明：“劳动合同法实施条例第二十一条规定，劳动者达到法定退休年龄的，劳动合同终止。我们认为，可以将该条规定视为劳动合同法第四十四条第（六）项规定的‘法律、行政法规规定的其他情形’。但是这并不意味着劳动关系必然自动终止。人民法院应当对该条规定适用情形作实质审查，对于达到法定退休年龄，但是非因用人单位原因不能享受基本养老保险待遇的，例如前述另一种意见中出现的情况，可以终止劳动关系；对于达到法定退休年龄，但是因为用人单位原因不能享受基本养老保险待遇的，不能随意终止

① 《〈关于审理劳动争议案件适用法律问题的解释（一）〉几个重点问题的理解与适用》，载《人民司法》2021年第7期。

劳动关系。”

（4）深圳市的规定是达到法定退休年龄的，不存在劳动关系。《深圳经济特区和谐劳动关系促进条例》第25条规定，劳动者达到法定退休年龄的，劳动合同终止。

（5）广州市中级人民法院的规定是达到法定退休年龄的，不存在劳动关系。广州市中级人民法院《关于审理劳动争议案件的参考意见》，广州市劳动争议仲裁委员会、广州市中级人民法院《关于劳动争议案件研讨会会议纪要》，广州市中级人民法院《关于印发〈醉酒驾驶案件审判参考〉等8个审判参考的通知》（劳动人事争议部分）均明确达到法定退休年龄的，劳动关系终止，但在司法实践中，裁判却也持不同的观点。

例如，在（2017）粤01民终1281号案中，广州市中级人民法院认为：

由于法律并没有把“劳动者虽未开始依法享受基本养老保险待遇但达到法定退休年龄”单独规定为自然终止劳动合同的法定情形，故劳动者在未依法享受基本养老保险待遇的情况下，劳动合同双方同意劳动者继续在用人单位工作的，并不违反劳动关系成立要件的要求，从平衡保护劳资双方的合法权益出发，应视为双方继续保持劳动合同关系。

对于广州市中级人民法院的该类裁判观点，2018年，广东省高级人民法院、广东省劳动人事争议仲裁委员会《关于劳动人事争议仲裁与诉讼衔接若干意见》（粤高法发〔2018〕2号）第16条中特别强调“劳动者达到法定退休年龄或者已经享受基本养老保险待遇的，劳动关系终止”。

（6）广东省高级人民法院的规定是达到法定退休年龄，不存在劳动关系。广东省高级人民法院近些年均持达到法定退休年龄，劳动关系终止的态度，如广东省高级人民法院、广东省劳动人事争议仲裁委员会《关于审理劳动人事争议案件若干问题的座谈会纪要》（粤高法〔2012〕284号，已失效，但仍具参考意义）第11条规定，用人单位招用已达到法定退休年龄但尚未享受基本养老保险待遇或领取退休金的劳动者，双方形成的用工关系按劳务关系处理。广东省高级人民法院、广东省劳动人事争议仲裁委员会《关于劳动人事争议仲裁与诉讼衔接若干意见》（粤高法发〔2018〕2号）第16条中再次明确：劳动者达到法定退休年龄或者已经享受基本养老保险待遇的，劳动关系终止。劳动者所受伤害如被社会保险行政部门认定为工伤，劳动者要求用工单位参照《广东省工伤保险条例》规定的工伤保险待遇支付有关费用的，应予支持，但不包括一次性就业补助金。

（7）北京市高级人民法院的规定是无劳动关系。北京市高级人民法院、北京市劳动争议仲裁委员会《关于劳动争议案件法律适用问题研讨会会议纪要（二）》（京高法发〔2014〕220 号）第 12 条规定，依法享受养老保险待遇的人员、领取退休金的人员、达到法定退休年龄的人员，其与原用人单位或者新用人单位之间的用工关系按劳务关系处理。

（8）天津市高级人民法院与最高人民法院的观点一致，要看不能享受养老保险待遇的原因是否为用人单位原因，如果是由用人单位所致，则存在劳动关系。

《天津法院劳动争议案件审理指南》（津高法〔2017〕246 号）第 10 条第 2 款规定，因用人单位原因致使已经达到法定退休年龄的劳动者尚未享受基本养老保险待遇或者尚未领取退休金，劳动者与原用人单位之间形成实际用工关系的，按照劳动关系处理。

（9）山东省高级人民法院与最高人民法院的观点一致，要看不能享受养老保险待遇的原因是否为用人单位原因，如果是由用人单位所致，存在劳动关系。根据 2023 年 3 月发布的山东省高院审监三庭《关于审理劳动争议案件若干问题的解答》第 10 条的规定，关于达到法定退休年龄人员的劳动关系何时终止的问题，依据最高人民法院《关于审理劳动争议案件适用法律问题的解释（一）》第 32 条的规定，劳动者达到国家规定的法定退休年龄，非用人单位原因不能享受基本养老保险待遇的，应当终止劳动关系，劳动者再次就业的，应认定为劳务关系；劳动者达到国家规定的法定退休年龄，因用人单位原因不能享受基本养老保险待遇的，不应认定劳动关系终止。

14 未满16周岁，可建立劳动关系吗？

根据《劳动法》第15条第1款的规定，禁止用人单位招用未满16周岁的未成年人。但根据该第15条第2款的规定，文艺、体育和特种工艺单位招用未满16周岁的未成年人，必须依照国家有关规定，履行审批手续，并保障其接受义务教育的权利。也即未满16周岁的，也可以构成劳动关系。

需要注意的是，现时已无须履行审批手续。《禁止使用童工规定》第13条第1款规定，由监护人同意即可："文艺、体育单位经未成年人的父母或者其他监护人同意，可以招用不满16周岁的专业文艺工作者、运动员。用人单位应当保障被招用的不满16周岁的未成年人的身心健康，保障其接受义务教育的权利。文艺、体育单位招用不满16周岁的专业文艺工作者、运动员的办法，由国务院劳动保障行政部门会同国务院文化、体育行政部门制定。"

15 本人身份证与档案记载的出生时间不一致时，退休年龄如何确认？

通常情况下，有效身份证上记载的个人信息，是用人单位确认劳动者真实身份、年龄等重要信息的凭证，若劳动者明知其身份证记载的信息与真实情况不一致的，负有向用人单位说明的义务，劳动者未据实说明的，用人单位可以按照身份证上记载的信息认定劳动者的退休年龄，当然也可以据此作出终止劳动关系的决定。劳动和社会保障部《关于制止和纠正违反国家规定办理企业职工提前退休有关问题的通知》（劳社部发〔1999〕8号）规定，对职工出生时间的认定，实行居民身份证与职工档案相结合的办法。当本人身份证与档案记载的出生时间不一致时，以本人档案最先记载的出生时间为准。根据上述规定可知，若用人单位知道劳动者身份证记载的年龄与其本人档案不一致，应当以档案最先记载的出生时间为准。一般情况下，用人单位招聘员工时，不负有到劳动者户籍所在地查询其本人档案的义务，也就不可能知道劳动者身份证信息与个人档案存在不一致，若劳动者未在用人单位作出终止劳动关系前对上述信息进行说明，用人单位终止劳动关系的决定应当是合法有效的。劳动者如果在终止劳动关系的决定作出前，向用人单位说明了真实情况，则不能终止劳动关系，否则可能构成违法终止。如果劳动者在终止劳动关系后继续为单位工作，此后，若其能够证明个人档案记载的年龄与身份证不一致，且档案记载的实际年龄未达到法定退休年龄，有权要求用人单位恢复劳动关系，单位应当予以恢复。劳动者如果在用人单位以其达到法定年龄为由终止劳动关系后，不要求恢复劳动关系，而是主张用人单位违法终止劳动关系，在诉讼中要求支付赔偿金的，因为该行为明显违背诚信原则，在用人单位不存在过错的情况下，不应承担违法解除或终止劳动关系的法律责任，现实中，法院对劳动者的此类诉求也不予支持。

16 虽然存在提供劳动的事实，但不认定劳动关系的常见情形有哪些?

以广州市中级人民法院的裁判观点为例，如下的常见用工情形，可能无法认定存在劳动关系：（1）已享受一级至四级工伤伤残津贴或病残津贴人员[①]；（2）违法转包，但社会保险行政部门已认定工伤的除外；（3）个人承包、挂靠他人经营或借用他人营业执照经营的，承包人、挂靠人或借用人自行招用的劳动者，与有营业执照者无劳动关系；（4）实习关系[②]；（5）未取

① 实践中对此争议较大，各地裁判标准不统一。

② 一般来讲，不认定为劳动关系，因为实习主要是为了学习，属于教学的一部分，但如果实习的性质与工作无异，主要是为了实现用人单位的生产经营目标，那么就有可能视为劳动关系。

得毕业证书的在校学生利用业余时间勤工助学，原则上不视为就业[①]；（6）村民委员会、居民委员会、农村集体经济组织与本村村民；（7）外国人未依法取得在中国境内就业许可；（8）外国企业常驻代表机构、港澳台企业常驻代表机构聘请工作人员，应当委托当地外事服务单位或者中国政府指定的其他单位办理。如不符合上述规定直接招用工作人员而发生争议的，劳动者要求确认与外国企业常驻代表机构、港澳台企业常驻代表机构存在劳动关系的，不予支持[②]；（9）用人单位在筹备设立期间。

---

① 《高等学校勤工助学管理办法》第4条规定，本办法所称勤工助学活动是指学生在学校的组织下利用课余时间，通过劳动取得合法报酬，用于改善学习和生活条件的社会实践活动。第5条中规定，勤工助学是学校学生资助工作的重要组成部分，是提高学生综合素质和资助家庭经济困难学生的有效途径。

② 各地有明确规定，如北京市人民政府《关于外国企业常驻代表机构聘用中国雇员的管理规定》、广东省高级人民法院《关于适用〈劳动争议调解仲裁法〉、〈劳动合同法〉若干问题的指导意见》第19条、《深圳市中级人民法院关于审理劳动争议案件的裁判指引》第53条。

专题十 工伤认定争议

判断是否属于工伤，主要依据为《工伤保险条例》第 14 条（应当认定工伤情形）、第 15 条（视同工伤情形）、第 16 条（不得认定或视同工伤情形）①的规定，本专题根据上述规则，主要就工伤认定的一些常见的疑难问题作说明。基于职业病的认定更多是医学上的技术定性，而本专题主要是法律规则上的问题，所以未作过多论述。

---

① 《工伤保险条例》第 14 条规定："职工有下列情形之一的，应当认定为工伤：（一）在工作时间和工作场所内，因工作原因受到事故伤害的；（二）工作时间前后在工作场所内，从事与工作有关的预备性或者收尾性工作受到事故伤害的；（三）在工作时间和工作场所内，因履行工作职责受到暴力等意外伤害的；（四）患职业病的；（五）因工外出期间，由于工作原因受到伤害或者发生事故下落不明的；（六）在上下班途中，受到非本人主要责任的交通事故或者城市轨道交通、客运轮渡、火车事故伤害的；（七）法律、行政法规规定应当认定为工伤的其他情形。"

《工伤保险条例》第 15 条规定："职工有下列情形之一的，视同工伤：（一）在工作时间和工作岗位，突发疾病死亡或者在 48 小时之内经抢救无效死亡的；（二）在抢险救灾等维护国家利益、公共利益活动中受到伤害的；（三）职工原在军队服役，因战、因公负伤致残，已取得革命伤残军人证，到用人单位后旧伤复发的。职工有前款第（一）项、第（二）项情形的，按照本条例的有关规定享受工伤保险待遇；职工有前款第（三）项情形的，按照本条例的有关规定享受除一次性伤残补助金以外的工伤保险待遇。"

《工伤保险条例》第 16 条规定："职工符合本条例第十四条、第十五条的规定，但是有下列情形之一的，不得认定为工伤或者视同工伤：（一）故意犯罪的；（二）醉酒或者吸毒的；（三）自残或者自杀的。"

一、上下班途中与工伤

1 节假日回老家过节发生交通事故，是否构成工伤?

《工伤保险条例》第14条第6项规定，职工在上下班途中，受到非本人主要责任的交通事故或者城市轨道交通、客运轮渡、火车事故伤害的，应当认定为工伤。最高人民法院《关于审理工伤保险行政案件若干问题的规定》（法释〔2014〕9号）第6条规定，对社会保险行政部门认定下列情形为“上下班途中”的，人民法院应予支持：（1）在合理时间内往返于工作地与住所地、经常居住地、单位宿舍的合理路线的上下班途中；（2）在合理时间内往返于工作地与配偶、父母、子女居住地的合理路线的上下班途中；（3）从事属于日常工作生活所需要的活动，且在合理时间和合理路线的上下班途中；（4）在合理时间内其他合理路线的上下班途中。结合上述两规则可知，上下班途中发生交通事故的这一规定扩展了工伤认定的范围，将发生工伤的情形从工作时间和工作地点延伸到了上下班途中，目的是最大限度地保障工伤职工的权益。但一般而言，是要在上下班的合理时间和合理路线上发生的非主要责任的交通事故才能认定工伤。但这一合理时间和路线在司法实践中又多有扩充，如下面的案例。但需要注意的是，如果提前很久回来，如返回公司所在城市后过一两天才是上班时间，要认定工伤很难。当然，无论如何，有些人从老家往返，在途距离动辄数百公里，风险远超日常上下班的距离，企业显然较难接受。

在王某国诉重庆市万州区人力资源和社会保障局工伤认定及重庆市人力资源和社会保障局行政复议案中，裁判认为：

第三人关于清明节的放假通知中载明了2018年4月8日职工应正常打卡上下班，第三人亦要求职工返回时间原则上为假期最后一日，结合原告家庭住址距离万州工作地约280公里及原告惯常节假日最后一日返回万州上班等因素，表明原告2018年4月7日返回万州的目的是为次日上班，其出行意图明确。囿于出行路途较远、驾车亦须花费3~4小时这一情况，为避免迟到和为次日正常开展工作做好充分准备，原告于前一日18时左右返回工作地符合常理常情，也符合公司要求。如认为职工必须在工作日出行才属于“上下班途中”，而不考虑职工出行的意图和合理因素，则可能不利于保护如原告这类职工在《工伤保险条例》之下的合法权利。《工伤保险条例》本属于社会法范畴，其立法宗旨是为分担用工主体的用工风险和保障职工合法权利，在运用该条例考量具体案情时，普遍倾向作有利于职工权利的理解……应属于工伤。①

2 迟到早退发生非主责的交通事故，可认定工伤吗？

根据法律规则，不应认定工伤，但现时司法实践中常有扩张的解读和适用。

《工伤保险条例》第14条第6项规定，职工在上下班途中，受到非本人主要责任的交通事故或者城市轨道交通、客运轮渡、火车事故伤害的，应当认定为工伤。那么，在迟到早退时发生非主责的交通事故而受伤的，认定工伤似乎没有问题，但根据最高人民法院《关于审理工伤保险行政案件若干问题的规定》第6条规定，“对社会保险行政部门认定下列情形为‘上下班途中’的，人民法院应予支持：（1）在合理时间内往返于工作地与住所地、经常居住地、单位宿舍的合理路线的上下班途中……”因为迟到早退不属于“合理时间”，所以不能认定为工伤。

笔者认为，从公平合理的角度来看，在劳动者未依法上班而对企业利益造成损害的情形下，仍将此视同为工伤，并不符合立法的目标。

① 参见《最高人民法院公报》2022年第5期（总第309期）。

3 劳资双方约定员工的上下班路线，并明确员工如偏离则发生交通事故不属于工伤有效吗？

这种约定无效。司法实践中，对“上下班途中”的认定一般偏向有利于保障工伤事故受害者的立场出发。“上下班途中”，原则上是指职工为了上下班而往返于住处和工作单位之间的合理路径之中。根据日常生活的实际情况，职工上下班的路径并非固定的、一成不变、唯一的，而是存在多种选择，用人单位无权对此加以限制。只要在职工为上下班而往返于住处和工作单位之间的合理路径之中，都属于“上下班途中”。至于该路径是否劳动者先前确认的上下班路线，不影响对“上下班途中”的认定。职工在上下班的合理路线途中发生机动车事故，仍有可能被行政机关认定为工伤。《最高人民法院公报》2008 年第 9 期上刊载的“北京国玉大酒店有限公司诉北京市朝阳区劳动和社会保障局工伤认定行政纠纷案”的裁判意见就持该观点。

4 下班去父母家和去男朋友或女朋友家吃饭发生交通事故有什么不同？

去父母家构成工伤，去男朋友或女朋友家不构成。

最高人民法院《关于审理工伤保险行政案件若干问题的规定》（法释〔2014〕9 号）第 6 条规定，对社会保险行政部门认定下列情形为“上下班途中”的，人民法院应予支持：（1）在合理时间内往返于工作地与住所地、经常居住地、单位宿舍的合理路线的上下班途中；（2）在合理时间内往返于工作地与配偶、父母、子女居住地的合理路线的上下班途中……根据上述规定可知，只有往返于法定关系的亲人居住地才符合上下班途中的定义，而男女朋友之间的关系，显然非法定亲属。

不过这里须注意，如果和女朋友或男朋友是同居关系，则此也应合理认定属于下班途中。但也有裁判认为，如果非长期、稳定地居住于男女朋友处，也不宜认定往返该处属于上下班途中。

5 出差期间约朋友吃饭，回酒店路上发生交通事故，能认定工伤吗?

不可以。《工伤保险条例》第14条规定“职工有下列情形之一的，应当认定为工伤：……（五）因工外出期间，由于工作原因受到伤害或者发生事故下落不明的……”这里强调的是，不但要“因工外出”，且还需要因“工作原因”受到伤害。最高人民法院《关于审理工伤保险行政案件若干问题的规定》第5条对此也作了明确的规定，社会保险行政部门认定下列情形为“因工外出期间”的，人民法院应予支持：（1）职工受用人单位指派或者因工作需要在工作场所以外从事与工作职责有关的活动期间；（2）职工受用人单位指派外出学习或者开会期间；（3）职工因工作需要的其他外出活动期间。职工因工外出期间从事与工作或者受用人单位指派外出学习、开会无关的个人活动受到伤害，社会保险行政部门不认定为工伤的，人民法院应予支持。

二、与工作无关的工伤

1 参加单位组织的体育活动受伤，可认定为工伤吗?

应认定工伤。例如，用人单位组织本单位足球队与其他单位工余时友谊赛，其间如发生人身损害，属于典型的工伤，但很多人对此并不了解。

国务院法制办公室《对〈关于职工参加单位组织的体育活动受到伤害能否认定为工伤的请示〉的复函》（国法秘函〔2005〕311号）规定，“作为单位的工作安排，职工参加体育训练活动而受到伤害的，应当依照《工伤保险条例》第十四条第（一）项中关于‘因工作原因受到事故伤害的’的规定，认定为工伤”。《最高人民法院关于审理工伤保险行政案件若干问题的规定》（法释〔2014〕9号）第5条规定：“社会保险行政部门认定下列情形为‘因工外出期间’的，人民法院应予支持：（一）职工受用人单位指派或者因工作需要在工作场所以外从事与工作职责有关的活动期间……”根据该规定，参加单位组织的体育活动或其他集体活动，无疑构成工伤。

人力资源社会保障部《关于执行〈工伤保险条例〉若干问题的意见（二）》（人社部发〔2016〕29号）第4条规定：“职工在参加用人单位组织或者受用人单位指派参加其他单位组织的活动中受到事故伤害的，应当视为工作原因，但参加与工作无关的活动除外。”这让人疑惑，到底什么样的活动与工作无关？我们的理解是，主要看以下几点：一是否代表单位，二是否有一定的义务性，三是否超越了活动本身的内容，如参与足球比赛之余玩飞碟受伤，就不能认定工伤。

2 自愿参加单位的旅游活动，属于工伤吗，怎样避免争议？

这种情形争议较大。《工伤保险条例》第14条规定了7种应当认定工伤的情形，其中关于外出是否构成工伤的，该条第5项明确职工“因工外出期间，由于工作原因受到伤害或者发生事故下落不明的”应当认定为工伤。至于何种情形属于“因工外出期间”，最高人民法院《关于审理工伤保险行政案件若干问题的规定》第5条第1款进行了明确：社会保险行政部门认定下列情形为“因工外出期间”的，人民法院应予支持：（1）职工受用人单位指派或者因工作需要在工作场所以外从事与工作职责有关的活动期间；（2）职工受用人单位指派外出学习或者开会期间；（3）职工因工作需要的其他外出活动期间。其第2款又限制性规定“职工因工外出期间从事与工作或者受用人单位指派外出学习、开会无关的个人活动受到伤害，社会保险行政部门不认定为工伤的，人民法院应予支持”。根据上述规定可知，除非是单位强制性的要求，否则福利性质的情况下且没有工作的实质内容，不应认定为工伤。

另外，人力资源社会保障部《关于执行〈工伤保险条例〉若干问题的意见（二）》（人社部发〔2016〕29 号）第 4 条也有明确规定，“职工在参加用人单位组织或者受用人单位指派参加其他单位组织的活动中受到事故伤害的，应当视为工作原因，但参加与工作无关的活动除外”。

不过，也有观点认为，应认定为工伤，理由是最高人民法院《关于审理工伤保险行政案件若干问题的规定》第 4 条第 2 项规定，“社会保险行政部门认定下列情形为工伤的，人民法院应予支持：（二）职工参加用人单位组织或者受用人单位指派参加其他单位组织的活动受到伤害的”。根据该规定，外出旅游也是单位组织的活动，不应例外。尤其是用人单位组织的旅游，其目的也是增加单位的凝聚力，提高工作的积极性，与工作有关。

对此，笔者的建议是，用人单位在组织旅游时，如是属于福利性质的，应予以明确，并说明自愿参加，且与工作无关，以免发生不必要的争议。

三、特殊身份与工伤

1 达到法定退休年龄农民在工作中受伤，能否认定工伤？

在司法实践中，多数裁判认为达到退休年龄的情况下，不宜认定存在劳动关系，但从工伤认定的规则上来看，只要没有享受养老保险待遇，认定工伤没有障碍。

（1）最高人民法院行政审判庭《关于超过法定退休年龄的进城务工农民因工伤亡的，应否适用〈工伤保险条例〉请示的答复》（〔2010〕行他字第 10 号）明确规定：“用人单位聘用的超过法定退休年龄的务工农民，在工作时间内，因工作原因伤亡的，应当适用《工伤保险条例》的有关规定进行工伤认定。”

（2）最高人民法院《关于超过法定退休年龄的进城务工农民在工作时间

内因公伤亡的，能否认定工伤的答复》（〔2012〕行他字第13号）中，再次明确："同意你院倾向性意见。相同问题我庭2010年3月17日在给山东省高级人民法院的《关于超过法定退休年龄的进城务工农民因公伤亡的，应否适用〈工伤保险条例〉请求的答复》（〔2010〕行他字第10号）中已经明确。即，用人单位聘用的超过法定退休年龄的务工农民，在工作时间内、因工作原因伤亡的，应当适用《工伤保险条例》的有关规定进行工伤认定。"

（3）广东省高级人民法院的观点非常明确，其认为应直接认定工伤，且没有规定需要是进城的农民工或继续在原单位任职。广东省高级人民法院《关于审理劳动争议案件疑难问题的解答》（粤高法〔2017〕147号，已废止，但仍是重要参考）第13条规定，达到法定退休年龄人员受聘到用工单位工作期间因工作原因受到事故伤害的处理原则达到法定退休年龄的人员受聘到用工单位工作期间，因工作原因受到事故伤害或患职业病，经劳动行政部门认定为工伤的，可参照《工伤保险条例》处理；未被认定为工伤的，人民法院应告知其按照人身损害赔偿相关规定进行处理，如其坚持主张工伤保险待遇的，判决驳回其诉讼请求。广东省高级人民法院、广东省劳动人事争议仲裁委员会《关于劳动人事争议仲裁与诉讼衔接若干意见》（粤高法发〔2018〕2号）第16条规定，劳动者达到法定退休年龄或者已经享受基本养老保险待遇的，劳动关系终止。劳动者所受伤害如被社会保险行政部门认定为工伤，劳动者要求用工单位参照《广东省工伤保险条例》规定的工伤保险待遇支付有关费用的，应予支持，但不包括一次性就业补助金。

笔者认为，以上规则具有合理性，理由如下：工伤保障的本意是保护因工受伤的劳动者的合法权益。鉴于我国目前工伤保障范围在逐步扩大，职工退休年龄有延长的呼声，务工有老龄化的趋势，为了更好地保障依然务工的超过法定退休年龄的人员的合法权益，认定工伤具有合理性；与民事赔偿方式相比，工伤保障更有利于维护受伤职工的合法权益。如果要求申请人走民事赔偿途径，采用的是过错责任，保障范围相对较窄，且申请人举证相当困难，这不利于充分保障申请人的合法权益。而工伤认定采用的是无过错责任，在保障范围、举证责任等方面更有利于保护申请人的合法权益。从保护因工遭受伤害的劳动者，维护社会和谐稳定、促进劳动保护的角度出发，也应当将其纳入保障范围；受伤职工除年龄超过法定退休年龄外，其与用人单位之间的关系与其他职工并无任何差异，仅仅以超过法定退休年龄就不予工伤认定缺乏法律依据。从平等保护角度看，也应当认定符合认定条件；《劳动法》只禁止使用童工，但对于到达法定退休年龄仍在工作的人，没限制。另外，需要提示的是，即使用人单位在没有办法缴纳工伤保险的情况下，已为职工购买了商业性人身意外伤害保险，也不因此免除其为职工购买工伤保险的法定义务。职工获得用人单位为其购买的人身意外伤害保险赔付后，仍然有权向用人单位主张工伤保险待遇。但雇主责任险可以填补相应的损失。

最高人民法院《关于审理劳动争议案件适用法律问题的解释（二）（征求意见稿）》第 6 条规定，达到法定退休年龄但是尚未享受基本养老保险待遇的劳动者为用人单位提供劳动，劳动者请求参照适用劳动法律法规处理劳动报酬、工作时间、休息休假、劳动保护、职业危害防护以及工伤保险待遇等争议的，人民法院应予支持。根据该规定，按工伤处理是没有问题的，但需要注意的是，这里是“参照”适用劳动法律法规处理工伤保险待遇，而不是“适用”与“依照”劳动法律规则。那么什么叫参照呢？参照适用是指某种法律关系本不是某法包含的法律关系，但与该法规定的法律关系具有一定的共同性，在没有对应法律规定的情况下，可以按照该法的内容确定权利义务，参照适用是在没有对应法律规定的情况下，根据《劳动法》的内容确定权利义务的一种处理方式。因而严格上来讲，似乎不算纯粹的工伤。

四、劳动者过错与工伤

1 员工因公司接待应酬醉酒造成伤亡的，能否认定工伤？

一般而言，员工因醉酒而造成伤亡的情形，较难认定为工伤。《社会保险法》第 37 条规定：“职工因下列情形之一导致本人在工作中伤亡的，不认定为工伤：（一）故意犯罪；（二）醉酒或者吸毒；（三）自残或者自杀；（四）法律、行政法规规定的其他情形。”《工伤保险条例》第16条规定：“职工符合本条例第十四条、第十五条的规定，但是有下列情形之一的，不得认定为工伤或者视同工伤：（一）故意犯罪的；（二）醉酒或者吸毒的；（三）自残或者自杀的。”

实务中，因应酬喝酒的情形难以认定是在履行工作职责，喝酒行为本身也难以界定为工作的必要组成部分，因此接待喝酒所造成的伤亡很难定性为工伤或视同工伤的情形。

2 无证驾驶就一定不构成工伤吗？

这个观点是错误的，无证驾驶机动车发生交通事故伤亡的，一样可能构成工伤。

对于这个问题，最高人民法院开始是认为不属于工伤的，在最高人民法院行政审判庭《关于职工在上下班途中因无证驾驶机动车导致伤亡的，应否认定为工伤问题的答复》（〔2010〕行他字第182号）中明确规定，“原则同意你院第二种意见。即职工在上下班途中因无证驾驶机动车、驾驶无牌机动车或者饮酒后驾驶机动车发生事故导致伤亡的，不应认定为工伤”。

但在后来的最高人民法院行政审判庭《关于职工无照驾驶无证车辆在上班途中受到机动车伤害死亡能否认定工伤请示的答复》（〔2011〕行他字第50号）中则明确，“第一种意见认为：赵双存生前无驾驶证驾驶无牌照摩托车在上班途中发生交通事故死亡，当地公安交警部门对该交通事故作出责任认定，赵双存违反《道路交通安全法》第八条、第十九条、第三十五条的规定，与驾驶另一机动车的王中生在此次交通事故中负同等责任。但对赵双存因无照驾驶无照车辆发生道路交通事故死亡，公安机关并未认定该行为属违反治安管理的行为。本案中赵双存因机动车事故死亡符合《工伤保险条例》第十四条有关在上下班途中，受到机动车事故伤害的规定，且没有证据证明赵双存存在《工伤保险条例》第十六条第（一）项规定不得认定为工伤或者视同工伤的情形，故赵双存上班途中因交通事故死亡依法应定性为工伤事故”。

笔者认为，根据《工伤保险条例》的规定，只要在交通事故中不负主要及以上责任的，就属于工伤，而无证驾驶并不必然导致交通事故的发生，因此，即使无证驾驶，也不一定须承担主要及以上的法律责任，也即可以认定为工伤。

3 约定“违反操作规程造成的工伤责任自负”，是否具有法律效力?

该约定违反法律强制性规定而无效。

根据《工伤保险条例》第 14 条、第 15 条的规定可知，工伤的认定属于法律明文规定的情形，不以用人单位或劳动者是否存在过错为前提。享受工伤保险待遇是工伤职工的法定权利，不能以“工伤责任自负”条款将劳动者的权利排除在外。尽管“工伤责任自负”条款的约定可能获得劳动者同意，但因该条款违反《劳动法》《劳动合同法》《工伤保险条例》的强制性规定，属于无效条款，用人单位不能以此类条款排除劳动者依法享受工伤保险待遇的权利。

4 管理粗暴，被下属报复，是否可认定工伤?

《工伤保险条例》第 14 条第 3 项规定，在工作时间和工作场所内，因履行工作职责受到暴力等意外伤害的，应当认定为工伤。由此可知，只要是在工作时间和工作场所内，因履行工作职责所受到的伤害即可认定为工伤，并未排除伤者存在过错的情形，也就是说，在工作中受到他人故意伤害的，即便伤者自身存在过错也不影响工伤的认定。但各地法院对此存在不同的观点。

有观点认为工作中所受伤害系他人故意犯罪导致，伤者应当向故意犯罪的人主张损害赔偿，不能将他人犯罪导致的经济损失转嫁给工伤保险基金或用人单位承担。笔者认为，《工伤保险条例》第16条规定了不予认定工伤的三种情形，故意犯罪是其中之一，但须注意本条所说的故意犯罪指的是伤者本身存在故意犯罪的，对其因犯罪行为导致自身伤害的不能认定为工伤，据此反推可知，劳动者在履行工作职责过程中，因他人故意犯罪受到伤害的仍属于工伤的范畴。

在（2016）粤行再3号案中，广东省高级人民法院就持这种观点。案件的起因是赵某为汕头市某公司员工，2012年6月25日下午，赵某在打包货物过程中受到同事杨某责备，随后两人产生口角，杨某上前推搡赵某引发斗殴，杨某用剪刀捅刺赵某背部、腹部等处（赵某所受伤害经法医鉴定为重伤），赵某用胶纸机划伤了杨某面部。

澄海区人社局于2013年5月9日作出工伤认定决定书，认定赵某是在工作时间和工作场所内，因履行工作职责受到暴力等意外伤害，予以认定为工伤。

一审法院认为澄海区人社局作出的《工伤认定决定书》认定事实清楚、适用法律正确，遂依据当时的《行政诉讼法》对该决定书予以维持。

汕头市中级人民法院撤销了一审判决和澄海区人社局的《工伤认定决定书》。

广东省人民检察院对本案提出抗诉。广东省高级人民法院再审认为：

根据《工伤保险条例》第14条第3项的规定，职工“在工作时间和工作场所内，因履行工作职责受到暴力等意外伤害的”，应当认定为工伤。原劳动和社会保障部曾于2000年1月13日作出《关于职工在工作中遭受他人蓄意伤害是否认定工伤的复函》（劳社厅函〔2000〕4号），答复广东省劳动厅的请示。其中指出：“关于职工在工作中遭受他人蓄意伤害是否认定工伤的问题，应该根据具体情况确定。按照《企业职工工伤保险试行办法》（劳部发〔1996〕266号）规定，因履行工作职责遭致伤害的，应当认定工伤。”赵某可否被认定为工伤，关键在于其受伤是否因履行工作职责所致。本案中赵某受到伤害的最初的起因，是其在工作场所、工作时间内，正在履行工作职责时，因“货物打包”这一工作问题受到同事杨某的责备，继而争吵、打架。虽然赵某存在过错，但其过错不属于不得认定为工伤的情形，不影响其工伤认定。二审判决以赵某所受伤害与工作没有直接的因果关系，直接原因是杨某的故意犯罪所致为由，不予认定本案中赵某受伤是因履行工作职责所引起，对工伤认定中因果关系的把握过于严格，不利于合理合法地保障职工因工作遭受事故伤害获得医疗救治和经济补偿的权利。本案审理中，也没有证据表明赵某与杨某二人存在其他的私人恩怨，认为是因个人恩怨造成暴力伤害，亦缺乏依据。杨某构成犯罪的行为结果，不影响对赵某是否属于工伤的判断。据上，澄海区人社局作出的汕（澄）人社工认字〔2013〕20号《认定工伤决定书》，认为赵某是在工作时间和工作场所内，因履行工作职责受到的暴力伤害，认定赵某为工伤并无不当，人民法院应予以维持。二审认为因为杨某的犯罪行为造成伤害不应由企业承担工伤赔偿责任没有依据，法院依法予以纠正。

5 劳动者因高温作业中暑，可以认定工伤吗？

此情形须分情况讨论。如果劳动者长期在高温环境下作业，经诊断机构确认为职业病的，可以认定工伤。但劳动者没有高温接触史，属偶然发生的轻度中暑，在司法实务中较难认定为工伤。《防暑降温措施管理办法》（安监总安健〔2012〕89号）第19条规定：“劳动者因高温作业或者高温天气作业引起中暑，经诊断为职业病的，享受工伤保险待遇。”但并非所有的中暑情形都能认定为工伤，例如，没有高温接触史的劳动者发生轻度中暑的情形，司法实务中较难认定为工伤。

6 职工因公外出期间死亡，但死因不明应认定工伤吗？

应认定工伤，除非用人单位或社保部门能提供相反的证据。

最高人民法院《关于职工因公外出期间死因不明应否认定工伤的答复》（〔2010〕行他字第236号）规定，“原则同意你院的第一种意见。即职工因公外出期间死因不明，用人单位或者社会保障部门提供的证据不能排除非工作原因导致死亡的，应当依据《工伤保险条例》第十四条第（五）项和第十九条第二款的规定，认定为工伤”。

五、突发疾病与工伤

1 员工在工作过程中突发疾病，是否属于工伤？

一般来讲不属于。首先，根据《工伤保险条例》第14条的规定，认定工伤需要满足“因工作原因”这一因素。其次，如果要适用第15条第1款视同工伤的情形，仅仅突发疾病也不满足“突发疾病死亡或者在48小时之内经抢救无效死亡”条件，故不属于工伤。

但如果劳动者在工作时间、工作岗位上突发疾病受伤，该事实与工作原因存在关联性，则有可能认定为工伤。比如，劳动者在工作中突发疾病，若发病情形与工作行为之间明显存在因果关系的，即工作原因是引发疾病的诱因，则有可能会认定工伤。但要判断突发疾病与履行工作职责是否相关是非常专业的医学问题，甚至是通过专业鉴定机构都很难得出确切的结论。在此情况下，就可遵循法律规定的举证责任以及倾斜保护劳动者的精神裁判，即由负有举证证明责任的一方主体——用人单位承担不利后果。最高人民法院《关于适用〈中华人民共和国民事诉讼法〉的解释》第90条规定：“当事人对自己提出的诉讼请求所依据的事实或者反驳对方诉讼请求所依据的事实，应当提供证据加以证明，但法律另有规定的除外。在作出判决前，当事人未能提供证据或者证据不足以证明其事实主张的，由负有举证证明责任的当事人承担不利的后果。”《工伤保险条例》第19条第2款规定：“职工或者其近亲属认为是工伤，用人单位不认为是工伤的，由用人单位承担举证责任。”以下案例就持这种观点：

在（2020）湘行再33号案中，湖南省高级人民法院认为：

保障因工作遭受事故伤害或者患职业病的职工获得医疗救治和经济补偿，促进工伤预防和职业康复，分散用人单位的工伤风险，是法律、法规赋予劳动和社会保障部门的职责。本案争议的焦点是湘潭市人社局作出潭工伤认字[2018] 2208号不予认定工伤决定书是否合法。2017年6月18日，某公司与周某签订了《劳动合同书》，合同期限自2017年6月18日至2018年6月18日，安排原告在云通物流公司担任搬运工，周某与用人单位某公司存在劳动关系。2017年9月14日13时左右，周某与工友吴某在云通物流公司的工作地点一起搬运货物。至14时30分左右，周某突然晕倒被送往医院救治。周某在工作时间以及工作场所内正在工作时突然晕倒，后送往医院救治。周某的疾病是在工作时间和工作地点突发的，且明显是因为工作原因，该情况符合《工伤保险条例》第14条第1项的规定。而湘潭市惠景司法鉴定所出具《司法鉴定意见书》的鉴定意见是周某在搬运货物时突发左侧基底节区出血诊断成立，并遗留右侧肢体乏力等，与其在劳动强度大时及劳动时间发病有一定的因果关系，是疾病发生一定的诱发因素。因此，根据该鉴定也可知周某是因工作的原因受到事故伤害。

2 在家加班时因病猝死，可以认定为工伤吗？

《工伤保险条例》第15条第1款第1项规定：“职工有下列情形之一的，视同工伤：（一）在工作时间和工作岗位，突发疾病死亡或者在48小时之内经抢救无效死亡的;”该项规定中,“视同工伤”包括两种情形:一是在工作时间、工作岗位上,突发疾病死亡;二是在工作时间、工作岗位上,突发疾病,48 小时内经抢救无效死亡。无论是哪种情况,视为工伤的关键都在于,必须是在“工作时间和工作岗位”上突发疾病死亡。通常理解,“工作时间和工作岗位”应当是指单位规定的上班时间和上班地点,但在司法实践中,出于对职工的保护,即便是在家加班,也可认定为工伤。

在海南省海口市人力资源和社会保障局、俞某杰劳动和社会保障行政管理(劳动、社会保障)再审审查与审判监督行政裁定书[(2017)最高法行申 6467 号案]中,最高人民法院就对“工作时间和工作岗位”进行了扩大解释,认为职工为了单位的利益,在家加班工作期间,也应当属于“工作时间和工作岗位”。最高人民法院认为:

《工伤保险条例》第 15 条第 1 款第 1 项规定,职工在工作时间和工作岗位,突发疾病死亡或者在 48 小时之内经抢救无效死亡的,视同工伤。该项规定视同工伤包括两种情形:一是在工作时间、工作岗位上,突发疾病死亡;二是在工作时间、工作岗位上,突发疾病,48 小时内经抢救无效死亡。未经抢救死亡,可能存在两种情形:一是突发疾病,来不及抢救即已经死亡;二是发病时,没有其他人员在场,丧失抢救机会死亡。无论是经抢救无效死亡,还是未经抢救死亡,视为工伤的关键都在于,必须是在“工作时间和工作岗位”上突发疾病死亡。通常理解,“工作时间和工作岗位”应当是指单位规定的上班时间和上班地点。同时,我们认为,职工为了单位的利益在家加班工作期间,也应当属于“工作时间和工作岗位”。主要理由是:第一,根据《工伤保险条例》第 1 条的规定,制定和实施该条例的目的在于对“因工作遭受事故伤害或者患职业病的职工获得医疗救治和经济补偿”。因此,理解“工作时间和工作岗位”,首先应当要看职工是否为了单位的利益从事本职工作。在单位规定的工作时间和地点突发疾病死亡视为工伤,为了单位的利益,将工作带回家,占用个人时间继续工作,其间突发疾病死亡,其权利更应当受到保护,只有这样理解,才符合倾斜保护职工权利的工伤认定立法目的。

第二,《工伤保险条例》第 14 条第 1 项、第 2 项、第 3 项认定工伤时的法定条件是“工作时间和工作场所”，而第15条视为工伤时使用的是“工作时间和工作岗位”，相对于“工作场所”而言，“工作岗位”强调更多的不是工作的处所和位置，而是岗位职责、工作任务。职工在家加班工作，就是为了完成岗位职责，当然应当属于第15条规定的“工作时间和工作岗位”。

第三，视为工伤是法律规范对工伤认定的扩大保护，的确不宜将其范围再进一步作扩大理解。但应当注意的是，第15条将“工作场所”替换为“工作岗位”，本身就是法律规范对工作地点范围的进一步拓展，将“工作岗位”理解为包括在家加班工作，是对法律条文正常理解，不是扩大解释。本案中，冯某某被发现时已经没有呼吸和心跳，属于深夜在家发病，无人发现、未经抢救死亡的情形，不属于经抢救无效48小时内死亡的情形。虽然冯某某在家中死亡，但从本案查明的事实可以看出，冯某某在被发现死亡的前一天晚10时许，组织学生晚修测验回家，连夜评完两个班学生的数学试卷并进行试卷分析。显然是为学校的利益，在回家后利用个人休息时间，加班从事教学岗位职责工作，属于“在家加班工作”的情形。是否能够认定冯某某属于工伤，关键是看其发病、死亡是否发生在“在家加班工作期间”。冯某某的《居民死亡医学证明书》对其发病至死亡的时间认定为“不详”，这就造成冯某某的发病时间究竟是在加班工作期间，还是在已上床睡觉期间难以判断。223－1号工伤决定根据冯某某的同事第二天一早发现趴卧床上的陈述，认定“冯某某发病时已上床休息”。正如一、二审所述，这一认定显然是缺乏充分证据支持的。趴卧床上，有可能是在发病后，身体不适倒卧床上，并非一定是上床睡觉后发病死亡。法院认为，在职工发病和死亡是否发生在工作时间、工作岗位上缺乏相关证据证明难以确定的情况下，根据工伤认定倾向性保护职工合法权益的原则，应当作出有利于职工的肯定性事实推定，而非否定性的事实认定。因此，一、二审判决以事实不清、主要证据不足为由，撤销223－1号工伤决定，判决理由和结果均无不当。海口市人社局申请再审的理由，均是建立在不认可在家加班工作期间应当认定为“工作时间、工作岗位”这一前提之下，其主张与工伤认定的立法精神不符，缺乏事实根据，法院不予支持。

3 虽然脑死亡，但人工介入48小时后仍有呼吸，是否应认定为工伤？

根据《工伤保险条例》第15条第1款第1项的规定，劳动者在工作时间和工作岗位突发疾病死亡或在48小时内经抢救无效死亡，属于视同工伤。但对于在48小时内已经出现脑死亡或无自主呼吸，家属或单位要求以呼吸机维持生命体征超过48小时的，是否可以认定视同工伤的问题，我国现行法律法规对于脑死亡的情形并未作出明确规定，因而实践中存在争议。

主要有两种观点：一种观点认为，我国现行法律法规对于脑死亡的情形并未作出明确规定，但基于工伤保险的社会保障属性以及倾斜保护劳动者的立法宗旨，在患病劳动者出现脑死亡或无自主呼吸的事实发生在医院初次诊断后48小时内，即使医院最终出具的死亡证明记载的死亡时间距初次诊断时间已超过48小时的，可对《工伤保险条例》第15条第1款第1项适当作出扩大解释，认定属于视同工伤。另一种观点则认为，根据《民法典》第15条的规定，自然人的出生时间和死亡时间，以出生证明、死亡证明记载的时间为准；没有出生证明、死亡证明的，以户籍登记或者其他有效身份登记记载的时间为准。有其他证据足以推翻以上记载时间的，以该证据证明的时间为准，据此主张应对48小时从严把握，即依照医疗机构出具的死亡证明载明的死亡时间为准，不能以脑死亡时间作为判断依据。

以上两种观点，在司法实践中均有不同的案例支持。笔者认为，认定工伤更加合理，而在支持认定工伤的裁判中，陕西省高级人民法院（2015）陕行提字第00006号判决书就进行了详尽的论述，较有说服力。陕西省高级人民法院认为：

陈某突发脑出血确系是在工作时间和工作岗位突发疾病的情形，应当适用《工伤保险条例》第15条第1款第1项之规定，陈某于2012年10月19日8时失去自主呼吸，依靠呼吸机实现替代性机械通气，10月20日医院作出的补充诊断为：多脏器功能衰竭、弥漫性血管内凝血。从19日8时到21日被医院宣布死亡期间，陈某仍有心跳，是呼吸机产生机械性被动呼吸动作的结果。

现代医学赋予了呼吸机辅助呼吸、替代呼吸、维持心跳的功能，中枢性呼吸衰竭后，可以用呼吸机对心脏进行有氧维持，从理论上说，呼吸机机械通气时间延长多久，心跳就有可能维持多久。当有呼吸机介入并且是替代性呼吸时，还一味坚持心脏停跳的死亡标准，干扰了正常的医疗秩序，也造成了司法混乱。《工伤保险条例》立法目的是保护职工的合法权益，该条例的修改变化过程是对职工权益保护不断完善的过程，《工伤保险条例》第 15 条第 1 款第 1 项规定，亦是扩大、加强对职工权益的保护范围和力度。为使该条文得到有效实施，抢救时间的限制在于强调死亡原因与在工作时间、工作岗位突发疾病的相关性和因果关系。因突发疾病后，疾病危重程度的不同，医院抢救条件、抢救方案的不同、家属抢救意愿的不同，都将导致抢救时间的差异化。认定是否视同工伤，仅仅从抢救时间上进行衡量，是对法律的僵化适用，导致立法本意的扭曲，使原本出于良好目的的立法得不到正确适用。针对本案陈某抢救时间的认定，对《工伤保险条例》第 15 条第 1 款第 1 项的适用应从立法目的上作适当扩张解释。陈某使用呼吸机实现替代性机械性呼吸的时间应不予计算在抢救时间内，从一审认定的初次诊断时间起算，陈某被抢救时间在 48 小时以内，根据《工伤保险条例》第 15 条第 1 款第 1 项的规定，陈某应被认定为工伤。

4 工作时突发疾病请假回家后再去医院抢救无效 48 小时内死亡的能否认定工伤?

关于这个问题，争议较大，但司法实践中多倾向于不认定工伤，其理由主要是工伤保险属于社会保障范畴，在体现人文关怀的同时须考虑社会承受能力和社会公平。从《工伤保险条例》的立法目的而言，首要的保障群体是因工作遭受事故伤害或者患职业病的职工。视同工伤中的“疾病”本质上并不属于“真正的工伤”，但是为进一步保护劳动者权益、分担风险而把特定情况下的疾病划入了视同工伤的范畴。因此，现实中对于视同工伤的处理问题，应当从严把握。所以所谓的“突发疾病”，应是指在工作时间工作岗位上突发，且情形比较严重，必须立即送院抢救的情形。如果劳动者先回家休息了，就不属于这种紧急情形，既然不紧急，仍将其视为工伤，就与立法的初衷相悖了。

关于工作时突发疾病请假回家后再去医院抢救无效48小时内死亡能否认定工伤的问题，可以参考人力资源社会保障部法规司《关于如何理解〈工伤保险条例〉第15条第1项的复函》，从立法本意看，《工伤保险条例》第15条第1款“在工作时间和工作岗位，突发疾病死亡或者在48小时之内经抢救无效死亡的”，视同工伤的规定，考虑了此类突发疾病或在48小时之内经抢救无效死亡可能与工作劳累、工作紧张等因素有关，实质上是将工伤保险的范围由工作原因造成的事故伤害扩大到了其他情形，最大限度地保障了这部分人的权益。

但是，在工伤认定上还应兼顾与用人单位、社会保险基金之间的利益平衡，不能无限制、无原则地扩大。从各地实践看，对视同工亡涉及的工伤认定，调查取证要求高，性质判定争议大，各地对条例的理解适用分歧也比较大。若不从严掌握，还将造成更多的执行偏差。

因此，建议对《工伤保险条例》第15条第1款第1项视同工亡的理解和适用，应当严格按照工作时间、工作岗位、突发疾病、径直送医院抢救等四要件并重，具有同时性、连贯性来掌握，具体情形主要包括：（1）职工在工作时间和工作岗位突发疾病当场死亡；（2）职工在工作时间和工作岗位突发疾病，且情况紧急，直接送医院或医疗机构当场抢救并在48小时内死亡等。至于其他情形，如虽在工作时间、工作岗位发病或者自感不适，但未送医院抢救而是回家休息，48小时内死亡的，不应视同工伤。

根据上述的论述和人力资源社会保障部法规司的复函中似乎可出得出一个明确的结论——题述情形不应认定工伤，不过在司法实践中，常有突破。在南昌市东湖区武宁小馆餐厅、闵某英劳动和社会保障行政管理（劳动、社会保障）再审审查与审判监督案①中，最高人民法院就认为“该宿舍作为员工工作休息场所，可以视为熊某华工作岗位的合理延伸”进而认定了工伤。最高人民法院在裁定书中认为：

本案争议的核心问题是被申请人南昌市政府作出的涉案220号复议决定是否合法。上述220号复议决定撤销了江西省南昌市人力资源和社会保障局作出的认定熊某华符合《工伤保险条例》第15条第1款第1项之规定、视同因工死亡的工伤认定书。《工伤保险条例》第15条规定，“职工有下列情形之一的，视同工伤：（一）在工作时间和工作岗位，突发疾病死亡或者在48小时之内抢救无效死亡的……”根据此项规定，无论是经抢救无效死亡，还是未经抢救死亡，视为工伤的关键都在于，必须是在“工作时间和工作岗位”上突发疾病死亡。通常理解，“工作时间和工作岗位”应当是指单位规定的上班时间和上班地点。根据原审法院查明的事实，熊某华在上班时间请假回单位宿舍休息，在宿舍死亡，该宿舍作为员工工作休息场所，可以视为熊某华工作岗位的合理延伸。南昌急救中心出具证明证实事发当日，救护车到现场急救，病人已现场死亡，公安机关亦证明系其他非正常死亡，故原审法院认为熊某华的死亡符合《工伤保险条例》中关于视同工伤的规定，上述认定并无不当。据此，一审法院判决撤销了南昌市政府作出的涉案220号复议决定，二审法院判决驳回上诉、维持原判，有力地维护了劳动者的合法权益，于法有据，并无不妥。

5 48小时内抢救无效死亡，如何正常理解？入院前再长时间也不计入起算时间？

根据规则，应从初次诊断时起算，之前时间包括在途时间等均不应计入。

根据《工伤保险条例》第15条第1款第1项的规定，职工在工作时间和

① 参见最高人民法院（2018）最高法行申10600号民事裁定书。

工作岗位，突发疾病死亡或者在48小时之内经抢救无效死亡的，视同工伤。其中，前者“突发疾病死亡”大家容易理解，但“48小时之内经抢救无效死亡”中的48小时，却不容易理解，对此劳动和社会保障部《关于实施〈工伤保险条例〉若干问题的意见》（劳社部函〔2004〕256号）第3条规定：“条例第十五条规定‘职工在工作时间和工作岗位，突发疾病死亡或者在48小时之内经抢救无效死亡的，视同工伤’。这里‘突发疾病’包括各类疾病。‘48小时’的起算时间，以医疗机构的初次诊断时间作为突发疾病的起算时间。”

但这个解释仍没有解决另一个问题——那就是如果已发生了疾病，但医疗机构没有作出疾病的诊断证明之前，是否就不作为时间的起算点？司法实践中确实持这种观点：无论前期如何，在没有医疗机构作出疾病诊断证明的情况下，比如无法及时送诊，导致发病到医生接诊间隔时长即便需多个小时，那么这些时间也不能计入48小时中。

专题十一 工伤（职业病）等级认定及赔付

一般而言，工伤等级的认定及赔付标准较为明确，争议较少，但一些特殊的情形下，反而是对工伤责任的主体存在争议，另外，对于工伤与人身损害同时存在时，相应责任如何分担也存在一些须厘清的法律问题。

一、工伤等级认定

1 如何鉴定工伤等级?

（1）鉴定提出人。根据《工伤保险条例》第 23 条的规定，“劳动能力鉴定由用人单位、工伤职工或者其近亲属向设区的市级劳动能力鉴定委员会提出申请，并提供工伤认定决定和职工工伤医疗的有关资料”。

（2）鉴定机构和鉴定流程。《工伤保险条例》第 25 条规定，“设区的市级劳动能力鉴定委员会收到劳动能力鉴定申请后，应当从其建立的医疗卫生专家库中随机抽取 3 名或者 5 名相关专家组成专家组，由专家组提出鉴定意见。设区的市级劳动能力鉴定委员会根据专家组的鉴定意见作出工伤职工劳动能力鉴定结论；必要时，可以委托具备资格的医疗机构协助进行有关的诊断。设区的市级劳动能力鉴定委员会应当自收到劳动能力鉴定申请之日起 60

日内作出劳动能力鉴定结论，必要时，作出劳动能力鉴定结论的期限可以延长30日。劳动能力鉴定结论应当及时送达申请鉴定的单位和个人”。

（3）对鉴定结果不服的处理模式。《工伤保险条例》第26条规定，“申请鉴定的单位或者个人对设区的市级劳动能力鉴定委员会作出的鉴定结论不服的，可以在收到该鉴定结论之日起15日内向省、自治区、直辖市劳动能力鉴定委员会提出再次鉴定申请。省、自治区、直辖市劳动能力鉴定委员会作出的劳动能力鉴定结论为最终结论”。

2 对于工伤等级的认定不服，可以申请仲裁或起诉吗？

不可以。因为等级鉴定是技术鉴定而非行政认定，只能向省级的劳动能力鉴定机构申请鉴定，且该鉴定结论为最终结论。

《工伤保险条例》第26条规定：“申请鉴定的单位或者个人对设区的市级劳动能力鉴定委员会作出的鉴定结论不服的，可以在收到该鉴定结论之日起15日内向省、自治区、直辖市劳动能力鉴定委员会提出再次鉴定申请。省、自治区、直辖市劳动能力鉴定委员会作出的劳动能力鉴定结论为最终结论。”

3 员工患职业病，可以在劳动者户籍所在地进行劳动能力鉴定吗？

根据人力资源社会保障部《关于执行〈工伤保险条例〉若干问题的意见（二）》（人社部发〔2016〕29号）第7条第3款的规定，职工受到事故伤害或者患职业病后，在参保地进行工伤认定、劳动能力鉴定，并按照参保地的规定依法享受工伤保险待遇；未参加工伤保险的职工，应当在生产经营地进行工伤认定、劳动能力鉴定，并按照生产经营地的规定依法由用人单位支付工伤保险待遇。

但在司法实践中却有很大的争议，因为《职业病防治法》第 44 条规定，劳动者可以在用人单位所在地、本人户籍所在地或者经常居住地依法承担职业病诊断的医疗卫生机构进行职业病诊断。也就是说，职业病是可以在户籍所在地进行职业病诊断的，因此可能发生两地鉴定机构结论迥异的问题，争议难以解决。

二、工伤赔付标准

1 工伤待遇一览表（仅以《工伤保险条例》为例，各地另有差异①）

表 11－1　工伤待遇一览表

<table>
<tr><th>类型</th><th>项目</th><th>标准/条件</th><th>法律依据</th><th>基数</th><th>支付渠道</th></tr>
<tr><td rowspan="6">医疗康复待遇</td><td>住院费</td><td>工伤保险住院服务标准</td><td rowspan="5">《工伤保险条例》第 30 条</td><td rowspan="3">按当地标准报销</td><td rowspan="3">工伤保险基金</td></tr>
<tr><td>医疗费</td><td>工伤保险诊疗项目目录</td></tr>
<tr><td>药费</td><td>工伤保险药品目录</td></tr>
<tr><td>伙食补助费</td><td>住院治疗、康复</td><td>当地因公出差伙食补助标准的 70%</td><td rowspan="2">工伤保险基金</td></tr>
<tr><td>交通、食宿费</td><td>统筹地区以外住院治疗、康复</td><td>统筹地区人民政府规定的标准</td></tr>
<tr><td>辅助器具费</td><td>劳动能力鉴定委员会（以下简称“劳鉴会”）确认</td><td>《工伤保险条例》第 32 条</td><td>按国家标准报销</td><td>工伤保险基金</td></tr>
</table>

① （1）地方一些规定与《工伤保险条例》的规定并不完全一致，例如，《广东省工伤保险条例》规定的生活护理费，标准是伤残 1～4 级且生活护理障碍等级，对应的标准是 60%、50%、40%、30%；（2）有些地方有一些增加的项目，如在广州，用人单位需承担善后处理费、交通费、食宿费、歇工工资等，这是《工伤保险条例》中没有的项目。

续表

<table>
<tr><th>类型</th><th>项目</th><th colspan="2">标准/条件</th><th>法律依据</th><th>基数</th><th>支付渠道</th></tr>
<tr><td rowspan="2"></td><td>停工留薪期间护理费</td><td colspan="2">生活不能自理</td><td>《工伤保险条例》第33条</td><td>当地护工从事同等级别护理的劳务报酬标准</td><td>用人单位</td></tr>
<tr><td>康复费</td><td colspan="2">到签订服务协议的医疗机构进行工伤康复</td><td>《工伤保险条例》第30条</td><td>实际发生</td><td>工伤保险基金</td></tr>
<tr><td>停工留薪期工资待遇</td><td>工资福利</td><td colspan="2">由劳动能力鉴定委员会确认，一般不超12个月，最长不超过24个月</td><td>《工伤保险条例》第33条</td><td>原工资福利</td><td>用人单位</td></tr>
<tr><td rowspan="14">伤残待遇</td><td rowspan="10">一次性伤残补助金</td><td>一级</td><td>27个月</td><td rowspan="10">《工伤保险条例》第35条、第36条、第37条、第64条</td><td rowspan="10">本人工资：事故伤害或者患职业病前12个月平均月缴费工资。本人工资高于统筹地区职工平均工资300%的，按照统筹地区职工平均工资的300%计算；本人工资低于统筹地区职工平均工资60%的，按照统筹地区职工平均工资的60%计算</td><td rowspan="10">工伤保险基金</td></tr>
<tr><td>二级</td><td>25个月</td></tr>
<tr><td>三级</td><td>23个月</td></tr>
<tr><td>四级</td><td>21个月</td></tr>
<tr><td>五级</td><td>18个月</td></tr>
<tr><td>六级</td><td>16个月</td></tr>
<tr><td>七级</td><td>13个月</td></tr>
<tr><td>八级</td><td>11个月</td></tr>
<tr><td>九级</td><td>9个月</td></tr>
<tr><td>十级</td><td>7个月</td></tr>
<tr><td rowspan="4">伤残津贴</td><td>一级</td><td>90%</td><td rowspan="4">《工伤保险条例》第35条</td><td rowspan="4">本人工资（伤残津贴低于当地最低工资标准的补足差额）。保留劳动关系的，发放至退休，退休后享受养老保险；终止劳动关系的，按月发放至死亡；终止劳动关系要求获得一次性赔偿的，一次性给予10年伤残津贴</td><td rowspan="4">工伤保险基金按月支付</td></tr>
<tr><td>二级</td><td>85%</td></tr>
<tr><td>三级</td><td>80%</td></tr>
<tr><td>四级</td><td>75%</td></tr>
</table>

续表

类型	项目	标准/条件		法律依据	基数	支付渠道
	生活护理费	五级	70%	《工伤保险条例》第36条	本人工资（用人单位难以安排工作的） 如果终止劳动关系，则不能要求该项目	用人单位按月支付
		六级	60%			
		完全不能自理	50%	《工伤保险条例》第34条	统筹地上年度职工月平均工资，按月支付	工伤保险基金
		大部分不能自理	40%			
		部分不能自理	30%			
死亡待遇（含停工留薪期内死亡。1~4级停工留薪期满后死亡的，可享受丧葬补租金和抚恤金）	丧葬补助金	6个月		《工伤保险条例》第39条	统筹地上年度职工月平均工资	工伤保险基金
	供养亲属抚恤金	配偶每月40%			本人工资（核定的各供养亲属的抚恤金和不应高于因工死亡职工生前的工资）	
		其他人每月30%				
		孤老或孤儿再加10%				
	一次性工亡补助金	20倍			上一年度全国城镇居民人均可支配收入	
解除、终止劳动关系的一次性补助	一次性伤残就业补助金	五级	具体标准由省、自治区、直辖市人民政府规定	《工伤保险条例》第36条		用人单位
		六级				
		七级				
		八级				
		九级				
		十级				
	一次性工伤医疗补助金	五级	具体标准由省、自治区、直辖市人民政府规定	《工伤保险条例》第37条		工伤保险基金一次性支付
		六级				
		七级				
		八级				
		九级				
		十级				

2 工伤职工的一次性伤残就业补助金与解除或终止劳动合同的经济补偿可否抵扣?

两者虽然都是基于劳动关系的解除或终止而产生，但前者是基于工伤事故的发生，而后者是因为对劳动合同关系的处分而发生，是两个性质不同的法律关系，不存在同一性。

两者的支付标准并不相同。一次性伤残就业补助金按伤残等级支付，而经济补偿金是按工作年限支付。

3 因单位未足额缴纳社保导致职工享受工伤保险待遇减少的，职工如何维护权益?

实务中，各地裁审有一定的差异，一般而言，因用人单位原因，未足额缴纳工伤保险费造成工伤职工享受的工伤保险待遇降低的，劳动者要求用人单位补足差额待遇，一般可以获得支持。此种情况，患病职工可以通过以下方式维护合法权益：

首先，患病职工先要求用人单位补足工伤保险待遇差额。例如，《广东省工伤保险条例》第56条规定："用人单位少报职工工资，未足额缴纳工伤保险费，造成工伤职工享受的工伤保险待遇降低的，工伤保险待遇差额部分由用人单位向工伤职工补足。"北京、重庆、河南等地也是按这种方式处理。

其次，患病职工可以向社保行政机构投诉，由社保征收部门责令限制用人单位缴纳或者补足。《社会保险法》第63条第1款规定："用人单位未按时足额缴纳社会保险费的，由社会保险费征收机构责令其限期缴纳或者补足。"

4 如果员工离职前未进行职业病体检，离职后才发现患有职业病，能否申请工伤认定并向公司主张工伤赔偿？

若员工离职后未再从事接触职业病危害作业的，可以自诊断、鉴定为职业病之日 1 年内申请工伤认定。

人力资源和社会保障部《关于执行〈工伤保险条例〉若干问题的意见》（人社部发〔2013〕34 号）第 8 条第 1 款规定，“曾经从事接触职业病危害作业、当时没有发现罹患职业病、离开工作岗位后被诊断或鉴定为职业病的符合下列条件的人员，可以自诊断、鉴定为职业病之日起一年内申请工伤认定，社会保险行政部门应当受理：……（二）劳动或聘用合同期满后或者本人提出而解除劳动或聘用合同后，未再从事接触职业病危害作业的人员”。

因此，劳动者在离开用人单位后才被确诊为职业病的，如果符合以下两点，也认定为工伤：首先，能够证明劳动者在单位工作时接触过有职业病危害的作业；其次，劳动者离开该单位后未再从事过其他接触职业病危害作业的工作。若原用人单位无法证明员工离岗后在其他企业从事职业病危害相关工作的，须承担举证不能的责任，由原企业承担工伤责任及人身损害赔偿责任。

5 工伤职工因严重违纪被辞退，用人单位可否主张不支付一次性伤残就业补助金？

司法实务对该问题的意见并不统一。

有观点认为，工伤职工因违纪被用人单位解除劳动关系，既不是合同期满终止，也不是职工本人提出解除，不符合《工伤保险条例》第 37 条[①]规定的可享有一次性伤残就业补助金的法定情形。

还有观点认为，一次性伤残就业补助金等工伤保险待遇是对职工因工作原因受到伤害而给予的补救和补偿，它不应受劳动关系解除原因等因素的影响。司法实践中，适用《工伤保险条例》第 37 条应作合乎立法目的理解，即终止或解除劳动合同是工伤职工享受一次性伤残就业补助金的条件，而并非将劳动合同解除方式及原因作为支付一次性伤残就业补助金的前提条件。最高人民法院 2015 年第 11 期公报案例“候某某诉上海某建筑装潢有限公司劳动合同纠纷案”就持该观点。

6 工伤职工在停工留薪期内因生活不能自理需要护理的，由谁负责？

由用人单位负责。根据《工伤保险条例》第 33 条第 3 款的规定：“生活不能自理的工伤职工在停工留薪期需要护理的，由所在单位负责。”但该条笼统地规定了由用人单位负责护理，并没有明确规定在用人单位不能派人护理的情况，护理费的支付标准如何确定。因此，司法实务中，各地对停工留薪期间护理费支付标准的规定不一。广东省的做法是参照当地护工从事同等级别护理的劳务报酬标准支付。根据《广东省工伤保险条例》第 25 条第 4 款的规定：“工伤职工在停工留薪期间生活不能自理需要护理的，由所在单位负责。所在单位未派人护理的，应当参照当地护工从事同等级别护理的劳务报酬标准向工伤职工支付护理费。”

---

① 《工伤保险条例》第 37 条规定，职工因工致残被鉴定为七级至十级伤残的，享受以下待遇：（1）从工伤保险基金按伤残等级支付一次性伤残补助金，标准为：七级伤残为 13 个月的本人工资，八级伤残为 11 个月的本人工资，九级伤残为 9 个月的本人工资，十级伤残为 7 个月的本人工资；（2）劳动、聘用合同期满终止，或者职工本人提出解除劳动、聘用合同的，由工伤保险基金支付一次性工伤医疗补助金，由用人单位支付一次性伤残就业补助金。一次性工伤医疗补助金和一次性伤残就业补助金的具体标准由省、自治区、直辖市人民政府规定。

7 职工因工伤已经享受了24个月停工留薪期，后来旧伤复发需要继续治疗，是否还能享受停工留薪期待遇？

笔者认为，已经享受24个月停工留薪期的工伤职工，如果因旧伤复发需要治疗而要求继续享受停工留薪期待遇的，极有可能获得裁判机构的支持。最高人民法院公报案例［（2016）粤03行终792号］就认为，停工留薪期最长期限不能超过24个月，应是指工伤职工治疗时单次享受的停工留薪期最长不能超过24个月，而非指累积最长不能超过24个月。职工工伤复发，经确认须治疗的，可重新享受《工伤保险条例》规定的停工留薪期待遇。广州市中级人民法院（2020）粤01民终16715号判决书也持上述观点。

8 工伤的停工留薪期如何确定？

实践中对于工伤的停工留薪期的确定标准存在争议。

广东省是根据工伤职工医疗终结期鉴定意见确定停工留薪期的。《广东省工伤保险条例》第25条第1款规定："职工因工伤需要暂停工作接受工伤医疗的，在停工留薪期内，原工资福利待遇不变，由所在单位按月支付。停工留薪期根据医疗终结期确定，由劳动能力鉴定委员会确认，最长不超过二十四个月。"

有些地方则依照当地发布的停工留薪期分类目录来确定停工留薪期。主要有山东、山西、安徽、重庆等地。例如，《山东省工伤职工停工留薪期管理办法》第3条规定："工伤职工应及时将工伤医疗服务机构出具的诊断证明报送给所在单位，申请停工留薪。用人单位应当根据协议医疗机构出具的诊断证明，按照《山东省工伤职工停工留薪期分类目录》（附件1），确定其停工留薪期限，并书面通知工伤职工本人（附件2）。"

有些地方以医疗机构出具休假证明来确定停工留薪期。例如，《江苏省实施〈工伤保险条例〉办法》第25条规定：“工伤职工的停工留薪期应当凭职工就诊的签订服务协议的医疗机构，或者签订服务协议的工伤康复机构出具的休假证明确定……”

9 超过了申请工伤认定的期限，还能被社会保险行政部门认定为工伤吗？

不能。根据《工伤保险条例》第17条第1款、第2款的规定，职工发生事故伤害或者按照职业病防治法规定被诊断、鉴定为职业病，所在单位应当自事故伤害发生之日或者被诊断、鉴定为职业病之日起30日内，向统筹地区社会保险行政部门提出工伤认定申请。用人单位未按前款规定提出工伤认定申请的，工伤职工或者其近亲属、工会组织在事故伤害发生之日或者被诊断、鉴定为职业病之日起1年内，可以直接向用人单位所在地统筹地区社会保险行政部门提出工伤认定申请。

根据《工伤认定办法》第7条的规定，工伤认定申请人提交的申请材料符合要求，属于社会保险行政部门管辖范围且在受理时限内的，社会保险行政部门应当受理。该条明确了，“受理时限内”提出是工伤认定申请的要件之一。因此，若超过“受理时限”，则社会保险行政部门不受理员工的工伤认定申请。

以广东为例，只能按人损的标准处理，如果用人单位对工伤没有异议的除外。

广东省高级人民法院、广东省劳动争议仲裁委员会《关于适用〈劳动争议调解仲裁法〉、〈劳动合同法〉若干问题的指导意见》（粤高法发〔2008〕13号，已废止，但仍是重要参考）第15条规定：“用人单位没有为劳动者缴纳工伤保险费，劳动者请求用人单位承担其工伤待遇，却不能提供劳动行政部门作出的工伤认定书的，劳动争议仲裁委员会应裁决不予支持，人民法院应裁定驳回其起诉。但下列情形除外：（一）用人单位对构成工伤并无异议的；（二）非法用工单位与非法用工中的伤亡人员就赔偿问题发生争议的。”

广东省高级人民法院、广东省劳动人事争议仲裁委员会《关于审理劳动人事争议案件若干问题的座谈会纪要》（粤高法〔2012〕284号，已废止，但仍是重要参考）第4条规定：“用人单位未为劳动者建立工伤保险关系，且用人单位以及受到事故伤害或者被诊断、鉴定为职业病的劳动者或者其近亲属、工会组织均未在法定期间申请工伤认定，以致社会保险行政部门不受理工伤认定申请，劳动者或者其近亲属请求用人单位支付工伤保险待遇的，劳动人事仲裁机构或人民法院应驳回劳动者或者其近亲属的申请或起诉，并告知其可另行主张人身损害赔偿，但用人单位对构成工伤无异议的除外。”

10 员工与公司协商达成工伤和解协议后，可以反悔要求公司继续按法定标准支付工伤保险待遇吗？

该问题在司法实践中存在争议，需要分情况讨论。一般而言，如果劳动者经过工伤认定和伤残鉴定，双方在平等自愿原则下就工伤赔偿达成一致，司法实务的观点倾向于认定此情形属于对自身权利的处分，意思表示真实，工伤和解协议对双方均有约束力。

广东省高级人民法院曾有案例就持该观点，在（2016）粤民申4764号案中，广东省高级人民法院认为：

双方达成《工伤和解协议》。法律法规并不禁止用人单位和劳动者达成工伤赔偿协议，相反，在工伤事故发生后用人单位积极履行赔偿义务应予肯定和提倡……双方签订的协议不存在胁迫、欺诈、重大误解等法定情形且协议内容并不违法，协议中约定实为胡某忠、曾某香对超出协议约定的法定赔偿项目以及金额的实体权利放弃，其权利放弃并不违反法律法规的强制性规定以及损害国家、集体、第三人的利益，且宏丰公司已按照协议约定支付了全部的赔偿款项……胡某忠、曾某香再次要求宏丰公司赔偿工伤保险待遇的请求缺乏事实依据，原审法院不予支持并无不当。

不过，在司法实践中，如果工伤和解协议存在重大误解或显失公平情形，劳动者所获得赔偿明显低于法定标准的情形下，劳动者依据《最高人民法院关于审理劳动争议案件适用法律问题的解释（一）》第35条[①]的规定，请求撤销协议，要求按法定标准赔偿的请求有可能获得支持。

三、工伤责任主体

1 将业务发包给不具备用人资格的用工方，劳动者与发包方有无劳动关系？发生工伤后由哪一方承担责任？

双方无劳动关系，但发生工伤，则发包方要承担工伤责任，此与劳动关系无关，以下是相关的规定：

（1）《全国民事审判工作会议纪要》（法办〔2011〕442号）第59条规定："建设单位将工程发包给承包人，承包人又非法转包或者违法分包给实际施工人，实际施工人招用的劳动者请求确认与具有用工主体资格的发包人之间存在劳动关系的，不予支持。"

（2）人力资源和社会保障部《关于执行〈工伤保险条例〉若干问题的意见》（人社部发〔2013〕34号）第7条规定："具备用工主体资格的承包单位违反法律、法规规定，将承包业务转包、分包给不具备用工主体资格的组织或者自然人，该组织或者自然人招用的劳动者从事承包业务时因工伤亡的，由该具备用工主体资格的承包单位承担用人单位依法应承担的工伤保险责任。"

---

① 该解释第35条规定：劳动者与用人单位就解除或者终止劳动合同办理相关手续、支付工资报酬、加班费、经济补偿或者赔偿金等达成的协议，不违反法律、行政法规的强制性规定，且不存在欺诈、胁迫或者乘人之危情形的，应当认定有效。前款协议存在重大误解或者显失公平情形，当事人请求撤销的，人民法院应予支持。

（3）最高人民法院《关于审理工伤保险行政案件若干问题的规定》（法释〔2014〕9号）第3条第1款第4项规定："用工单位违反法律、法规规定将承包业务转包给不具备用工主体资格的组织或者自然人，该组织或者自然人聘用的职工从事承包业务时因工伤亡的，用工单位为承担工伤保险责任的单位。"

（4）各地也有相关规定，如广东。广东省高级人民法院、广东省劳动人事争议仲裁委员会《关于劳动人事争议仲裁与诉讼衔接若干意见》（粤高法发〔2018〕2号）规定："十四、建设单位、施工总承包单位或者具有用人单位资格的专业分包或劳务分包单位违反法律、法规规定将承包业务转包给不具备用人单位资格的组织或者自然人，社会保险行政部门认定建设单位、施工总承包单位或者具有用人单位资格的专业分包单位承担工伤保险责任，建设单位、施工总承包单位或者具有用人主体资格的专业分包单位以其与劳动者不存在劳动关系为由抗辩的，不予支持。劳动者依据工伤认定结论主张停工留薪期工资的，应予支持。"广东省高级人民法院、广东省劳动人事争议仲裁委员会《关于审理劳动人事争议案件若干问题的座谈会纪要》（已废止，但仍是重要参考）第13条对此也有相应的明确规定。

（5）《民事审判指导与参考》中的案例中也有明确：最高建筑施工企业将工程发包给不具备用工主体资格的组织或自然人，对该组织或自然人招用的劳动者应承担工伤保险责任，但不能据此认定两者之间存在劳动关系。①

（6）此外，原劳动和社会保障部《关于确立劳动关系有关事项的通知》（劳社部发〔2005〕12号）第4条也有类似的规定"建筑施工、矿山企业等用人单位将工程（业务）或经营权发包给不具备用工主体资格的组织或自然人，对该组织或自然人招用的劳动者，由具备用工主体资格的发包方承担用工主体责任"。不过这里指的是"用工主体责任"。

（7）最高人民法院《关于审理劳动争议案件适用法律问题的解释（二）

① 邓某波诉绍兴县广友劳务分包工程有限公司确认劳动关系纠纷案，参见《民事审判指导与参考》（总第64辑），人民法院出版社2016年版。

（征求意见稿）》第 7 条也明确规定，具备用工主体资格的承包人将承包业务转包或者分包给不具备用工主体资格的组织或者个人，该组织或者个人招用的劳动者请求确认承包人为承担用工主体责任单位，承担支付工资、给予工伤保险待遇等用工主体责任的，人民法院应予支持。

2 挂靠单位的员工发生工伤，工伤责任由谁承担？

根据相关规定，先由被挂靠单位承担赔偿责任，后续再根据规定、约定，由各方责任主体最终承担相应责任，相应规定如下：

（1）最高人民法院行政审判庭《关于车辆挂靠其他单位经营车辆实际所有人聘用的司机工作中伤亡能否认定为工伤问题的答复》（〔2006〕行他字第 17 号）中规定："个人购买的车辆挂靠其他单位且以挂靠单位的名义对外经营的，其聘用的司机与挂靠单位之间形成了事实劳动关系，在车辆运营中伤亡的，应当适用《劳动法》和《工伤保险条例》的有关规定认定是否构成工伤。"

（2）最高人民法院《关于审理工伤保险行政案件若干问题的规定》（法释〔2014〕9 号）第 3 条规定："社会保险行政部门认定下列单位为承担工伤保险责任单位的，人民法院应予支持：……（五）个人挂靠其他单位对外经营，其聘用的人员因工伤亡的，被挂靠单位为承担工伤保险责任的单位。前款第（四）、（五）项明确的承担工伤保险责任的单位承担赔偿责任或者社会保险经办机构从工伤保险基金支付工伤保险待遇后，有权向相关组织、单位和个人追偿。"

在定陶某公司、菏泽市定陶区人力资源和社会保障局劳动和社会保障行政管理（劳动、社会保障）再审审查与审判监督案①中，山东省高级人民法院认为，最高人民法院《关于审理工伤保险行政案件若干问题的规定》第 3

① 参见山东省高级人民法院（2017）鲁行申 677 号行政裁定书。

条第1款第5项规定："社会保险行政部门认定下列单位为承担工伤保险责任单位的，人民法院应予支持：（五）个人挂靠其他单位对外经营，其聘用的人员因工伤亡的，被挂靠单位为承担工伤保险责任的单位。"最高人民法院行政审判庭《关于车辆挂靠其他单位经营车辆实际所有人聘用的司机工作中伤亡能否认定为工伤问题的答复》中规定："个人购买的车辆挂靠其他单位且以挂靠单位的名义对外经营的，其聘用的司机与挂靠单位之间形成了事实劳动关系，在车辆运营中伤亡的，应当适用《劳动法》和《工伤保险条例》的有关规定认定是否构成工伤。"《工伤保险条例》第14条规定："职工有下列情形之一的，应当认定为工伤……（五）因工外出期间，由于工作原因受到伤害或者发生事故下落不明的……"本案中，郜某购买的涉案车辆挂靠在被申请人单位名下对外经营。郜某雇佣的司机王某存驾驶该挂靠车辆在外出送货过程中伤亡。根据上述规定，被申请人菏泽市定陶区人力资源和社会保障局认定申请人定陶润达物流有限公司与王某存存在劳动关系，应认定为工伤事实清楚，适用法律正确。

最高人民法院《关于审理劳动争议案件适用法律问题的解释（二）（征求意见稿)》第8条规定，不具备用工主体资格的组织或者个人挂靠其他单位对外经营，该组织或者个人招用的劳动者请求确认被挂靠单位为承担用工主体责任单位，承担支付工资、给予工伤保险待遇等用工主体责任的，人民法院应予支持。

3 员工借用他人身份证入职，社会保险机构是否应支付工伤待遇？

这种情况下，争议极大。

笔者认为，根据《工伤保险条例》第2条的规定，工伤保险对象的范围是"中华人民共和国境内的企业、事业单位、社会团体、民办非企业单位、基金会、律师事务所、会计师事务所等组织的职工和个体工商户的雇工，均有依照本条例的规定享受工伤保险待遇的权利"，而根据《工伤认定办法》第

6条的规定，与用人单位存在劳动关系的证明材料包括事实劳动关系的证明材料。也就是说，工伤保险法律规定中的职工是指与用人单位存在劳动关系的各种劳动者，其当然包括了事实劳动关系。虽然劳动者假冒他人身份，但其与用人单位之间建立了事实的劳动关系，那么其显然属于《工伤保险条例》规定的完备的法律意义上的职工，另外，其虽然是以他人的名义参保，但实质上还是该职工本人的参保，因而其符合工伤保险待遇支付条件。事实上，现时的行政诉讼中，很多裁判案例持这样的裁判观点。

当然，在实践操作中，社保机构会以受伤人员身份证明和工伤保险人员身份证明不一致为由不予支付工伤保险待遇。则劳动者往往需要通过行政诉讼的方式争取相应的权利，但裁判机构也可能会以同样的理由驳回员工的请求，以下是两种不同的裁判观点：

第一种观点是社保部门拒付，劳动者提起行政诉讼要求社保部门支付待遇，法院支持劳动者请求。

这种裁判认为，双方之间存在的是事实上的劳动关系，不应因为员工假冒他人身份而否认其与社保机构的工伤保险关系，社保机构不能拘泥于表面形式机械理解法律，而应该审查实质劳动关系，稳定劳动保障关系，给予员工工伤待遇。

比如，在（2018）赣03行终21号案中，萍乡市中级人民法院认为：

本案的争议焦点是工亡职工熊某与市社保局之间是否存在工伤保险关系，萍乡市社保局应否支付上诉人工伤保险待遇。法院对此评析如下：首先，根据《工伤保险条例》第2条第1款的规定，用人单位应当为本单位职工缴纳工伤保险费。因此用人单位没有为非本单位职工缴费的义务。本案中，萍乡市社保局亦认可用人单位不能为与其不存在劳动关系的个人缴费参加工伤保险，因此百某公司在用工时，根据熊某提供的“熊某发”身份信息，以“熊某发”名义缴纳工伤保险费，其真实意思表示的投保对象为该公司职工熊某，而非与百某公司不具备劳动关系的熊某发。萍乡市社保局未提供证据证明百某公司有明知熊某冒用熊某发身份仍为其参加工伤保险的情形，也无证据证明死者熊某与百某公司有骗取工伤保险待遇的行为，故可以认定熊某与萍乡市社保局之间存在事实上的工伤保险关系。其次，工伤认定和工伤保险待遇核定构成前后衔接、相互关联的行政过程。冒用他人名义的职工确实存在过错，但该过错在认定劳动关系和认定工伤的环节中均被免责，未将其作为考量因素，若在享受工伤保险待遇的环节中去追究，将造成前后脱节，工伤认定变得无实质意义。故熊某尽管存在假冒他人名义的过错，但在本案情形中，熊某系在工作岗位突发疾病死亡，假冒他人名义与突发疾病的风险不存在逻辑关联，不应当将该过错作为阻却其享受工伤保险待遇的理由。最后，我国工伤保险制度具有社会保障的功能，其目的是保障工伤（亡）职工及时获得赔偿，分散用人单位的风险。在百某公司事实上确为其单位职工熊某缴费参加工伤保险，萍乡市社保局收取了相应的工伤保险费后，百某公司的工伤赔偿责任即予以让渡。综上所述，工亡职工熊某与市社保局之间存在事实上的工伤保险关系，萍乡市社保局应当支付上诉人工伤保险待遇。原审判决认定事实基本清楚，但适用法律不当，依法应予纠正。

第二种观点是社保部门拒付，劳动者提起行政诉讼要求社保部门支付待遇，法院不支持劳动者请求。

劳动者的请求是否能够得到支持，取决于法院是否认可存在事实工伤保险关系，如果承认，则判决社保部门核发待遇，如上文引用的江西省萍乡市中级人民法院的案例，该院对于事实工伤保险关系就持肯定态度。如果否认，则不支持劳动者的请求，如深圳市中级人民法院的裁判就认为，事实工伤保险关系这一概念并无法律依据支撑，因此劳动者的请求不应得到支持。

在（2016）粤03行终45号案中，深圳市中级人民法院认为：

本案被诉具体行政行为是深圳市社会保险基金管理局针对冯某贵、张某一、张某二申请支付张某甲因工死亡的工伤保险待遇回复不予核准的行为，人民法院依法对该行为的合法性进行审查。深圳市社会保险基金管理局提交的合法有效的证据材料可证明张某甲以张某乙的名义入职某公司，该司已以张某乙的名义参加工伤保险并缴纳工伤保险费，即张某甲未参加工伤保险，某公司未为张某甲缴纳工伤保险费。因张某甲未参加工伤保险，其依法可享受的工伤保险待遇无法由工伤保险基金支付，故深圳市社会保险基金管理局据此回复冯某贵、张某一、张某二不予核准其申请支付张某甲因工死亡的工伤保险待遇，并无不当，法院予以支持。冯某贵、张某一、张某二主张张某甲与深圳市社会保险基金管理局事实上已建立工伤保险关系于法无据，法院不予采纳。

此外，2022 年 2 月 1 日起实施的《广东省工伤保险待遇审核支付有关问题的规定》第 5 条明确规定："假冒身份证明参加工伤保险缴纳工伤保险费，且被依法认定为工伤的，社会保险经办机构不予办理核发工伤保险待遇业务。"根据上述规定，劳动者假冒身份入职的，广东省内均统一不核发工伤保险待遇。

4 员工借用他人身份证入职导致社保部门拒付待遇，员工与企业如何承担相应责任？

实践中有两种处理模式。

模式一为法院按照过错责任来划分劳动者与用人单位比例。

例如，（2011）惠博法民一初字第 1608、1688 号判决书中就持这样的观点，广东省惠州市博罗县人民法院认为：

郑某 2 于 2004 年 3 月 19 日冒用钟某茂的名字到被告处工作并与被告签订劳动合同，根据广东省高级人民法院《关于审理劳动争议案件若干问题的指导意见》[①]［粤高法发（2002）21 号］第 30 条规定："劳动者冒用他人名义与用人单位订立劳动合同的，应按实际劳动关系确定主体……"本案郑某 2 虽冒用钟某茂的身份到被告处工作，但按照该规定，本案应确定郑某 2 作为劳动关系主体，郑某 2 与被告的劳动关系应从郑某 2 入职到被告处开始建立。在本案中，死者郑某 2 生前冒用钟某茂的名义到被告处工作，并提供了钟某茂的居民身份证信息资料，致使被告按照钟某茂的身份办理社会工伤保险，

① 该文件已废止。

造成郑某2的工伤死亡事故无法得到社会保险补充。根据广东省高级人民法院《关于审理劳动争议案件若干问题的指导意见》[粤高法发（2002）21号]第30条规定："劳动者冒用他人名义与用人单位订立劳动合同的，应按实际劳动关系确定主体。用人单位以劳动者假冒身份证明为其投保而遭受社会保险损失的，用人单位和劳动者应按各自的过错承担相应的民事责任……"死者郑某2生前未如实告知真实身份，存在过错，而被告没有了解清楚死者生前的基本情况就与其签订劳动合同才导致遭受社会保险损失，双方都存在过错，根据双方过错的大小，死者郑某2与被告应各自对本案的损失承担50%的责任。

模式二为法院判劳动者承担全部过错责任。

比如，在（2012）奉民三（民）初字第915号案中，上海市奉贤区人民法院认为：

根据《劳动合同法》的规定，用人单位招用劳动者时，用人单位有权了解劳动者与劳动合同直接相关的基本情况，劳动者应当如实说明。本案中，劳动者利用虚假的身份信息入职，导致用人单位不能以劳动者的真实身份缴纳综合保险，则本应由保险机构赔付的工伤保险待遇不应转嫁给用人单位负担，该劳动者不能享受工伤保险待遇的后果由其自负。

5 入职超过30天仍未缴纳社保的职工发生工伤，用人单位可以通过补缴社保补救吗？

用人单位可以通过补缴社保得到一定程度的补救，补缴后工伤保险基金负责支付新发生的费用。根据《工伤保险条例》第62条第3款的规定："用人单位参加工伤保险并补缴应当缴纳的工伤保险费、滞纳金后，由工伤保险基金和用人单位依照本条例的规定支付新发生的费用。"

那么，哪些属于新发生费用呢？

人力资源社会保障部《关于执行〈工伤保险条例〉若干问题的意见（二）》第3条规定：《工伤保险条例》第62条规定的"新发生的费用"，是指用人单位参加工伤保险前发生工伤的职工，在参加工伤保险后新发生的费用。其中由工伤保险基金支付的费用，按不同情况予以处理：

（1）因工受伤的，支付参保后新发生的工伤医疗费、工伤康复费、住院伙食补助费、统筹地区以外就医交通食宿费、辅助器具配置费、生活护理费、一级至四级伤残职工伤残津贴，以及参保后解除劳动合同时的一次性工伤医疗补助金；

（2）因工死亡的，支付参保后新发生的符合条件的供养亲属抚恤金。

部分地区也对新发生的费用的范围进行了明确，例如，《广东省工伤保险基金省级统筹业务规程》第165条规定，用人单位应当参加工伤保险而未参加或者未按时缴纳工伤保险费的（不含用人单位自用工之日起30日内依法办理工伤保险参保缴费的情形），该单位职工自入职之日起发生工伤的，用人单位按照规定补缴应当缴纳的工伤保险费和滞纳金后，由工伤保险基金和用人单位按照工伤保险条例的规定支付新发生的费用，其工伤保险待遇自用人单位为职工办理工伤保险参保缴费到账次日起计发，长期待遇于缴费到账的当月起计发。工伤保险基金支付的新发生的费用，按以下不同情况予以处理：①因工受伤的，支付参保后新发生的工伤医疗费、工伤康复费、住院伙食补助费、异地就医交通食宿费、辅助器具配置费、生活护理费、一级至四级伤残职工伤残津贴，以及参保后解除或终止劳动合同时的一次性工伤医疗补助金；②因工死亡的，支付参保后新发生的符合条件的供养亲属抚恤金。

从上述规定可知，发生了工伤时，如果没有缴纳工伤保险的，应立即补缴，此后发生的很多费用都可以由工伤保险基金支付，尤其是伤残等级较高的情形下意义更大。

6 用人单位能否以工伤是第三人造成而不承担工伤赔偿责任？

生命健康无价，且健康权侵权与工伤保险待遇并不属于同一法律范畴，所以第三人已经承担侵权赔偿责任并不能免除用人单位支付工伤保险待遇的责任。

最高人民法院《关于审理工伤保险行政案件若干问题的规定》（法释〔2014〕9号）第8条规定："职工因第三人的原因受到伤害，社会保险行政部门以职工或者其近亲属已经对第三人提起民事诉讼或者获得民事赔偿为由，作出不予受理工伤认定申请或者不予认定工伤决定的，人民法院不予支持。职工因第三人的原因受到伤害，社会保险行政部门已经作出工伤认定，职工或者其近亲属未对第三人提起民事诉讼或者尚未获得民事赔偿，起诉要求社会保险经办机构支付工伤保险待遇的，人民法院应予支持。职工因第三人的原因导致工伤，社会保险经办机构以职工或者其近亲属已经对第三人提起民事诉讼为由，拒绝支付工伤保险待遇的，人民法院不予支持，但第三人已经支付的医疗费用除外。"

7 用人单位可否以人身意外险免除或降低工伤赔付的数额？

不可以。《工伤保险条例》第2条第1款规定："中华人民共和国境内的企业、事业单位、社会团体、民办非企业单位、基金会、律师事务所、会计师事务所等组织和有雇工的个体工商户（以下称用人单位）应当依照本条例规定参加工伤保险，为本单位全部职工或者雇工（以下称职工）缴纳工伤保险费。"第62条第2款规定："依照本条例规定应当参加工伤保险而未参加工伤保险的用人单位职工发生工伤的，由该用人单位按照本条例规定的工伤保险待遇项目和标准支付费用。"在用人单位未替员工缴纳工伤保险费的情况下，用人单位仍需要支付工伤保险待遇。根据《保险法》第39条第2款的规定："保人指定受益人时须经被保险人同意。投保人为与其有劳动关系的劳动者投保人身保险，不得指定被保险人及其近亲属以外的人为受益人。"因此，用人单位并非意外保险的受益人，用人单位替员工购买的商业性意外伤害保险，在性质上是用人单位为员工提供的一种福利待遇，不能免除用人单位负有的法定的缴纳工伤保险费的义务或支付工伤保险待遇的义务，不能替代或减少工伤赔偿。

在《最高人民法院公报》2017 年第 12 期“安某重、兰某姣诉深圳市水湾远洋渔业有限公司工伤保险待遇纠纷案”中，裁判观点中明确：

即使用人单位为职工购买了商业性人身意外伤害保险，也不能因此而免除其为职工购买工伤保险的法定义务。职工获得用人单位为其购买的人身意外伤害保险赔付后，仍然有权向用人单位主张工伤保险待遇。

用人单位若想降低自身在工伤事故中的赔偿损失，建议购买雇主责任险，该险种属于财产保险，投保人和被保险人一般都是该用人单位，用人单位在向员工进行相应的赔偿后，可要求保险公司作相应的补偿。

8 因员工发生工伤而注销企业，就可以规避支付义务了吗？

不可以，恶意注销的，由股东、董事、实际控制人等承担赔偿责任。

最高人民法院《关于适用〈中华人民共和国公司法〉若干问题的规定（二）》第 19 条规定：“有限责任公司的股东、股份有限公司的董事和控股股东，以及公司的实际控制人在公司解散后，……未经依法清算，以虚假的清算报告骗取公司登记机关办理法人注销登记，债权人主张其对公司债务承担相应赔偿责任的，人民法院应依法予以支持。”第 20 条第 1 款规定：“公司解散应当在依法清算完毕后，申请办理注销登记。公司未经清算即办理注销登记，导致公司无法进行清算，债权人主张有限责任公司的股东、股份有限公司的董事和控股股东，以及公司的实际控制人对公司债务承担清偿责任的，人民法院应依法予以支持。”

劳动者所产生的索赔内容，相对于用人单位来说就是一笔债务，在这笔债务没有清算前，前述责任人员必须作为共同责任人承担赔偿责任。劳动者可据此向上述人员主张支付工伤保险待遇费用。

由此可知，虽然用人单位的主体资格因注销而消失，但工伤职工仍可向相关责任人员寻求赔付相应的工伤保险待遇费用，此请求权不因单位的恶意注销而灭失。

9 员工申请进行职业病诊断，单位不予配合有什么法律后果?

首先，即使单位不配合，也不影响劳动者进行职业病诊断。承担职业病诊断的医疗卫生机构是不能拒绝劳动者进行职业病诊断的要求的，即使用人单位不提供工作场所职业病危害因素检测结果等资料，诊断、鉴定机构也可以结合劳动者的临床表现、辅助检查结果和劳动者的职业史、职业病危害接触史，并参考劳动者的自述、卫生行政部门提供的日常监督检查信息等，直接作出职业病诊断、鉴定意见。

其次，就民事责任风险而言，在职业病诊断未作出前，该劳动者处于疑似职业病期间。该疑似职业病病人在诊断、医学观察期间的费用，由用人单位承担。

最后，就行政责任风险而言，用人单位未按照规定安排职业病病人、疑似职业病病人进行诊治的，由卫生行政部门给予警告，责令限期改正，逾期不改正的，处5万元以上20万元以下的罚款；情节严重的，责令停止产生职业病危害的作业，或者提请有关人民政府按照国务院规定的权限责令关闭。用人单位未按照规定报告职业病、疑似职业病的，由有关主管部门依据职责分工责令限期改正，给予警告，可以并处1万元以下的罚款；弄虚作假的，并处2万元以上5万元以下的罚款；对直接负责的主管人员和其他直接责任人员，可以依法给予降级或者撤职的处分。

四、工伤与人身损害

1 上下班途中发生交通事故导致工伤，工伤与民事赔偿可以一并主张吗？

可以。最高人民法院《关于因第三人造成工伤的职工或其亲属在获得民事赔偿后是否还可以获得工伤保险补偿问题的答复》（〔2006〕行他字第12号）中明确“《试行办法》第28条规定随着2004年1月1日《条例》的实施，已经废止。按照《解释》第12条规定的精神，受害人从事故方（第三人）获得民事赔偿后，还可以按照《条例》第37条规定，向工伤保险机构申请工伤保险待遇补偿。……2003年12月9日就《解释》答记者问时有明确表述。我院的《指导意见》与《解释》是一致的，体现了保护受害人利益的立法精神。我院审判委员会倾向于第二种观点，但认为由于本案涉及地方规范性文件的效力问题，并考虑到今后判决的有效执行，确需进一步明确”。

2011年最高人民法院《关于对统一第三人侵权工伤赔偿案件裁判标准问题的答复》中明确“最高人民法院《审理人身赔偿案件适用法律若干问题的解释》第十二条和《关于审理劳动争议案件适用法律若干问题的解释（二）》第六条中规定，均认可了第三人侵权工伤赔偿，受害人可获得双份赔偿的原则。最高人民法院作出〔2006〕行他字第12号答复，是对这一原则的重申……最高人民法院目前正在起草《关于审理工伤认定行政案件若干问题的规定》，通过进一步论证，力争解决这一问题”。

最高人民法院《关于审理工伤保险行政案件若干问题的规定》（法释〔2014〕9号）第8条规定：“职工因第三人的原因受到伤害，社会保险行政部门以职工或者其近亲属已经对第三人提起民事诉讼或者获得民事赔偿为由，作出不予受理工伤认定申请或者不予认定工伤决定的，人民法院不予支持。职工因第三人的原因受到伤害，社会保险行政部门已经作出工伤认定，职工或者其近亲属未对第三人提起民事诉讼或者尚未获得民事赔偿，起诉要求社会保险经办机构支付工伤保险待遇的，人民法院应予支持。职工因第三人的原因导致工伤，社会保险经办机构以职工或者其近亲属已经对第三人提起民事诉讼为由，拒绝支付工伤保险待遇的，人民法院不予支持，但第三人已经支付的医疗费用除外。”

根据上述规定，关于工伤赔偿与第三人的赔偿可以一并获得，这是基于生命健康权优于财产权，生命健康无价的观点。

但对于第三人侵权造成劳动者人身损害，同时构成工伤的，如果劳动者已获得侵权赔偿，用人单位承担的工伤保险责任中应扣除第三人已支付的医疗费、护理费、营养费、交通费、住院伙食补助费、残疾辅助器具费和丧葬费等实际发生费用。

2 工伤职工在获得工伤赔偿之后是否可以要求用人单位继续赔偿人身损害？

目前只有职业病病人和因生产安全事故受到损害的从业人员可以要求用人单位继续赔偿人身损害。

根据最高人民法院《关于审理人身损害赔偿案件适用法律若干问题的解释》（法释〔2022〕14 号）第 3 条的规定，依法应当参加工伤保险统筹的用人单位的劳动者，因工伤事故遭受人身损害，劳动者或者其近亲属向人民法院起诉请求用人单位承担民事赔偿责任的，告知其按《工伤保险条例》的规定处理。因用人单位以外的第三人侵权造成劳动者人身损害，赔偿权利人请求第三人承担民事赔偿责任的，人民法院应予支持。

由上述规定可知，原则上，参加工伤保险统筹的劳动者，在接受工伤保险赔偿以后，不得再请求用人单位承担民事赔偿责任。

但是，对于职业病和安全生产事故的情形，法律规定了用人单位同时须承担民事的赔偿责任。其中《职业病防治法》第 58 条规定：“职业病病人除依法享有工伤保险外，依照有关民事法律，尚有获得赔偿的权利的，有权向用人单位提出赔偿要求。”《安全生产法》第56条规定：“……因生产安全事故受到损害的从业人员，除依法享有工伤保险外，依照有关民事法律尚有获得赔偿的权利的，有权向本单位提出赔偿要求。”由于《职业病防治法》《安全生产法》系全国人大常委会制定的国家法律，而最高人民法院《关于审理人身损害赔偿案件适用法律若干问题的解释》则是最高人民法院颁布的司法解释，后者效力位阶低于法律，在二者适用存在冲突的情况下，应该适用“上位法优于下位法”的原则。因此，只有职业病病人和因生产安全事故受到损害的从业人员可以要求用人单位继续赔偿人身损害。

有些地方对此明确规定，例如，广东省高级人民法院、广东省劳动人事仲裁委员会《关于审理劳动人事争议案件若干问题的座谈会纪要》（粤高法〔2012〕284号，已废止，但仍是重要参考）第5条规定：“劳动者因生产安全事故发生工伤或被诊断患有职业病，劳动者或者其近亲属已享受工伤保险待遇，又依据《最高人民法院关于确定民事侵权精神损害赔偿责任若干问题的解释》的规定向人民法院请求用人单位承担精神损害赔偿责任的，应予支持。”广东省高级人民法院《关于审理劳动争议案件疑难问题的解答》（粤高法〔2017〕147号，已废止，但仍是重要参考）也有明确的规定。

专题十二 劳动争议的程序

劳动争议的程序问题，规则较为明确，在司法实践中争议焦点并不算多，本专题主要从受理范围、举证规则及终局裁决适用角度，厘清一些容易忽略的问题。

一、受 理 范 围

1 差旅费争议是否属于劳动争议?

笔者认为，根据现行规则，如果职工主张的是实际支出的报销，不属于劳动争议而是属于债权债务纠纷，但如果双方已有约定应予以报销，则属于劳动争议。另外，如名为差旅补贴，其实是固定的收入，则应属于劳动争议。

（1）根据现行的法律规则，并没有明确属于可受理的范围，相应主要规则如下：

①《劳动争议调解仲裁法》第2条规定，“中华人民共和国境内的用人单位与劳动者发生的下列劳动争议，适用本法：（一）因确认劳动关系发生的争议；（二）因订立、履行、变更、解除和终止劳动合同发生的争议；（三）因除名、辞退和辞职、离职发生的争议；（四）因工作时间、休息休假、社会保

险、福利、培训以及劳动保护发生的争议；（五）因劳动报酬、工伤医疗费、经济补偿或者赔偿金等发生的争议；（六）法律、法规规定的其他劳动争议”。

②《劳动人事争议仲裁办案规则》（人力资源和社会保障部令第 33 号）第 2 条第 1 项规定：“本规则适用下列争议的仲裁：（一）企业、个体经济组织、民办非企业单位等组织与劳动者之间，以及机关、事业单位、社会团体与其建立劳动关系的劳动者之间，因确认劳动关系，订立、履行、变更、解除和终止劳动合同，工作时间、休息休假、社会保险、福利、培训以及劳动保护，劳动报酬、工伤医疗费、经济补偿或者赔偿金等发生的争议。”

③最高人民法院《关于审理劳动争议案件适用法律问题的解释（一）》第 1 条规定，“劳动者与用人单位之间发生的下列纠纷，属于劳动争议，当事人不服劳动争议仲裁机构作出的裁决，依法提起诉讼的，人民法院应予受理：（一）劳动者与用人单位在履行劳动合同过程中发生的纠纷；（二）劳动者与用人单位之间没有订立书面劳动合同，但已形成劳动关系后发生的纠纷；（三）劳动者与用人单位因劳动关系是否已经解除或者终止，以及应否支付解除或者终止劳动关系经济补偿金发生的纠纷；（四）劳动者与用人单位解除或者终止劳动关系后，请求用人单位返还其收取的劳动合同定金、保证金、抵押金、抵押物发生的纠纷，或者办理劳动者的人事档案、社会保险关系等移转手续发生的纠纷；（五）劳动者以用人单位未为其办理社会保险手续，且社会保险经办机构不能补办导致其无法享受社会保险待遇为由，要求用人单位赔偿损失发生的纠纷；（六）劳动者退休后，与尚未参加社会保险统筹的原用人单位因追索养老金、医疗费、工伤保险待遇和其他社会保险待遇而发生的纠纷；（七）劳动者因为工伤、职业病，请求用人单位依法给予工伤保险待遇发生的纠纷；（八）劳动者依据劳动合同法第八十五条规定，要求用人单位支付加付赔偿金发生的纠纷；（九）因企业自主进行改制发生的纠纷”。

（2）有些地方明确认为不属于劳动争议，《海南省劳动人事争议仲裁办案规则》（琼人社发〔2013〕33 号）第 4 条第 5 项明确规定，劳动者与用人单位因差旅费报销发生的争议，不作为劳动人事争议处理，但双方在劳动合同中约定的除外。

在宋某与环某公司劳动争议案[①]中，就体现了这种观点，海口市中级人民法院认为：

关于交通差旅费、物业水电气费、办公电话费、招待费是否属于劳动争议案件审理范围的问题，劳动者在工作期间为用人单位垫交的交通差旅费、物业水电气费、办公电话费、招待费本质上属于用人单位向劳动者借贷，属于普通的债权债务关系，不属于劳动争议案件的审理范围。一审法院在审理劳动争议案件中处理普通的债权债务关系，于法无据，本院应予纠正。如宋某有证据证明其已经向环某公司垫交了上述各项费用，可以另案向环某公司主张。

（3）有些地方则明确认为属于劳动争议。江苏省劳动争议仲裁委员会发布的《江苏省劳动仲裁案件研讨会纪要》（苏劳仲委〔2007〕1号）中“用人单位与劳动者在劳动关系解除、终止后，因欠款、报销差旅费用发生争议的受理问题”明确：“劳动者解除、终止劳动关系后，与用人单位在劳动关系存续期间，因履行工作职责发生的有关借款、差旅费用报销等争议，属于履行劳动合同争议的范畴，仲裁委员会应予受理。但劳动者非法挪用、侵占用人单位公款的，应由司法机关处理，仲裁委员会不应受理。”

（4）经检索相关案例，劳资双方正常产生的差旅费，更多的是作为劳动争议受理，但不包括借款、挂账纠纷。笔者检索的广州司法案例中，也认为属于劳动争议。

在陈某某与鸿某公司劳动争议案[②]中，广州市中级人民法院认为：

关于陈某某出差报销款的问题。鸿某公司主张报销款属于劳动者在履行职务中的借款挂账纠纷，不属于劳动争议的受理范围。但是本案中，双方争议的并非劳动者预支借款后，用人单位要求劳动者配合对挂账进行冲销等财务操作流程，而是陈某某根据双方的约定请求鸿某公司返还因公支出费用，故应该属于人民法院的受案范围。根据鸿某公司提供的工资条，双方约定有

---

① 参见海南省海口市中级人民法院（2019）琼01民终2403号民事判决书。

② 参见广东省广州市中级人民法院（2020）粤01民终9144、9145号民事判决书。

出差报销项目，且陈某某提交了相应的证据对于支出的费用予以佐证，故一审法院支持陈某某出差报销款1946.14元并无不当，本院予以维持。

（5）此外，最高人民法院在答复吉林省高级人民法院的请示时认为，这种预支是一种职务行为，为劳资双方不平等的债权债务关系，不应用为民事纠纷处理，也为按劳动争议处理提供了依据。

最高人民法院《关于职工执行公务在单位借款长期挂帐发生纠纷法院是否受理问题的答复》（〔1999〕民他字第4号）中明确，“你院吉高法〔1998〕144号《关于职工执行公务在单位借款长期挂帐发生纠纷法院是否受理问题的请示》收悉。经研究，同意你院审判委员会倾向性意见，即刘某受单位委派，从单位预支15000元处理一起交通事故是职务行为，其与单位之间不存在平等主体间的债权债务关系，人民法院不应作为民事案件受理。刘某有受托事项完成后，因未及时报销冲帐与单位发生纠纷，应由单位按其内部财会制度处理”。

2 劳动者请求撤销单位处分的诉求是否属于劳动争议受理范围?

司法实践中，倾向于认定劳动者单纯要求撤销单位内部处分的诉请不属于劳动争议受理范围。理由在于：第一，劳动仲裁受案范围属于法定事项。《劳动争议调解仲裁法》第2条规定：“中华人民共和国境内的用人单位与劳动者发生的下列劳动争议，适用本法：（一）因确认劳动关系发生的争议；（二）因订立、履行、变更、解除和终止劳动合同发生的争议；（三）因除名、辞退和辞职、离职发生的争议；（四）因工作时间、休息休假、社会保险、福利、培训以及劳动保护发生的争议；（五）因劳动报酬、工伤医疗费、经济补偿或者赔偿金等发生的争议；（六）法律、法规规定的其他劳动争议。”由此可知，法律规定未明确将撤销单位记大过处分列入劳动争议受案范围。第二，最高人民法院《关于审理劳动争议案件适用法律问题的解释（一）》第53条规定：“用人单位对劳动者作出的开除、除名、辞退等处理，或者因其他原因解除劳动合同确有错误的，人民法院可以依法判决予以撤销。对于追索劳动报酬、养老金、医疗费以及工伤保险待遇、经济补偿金、培训费及其他相关费用等案件，给付数额不当的，人民法院可以予以变更。”可知，法律规定可撤销单位处分的范围限于解除劳动合同的情形。一般而言，记大过处分与解除劳动合同属于两个层次的处分，单纯的记大过处分不属于法律规定可撤销的范围。

但需提醒的是，如果用人单位作出记大过处分后伴随强制罚款、赔偿等减少劳动报酬甚至解除劳动合同等后果，此时劳动者请求撤销单位处分有可能属于《劳动争议调解仲裁法》第 2 条规定的受案范围。

3 劳动者向用人单位主张养老保险待遇损失的，属于劳动纠纷的受理范围吗？

司法实践中，裁审机构需要审查劳动者的具体诉请内容从而判断是否属于劳动纠纷的受理范围。

（1）如果劳动者主张用人单位未缴纳社保且不能补缴，从而导致养老保险待遇损失的，此种情形属于劳动争议的受理范围。

（2）如果劳动者主张因养老保险缴费年限不足、用人单位欠缴社保费等产生的纠纷，该类纠纷在司法实务中不作为劳动争议处理，劳动者可以向社保行政部门寻求解决帮助。

最高人民法院《关于审理劳动争议案件适用法律问题的解释（一）》第 1 条第 5 项对此有明确的规定：“劳动者与用人单位之间发生的下列纠纷，属于劳动争议，当事人不服劳动争议仲裁机构作出的裁决，依法提起诉讼的，人民法院应予受理：（五）劳动者以用人单位未为其办理社会保险手续，且社会保险经办机构不能补办导致其无法享受社会保险待遇为由，要求用人单位赔偿损失发生的纠纷。”

一些地方高级人民法院也有规定，如广东省高级人民法院、广东省劳动人事争议仲裁委员会《关于审理劳动人事争议案件若干问题的座谈会纪要》

（粤高法〔2012〕284 号，已废止，但仍具参考意义）第 2 条第 1 款规定：“劳动者以基本养老保险费的缴纳年限、缴纳数额不足为由，请求用人单位赔偿基本养老保险待遇损失的，不作为劳动争议处理。”

4 解除劳动关系的请求，应当受理吗？

笔者认为，根据劳动合同的相对性规则，这一请求不属于劳动仲裁的受理和调处范围。首先，根据《劳动争议调解仲裁法》第 2 条第 2 项、第 3 项的规定可知，仲裁受理的是与离职有关的争议，是因要求解除劳动合同、辞职等而引发的争议，具体如劳资双方的任一方向对方主张解除劳动合同关系，但对方不同意，或劳动合同关系已实际解除的情况下，劳动者或用人单位因此而要求确认劳动合同已解除等的仲裁请求，也就是说，只在解除劳动合同关系的过程中发生的争议，才是仲裁受理的范围，而“要求解除劳动合同关系”则不属于该范围。其次，劳动合同是劳资双方根据双方的自治意思经平等协商一致所达成的协议，根据合同相对性的原则中的主体相对性理论，劳动者要求解除合同时，应向劳动合同的另一方——用人单位提出，而非向与合同无关的第三方——仲裁机构提出。最后，仲裁部门作为中立的裁判机构，并非行政部门，更多应是作评价性的结论，即解除是否合法，而非主动裁判解除劳动关系。

不过，在司法实践中，这种请求往往会受理并作调处，尤其是对劳动关系是否已解除存在争议时。

5 用人单位要求确认工资标准的请求可以受理吗？

实践中，有员工投诉用人单位少发工资，单位希望通过诉讼的方式解决，但这种请求往往不会受理。因为根据民事案由的相关规定，劳动争议中，属于确认之诉的案由，有且仅有确认劳动关系纠纷一种，而工资数额只能通过事实查明来固定，不应在判决结果中予以确认。

6 非法用工引发的工伤赔偿纠纷，是否可以不经劳动仲裁程序直接向法院诉讼解决？

司法实践中的处理意见并不统一。

一种观点认为，双方形成事实上的劳动关系，应按劳动争议由劳动仲裁部门先行处理，理由是《非法用工单位伤亡人员一次性赔偿办法》第 8 条规定，伤残职工或者死亡职工的近亲属、伤残童工或者死亡童工的近亲属就赔偿数额与单位发生争议的，按照劳动争议处理的有关规定处理。

另一种观点认为，可以直接向法院诉讼解决。广东省高级人民法院的司法意见支持该观点，广东省高级人民法院《关于审理劳动争议案件疑难问题的解答》（粤高法〔2017〕147 号，已废止，但仍是重要参考）第 11 条规定，非法用工单位伤亡人员能否直接向人民法院起诉要求用工单位支付一次性赔偿？非法用工单位伤亡人员（含死亡职工的近亲属）依据相关行政部门出具的非法用工处理意见要求单位支付一次性赔偿的，予以支持。非法用工单位伤亡人员不能提供相关行政部门出具的非法用工处理意见，人民法院可以根据查明的事实及《非法用工单位伤亡人员一次性赔偿办法》的规定认定非法用工关系是否成立，并据此认定非法用工单位应承担的赔偿责任。

7 因应诉劳动纠纷而产生的律师费，可否要求败诉的员工承担？

就劳动纠纷而产生的律师费是否可以要求败诉方承担的问题，目前法律法规暂无明确规定。

最高人民法院曾就败诉方承担律师费这一问题有过概括意见，但在实践中可操作性不强，有待进一步作出细化规定。最高人民法院《关于进一步推进案件繁简分流优化司法资源配置的若干意见》（法发〔2016〕21号）第22条规定："引导当事人诚信理性诉讼。加大对虚假诉讼、恶意诉讼等非诚信诉讼行为的打击力度，充分发挥诉讼费用、律师费用调节当事人诉讼行为的杠杆作用，促使当事人选择适当方式解决纠纷。当事人存在滥用诉讼权利、拖延承担诉讼义务等明显不当行为，造成诉讼对方或第三人直接损失的，人民法院可以根据具体情况对无过错方依法提出的赔偿合理的律师费用等正当要求予以支持。"

深圳市已经率先就劳动纠纷中的律师费承担问题作出了规定。《深圳经济特区和谐劳动关系促进条例》第58条规定，劳动争议仲裁和诉讼案件，劳动者胜诉的，劳动者支付的律师代理费用可以由用人单位承担，但最高不超过5000元；超过5000元的部分，由劳动者承担。

深圳市人民代表大会常务委员会《关于〈深圳经济特区和谐劳动关系促进条例〉第58条的解释》（深圳市第六届人民代表大会常务委员会公告第十三号）中，对此作出相应的解释，劳动者主张由用人单位承担律师代理费的，应当在提起劳动争议仲裁或者诉讼时一并提出。但劳动者作为仲裁被申请人或者诉讼被告、被上诉人、再审被申请人等无法提起仲裁请求或者诉讼请求的除外。最高不超过5000元，是指在一起劳动争议处理整个过程中（包括仲裁、诉讼、执行等阶段），劳动争议仲裁机构或者人民法院裁决用人单位承担劳动者支付的律师代理费的总额上限。

由上文可知，即便在深圳市，也仅规定劳动者可以向用人单位主张律师代理费，而用人单位并未享受该权利。

二、立案、时效

1 仲裁立案时能否以超过时效为由不受理？庭审时能否主动审查时效？

原来是在仲裁立案及庭审时均可以主动审查时效的，但从 2017 年 7 月 1 日起，不得再以超过仲裁时效为由不予受理，也不应主动审查时效。在司法实践中，如案件涉及虚假仲裁，恶意串通损害国家、集体或第三人合法权益的，也会主动审查。

原人力资源和社会保障部《劳动人事争议仲裁办案规则》（人力资源和社会保障部令第 2 号）第 30 条规定，仲裁委员会对在申请仲裁的法定时效期间内的仲裁申请应当予以受理，并在收到仲裁申请之日起 5 日内向申请人出具受理通知书。但人力资源和社会保障部在 2017 年发布的《劳动人事争议仲裁办案规则》（人力资源和社会保障部令第 33 号，自 2017 年 7 月 1 日起施行）删除了该规定。

在 2017 年 7 月 1 日之前，不但超过仲裁的不再受理，那怕是受理了，即便被申请人不对时效进行抗辩，仲裁部门也可能会主动审查，所以代理人往往无须对时效进行抗辩。但从 2017 年 7 月 1 起，裁判机构不应再主动审查。

例如，广东省高级人民法院就对此予以明确，广东省高级人民法院、广东省劳动人事争议仲裁委员会《关于劳动人事争议仲裁与诉讼衔接若干意见》（粤高法发〔2018〕2 号）第 28 条规定，根据人力资源和社会保障部《劳动人事争议仲裁办案规则》第 30 条的规定，仲裁机构受理案件时不再主动审查仲裁时效。案件受理后，当事人未就仲裁时效进行抗辩的，仲裁机构不主动审查，但案件涉及虚假仲裁，恶意串通损害国家、集体或第三人合法权益的除外。

2 被申请人在仲裁时未提出时效抗辩，一审时还可以抗辩吗？

2015 年最高人民法院《全国民事审判工作会议纪要》第 54 条规定，当事人在仲裁阶段未提出超过仲裁申请期间的抗辩，劳动人事仲裁机构作出了实体裁决后，当事人在诉讼阶段以超过仲裁时效期间为由进行抗辩的，人民法院不予支持。劳动人事仲裁机构以当事人的仲裁申请超过法定时效期间为由作出不予受理的决定，当事人向人民法院起诉的，人民法院应当对当事人的仲裁申请是否超过法定时效期间进行审查，但当事人在诉讼期间未以仲裁申请超过法定时效期间抗辩的除外。

有些地方对此有明确规定，例如，广东省高级人民法院、广东省劳动人事争议仲裁委员会《关于劳动人事争议仲裁与诉讼衔接若干意见》（粤高法发〔2018〕2 号）第 28 条规定："……当事人在仲裁阶段未提出时效抗辩，在诉讼阶段又主张时效抗辩的，人民法院不予支持，但其基于新的证据能够证明对方当事人的仲裁请求权已过时效期间的情形除外。"

3 劳动仲裁委因申请人拒不到庭或者中途退庭而按撤销处理，申请人起诉还能受理吗，会怎么裁判？

仲裁委因上述理由撤销申请，申请人再次申请仲裁的，仲裁委将不予受理。这种失误似乎可以补救：申请人可以通过向法院提起诉讼的方式主张自己的权利。但实际上这样只是纸面上的权利，极大可能因为仲裁时拒不到庭或者中途退庭而被法院直接驳回。

人力资源和社会保障部《劳动人事争议仲裁办案规则》第 39 条规定，申请人收到书面开庭通知，无正当理由拒不到庭或者未经仲裁庭同意中途退庭的，可以按撤回仲裁申请处理；申请人重新申请仲裁的，仲裁委员会不予受理。被申请人收到书面开庭通知，无正当理由拒不到庭或者未经仲裁庭同意中途退庭的，仲裁庭可以继续开庭审理，并缺席裁决。

2015 年《全国民事审判工作会议纪要》关于劳动争议仲裁和诉讼的衔接问题第 55 条规定，当事人申请仲裁后，无正当理由拒不到庭或者未经仲裁庭同意中途退庭，劳动人事仲裁机构按照自动撤回仲裁处理后，该当事人又提起仲裁申请，劳动人事仲裁机构作出不予受理的决定或通知，当事人不服向人民法院起诉的，人民法院应予受理。人民法院经审查认为确属无正当理由拒不到庭或者未经仲裁庭同意中途退庭的，应当裁定驳回起诉。不过，因纪要非法定的裁判依据，也有法院未遵循。

4 仲裁开完庭以后，申请人才申请撤回，后又再以同一理由申请仲裁还会受理吗？

还会受理。人力资源社会保障部、最高人民法院联合印发的《关于劳动人事争议仲裁与诉讼衔接有关问题的意见（一）》（人社部发〔2022〕9 号）第 4 条明确规定，申请人撤回仲裁申请后向人民法院起诉的，人民法院应当裁定不予受理；已经受理的，应当裁定驳回起诉。申请人再次申请仲裁的，劳动人事争议仲裁委员会应当受理。此外，人力资源和社会保障部《劳动人事争议仲裁办案规则》第 35 条也对此作了明确的规定："仲裁处理结果作出前，申请人可以自行撤回仲裁申请。申请人再次申请仲裁的，仲裁委员会应当受理。"但这里要注意，根据《劳动人事争议仲裁办案规则》第 39 条"申请人收到书面开庭通知，无正当理由拒不到庭或者未经仲裁庭同意中途退庭的，可以按撤回仲裁申请处理；申请人重新申请仲裁的，仲裁委员会不予受理……"可知，自己撤回的可以，但拒不到庭未经同意退庭的，则诉权直接灭失了。

此外，原劳动部办公厅《关于已撤诉的劳动争议案件劳动争议仲裁委员会是否可以再受理的复函》（劳办发〔1997〕61 号）中也明确：根据《民事诉讼法》第111条第5项关于“对判决、裁定已发生法律效力的案件，当事人又起诉的，告知原告按申诉处理，但人民法院准许撤诉的裁定除外”的规定，最高人民法院《关于适用〈中华人民共和国民事诉讼法〉若干问题的意见》（法发〔1992〕22号）第144条明确规定：“当事人撤诉或人民法院按撤诉处理后，当事人以同一诉讼请求再次起诉的，人民法院应予受理。”据上述规定的精神，当事人撤诉或者劳动争议仲裁委员会按撤诉处理的案件，如当事人就同一仲裁请求再次申请仲裁，只要符合受理条件，劳动争议仲裁委员会应当再次立案审理，申请仲裁时效期间从撤诉之日起重新开始计算。

上述规定对于一些对劳动法律规则不熟悉的申请人有一定的意义，比如超过举证期后才发现诉求错了却又无法增加或变更仲裁请求时，就可运用该规则。

但需注意的是，因为各地在实践中，对于撤回如何处理的问题仍有不同的处理标准，因此申请人在撤回申请之前，应到仲裁立案处确认是否仍可重新申请仲裁，以免实体权利全部丧失。

5 劳动仲裁阶段申请财产保全，如何申请？

司法实践中对此的处理并不统一，按法律规定，应该是直接向法院申请，但最高人民法院规定，应向仲裁机构申请，而各地也有自己的规定，如广东也是规定向仲裁机构申请，再由仲裁机构决定是否向法院移交相关材料。

根据《民事诉讼法》第104条第1款的规定：“利害关系人因情况紧急，不立即申请保全将会使其合法权益受到难以弥补的损害的，可以在提起诉讼或者申请仲裁前向被保全财产所在地、被申请人住所地或者对案件有管辖权的人民法院申请采取保全措施。申请人应当提供担保，不提供担保的，裁定驳回申请。”

不过根据最高人民法院的规定，是应该向仲裁机构申请。最高人民法院《关于人民法院办理财产保全案件若干问题的规定》（法释〔2016〕22号）第

3条规定，仲裁过程中，当事人申请财产保全的，应当通过仲裁机构向人民法院提交申请书及仲裁案件受理通知书等相关材料。人民法院裁定采取保全措施或者裁定驳回申请的，应当将裁定书送达当事人，并通知仲裁机构。

广东省高级人民法院、广东省劳动人事争议仲裁委员会《关于劳动人事争议仲裁与诉讼衔接若干意见》（粤高法发〔2018〕2号）第22条规定：“仲裁过程中，用人单位可能出现逃匿、转移财产等情形的，劳动者应当通过仲裁机构向人民法院申请财产保全，仲裁机构在接到劳动者提交的申请后48小时内向被申请人住所地或被申请保全的财产所在地的基层人民法院移交保全申请书、财产线索清单、用人单位情况说明等相关材料。人民法院裁定采取保全措施或者裁定驳回申请的，应当将裁定书送达当事人，并通知仲裁机构。”

按广东省高级人民法院以往的规定，也是向法院申请。广东省高级人民法院、广东省劳动争议仲裁委员会《关于适用〈劳动争议调解仲裁法〉、〈劳动合同法〉若干问题的指导意见》（粤高法发〔2008〕13号，已废止，但仍是重要参考）第11条规定，劳动争议仲裁过程中，用人单位可能出现逃匿、转移财产等情形的，劳动者可以凭劳动争议仲裁委员会《受理通知书》向用人单位住所地人民法院提出财产保全申请。

虽然规则明确，但仲裁是否受理就不一定了，因为单位是否可能出现逃匿、转移财产等情形是由仲裁自主认定。

三、管　　辖

1 如果多个仲裁部门或法院都可以受理时，如何处理？

关于仲裁，有观点认为哪个仲裁先受理，哪个管辖，其实不一定。

原人力资源和社会保障部《劳动人事争议仲裁办案规则》第12条第3款规定，“多个仲裁委员会都有管辖权的，由先受理的仲裁委员会管辖”。但在

2017年人力资源和社会保障部发布的《劳动人事争议仲裁办案规则》第8条第2款规定中，已改为："双方当事人分别向劳动合同履行地和用人单位所在地的仲裁委员会申请仲裁的，由劳动合同履行地的仲裁委员会管辖。有多个劳动合同履行地的，由最先受理的仲裁委员会管辖。劳动合同履行地不明确的，由用人单位所在地的仲裁委员会管辖。"

这与《劳动争议调解仲裁法》第21条第2款"劳动争议由劳动合同履行地或者用人单位所在地的劳动争议仲裁委员会管辖。双方当事人分别向劳动合同履行地和用人单位所在地的劳动争议仲裁委员会申请仲裁的，由劳动合同履行地的劳动争议仲裁委员会管辖"不再冲突。

但在仲裁中适用的合同履行地优先管辖规则，在诉讼中则完全不适用。最高人民法院《关于审理劳动争议案件适用法律问题的解释（一）》第4条规定："劳动者与用人单位均不服劳动争议仲裁机构的同一裁决，向同一人民法院起诉的，人民法院应当并案审理，双方当事人互为原告和被告，对双方的诉讼请求，人民法院应当一并作出裁决。在诉讼过程中，一方当事人撤诉的，人民法院应当根据另一方当事人的诉讼请求继续审理。双方当事人就同一仲裁裁决分别向有管辖权的人民法院起诉的，后受理的人民法院应当将案件移送给先受理的人民法院。"

所以对于用人单位和用工所在地不同的案件，经常在一审发生抢管辖的情形，当事人拿到裁决书后，不管结果，立即向对自己有利的法院起诉。

四、答辩及举证

1 什么时候提起反申请？

不少人认为是15日内提起，这是错误的。15日是起诉和上诉的时间。反申请应在收到仲裁申请书副本后10日内（答辩期内）提出。依据见原人力资源和社会保障部《劳动人事争议仲裁办案规则》第33条第2款规定："被申请人收到仲裁申请书副本后，应当在十日内向仲裁委员会提交答辩书。仲裁委员会收到答辩书后，应当在五日内将答辩书副本送达申请人。被申请人逾期未提交答辩书的，不影响仲裁程序的进行。”第36条第1款规定：“被申请人可以在答辩期间提出反申请，仲裁委员会应当自收到被申请人反申请之日起五日内决定是否受理并通知被申请人。”

2 什么时候向仲裁机构举证，才是合法的？

原人力资源和社会保障部《劳动人事争议仲裁办案规则》第15条中规定：“承担举证责任的当事人应当在仲裁委员会指定的期限内提供有关证据……”什么时候提交证据由仲裁委规定。因此各地均有不同的标准，即便是同一个城市，各区之间也可能不同，所以要认真了解举证通知书中所载明的日期。

需要注意的是，有一些地方的仲裁机构所指定的时间不是具体的某天，其指定的时间是某天某时。至于快递也是不收的，必须当面提交，理由是避免寄快递备注内容和实际的内容不符的情形。

另外，关于举证时间，有工作日和自然日的区别，也要注意。

3 仲裁机构是否必须庭前把证据交给另一方？

原人力资源和社会保障部《劳动人事争议仲裁办案规则》第33条规定：“仲裁委员会受理仲裁申请后，应当在五日内将仲裁申请书副本送达被申请人……”在该规定中，并没有要求将证据一并交给被申请人。该规则第20条第3款规定：“仲裁文书的送达方式，本规则未规定的，仲裁委员会可以参照民事诉讼关于送达方式的有关规定执行。”不过《民事诉讼法》也没有明确的规定，所以仲裁机构并非必须把证据庭前交给另一方。

有一些地方的仲裁机构是仲裁庭开庭时才会把证据交给对方，理由是未经庭前核对的表述更真实，不会作假。但这却又带来新的问题，在代理人出庭时，因为新证据以及新证据所对应的事实未经向委托人求证，代理人多数并不清楚，无法当庭回应，如果庭后回应，同样存在仲裁机构所担心的问题。

五、庭　　审

1 不涉及国家和军事秘密的劳动仲裁案件，可否要求不公开审理?

有约定即可。原人力资源和社会保障部《劳动人事争议仲裁办案规则》第 25 条规定，在仲裁活动中涉及国家秘密或者军事秘密的，按照国家或者军队有关保密规定执行。当事人协议不公开或者涉及商业秘密和个人隐私的，经相关当事人书面申请，仲裁委员会应当不公开审理。

虽然双方在争议的过程中协议一致不公开的可能性较少，但用人单位可在劳动合同的条款中设计有关发生劳动争议不公开审理的内容，从规则上来看，这样是可以避免某一员工的案件在庭审时旁边有大量同单位的其他准备效仿的员工旁听的尴尬情形。

2 庭审过程中当事人突然要求仲裁员回避，案件需要中止审理吗?

在劳动仲裁中，关于回避的问题，大概有以下几个重要的规则。

（1）一般来讲，回避应当在开庭前提出，并说明理由，原人力资源和社会保障部《劳动人事争议仲裁办案规则》第 11 条中规定，当事人申请回避，应当在案件开庭审理前提出，并说明理由。

（2）但在庭审中也一样可以，只要在庭审辩论终结前都可以。但辩论终结后再提出的，不影响仲裁程序进行。上述规则第 11 条同时规定“回避事由在案件开庭审理后知晓的，也可以在庭审辩论终结前提出”“当事人在庭审辩论终结后提出回避申请的，不影响仲裁程序的进行”。

（3）接到回避申请后，3 日内作出决定，但不一定要书面，口头也可以。上述规则第 11 条同时规定“仲裁委员会应当在回避申请提出的三日内，以口头或者书面形式作出决定。以口头形式作出的，应当记入笔录”。

（4）根据规则，只要在法定的时间内依法提出回避申请，被申请的人就应当回避，即案件就可能停止审理。上述规则第 12 条第 2 款规定，在回避决定作出前，被申请回避的人员应当暂停参与该案处理，但因案件需要采取紧急措施的除外。

3 仲裁的庭审流程是先质证再调查吗？

有人认为，在庭审时应先进行质证，质证完后再由裁判者结合证据的证明内容进行庭审调查，感觉这样更加容易查明事实，但仲裁却是先调查再质证，导致很多代理人非常不理解。实际上，仲裁员这样做是有明确依据的，这在原人力资源和社会保障发布的《劳动人事争议仲裁办案规则》第 41 条中有明确的规定“开庭审理中，仲裁员应当听取申请人的陈述和被申请人的答辩，主持庭审调查、质证和辩论、征询当事人最后意见，并进行调解”。

4 关于庭审笔录，能否补正？不给补正怎么办？

在劳动仲裁中，发现自己所说与记录不一致，但是想补正仲裁员却不肯给补正时，怎么办？事实上，根据法律规则，出庭人员可以要求补正。《劳动争议调解仲裁法》第40条第1款规定："仲裁庭应当将开庭情况记入笔录。当事人和其他仲裁参加人认为对自己陈述的记录有遗漏或者差错的，有权申请补正。如果不予补正，应当记录该申请。"

六、终局裁决

1 哪些情形下可作终局的裁决?

《劳动争议调解仲裁法》第47条规定，下列劳动争议，除本法另有规定的外，仲裁裁决为终局裁决，裁决书自作出之日起发生法律效力：（1）追索劳动报酬、工伤医疗费、经济补偿或者赔偿金，不超过当地月最低工资标准12个月金额的争议；（2）因执行国家的劳动标准在工作时间、休息休假、社会保险等方面发生的争议。

《劳动人事争议仲裁办案规则》第50条第1款、第2款、第3款规定，仲裁庭裁决案件时，申请人根据《劳动争议调解仲裁法》第47条第1项规定，追索劳动报酬、工伤医疗费、经济补偿或者赔偿金，如果仲裁裁决涉及数项，对单项裁决数额不超过当地月最低工资标准12个月金额的事项，应当适用终局裁决。前款经济补偿包括《劳动合同法》规定的竞业限制期限内给予的经济补偿、解除或者终止劳动合同的经济补偿等；赔偿金包括《劳动合同法》规定的未签订书面劳动合同第二倍工资、违法约定试用期的赔偿金、违法解除或者终止劳动合同的赔偿金等。根据《劳动争议调解仲裁法》第47条第2项的规定，因执行国家的劳动标准在工作时间、休息休假、社会保险等方面发生的争议，应当适用终局裁决。

2 用人单位未申请撤销劳动争议终局裁决，承担连带责任的一方可否申请撤销终局裁决?

根据规则，撤销裁决的主体仅限于用人单位，如果用人单位不申请撤销，其他连带责任的主体怎么办？按法律规定，他们并无救济途径。

《劳动争议调解仲裁法》第 49 条规定，“用人单位有证据证明本法第四十七条规定的仲裁裁决有下列情形之一，可以自收到仲裁裁决书之日起三十日内向劳动争议仲裁委员会所在地中级人民法院申请撤销裁决……”明确限定了撤裁案件的申请人应为用人单位。但我们知道，劳动法律规定中，承担连带责任的主体很多，最典型的是劳务派遣，另外，还有挂靠、违法分包等用工主体，被认定承担责任的主体如不属于用人单位时，按照相应的规则是没有救济途径的。

3 终局裁决认定事实错误，用人单位可否以此为由申请撤销裁决?

根据终局裁决的规则，在用人单位可以申请撤销终局裁决的情形中包括各种类型，但对于最需要撤销的情形——事实认定错误，反而没有规定可以撤销，这是用人单位面对错误裁决时最难接受的情形。《劳动争议调解仲裁法》第 49 条第 1 款规定可撤销的情形如下：（1）适用法律、法规确有错误的；（2）劳动争议仲裁委员会无管辖权的；（3）违反法定程序的；（4）裁决所根据的证据是伪造的；（5）对方当事人隐瞒了足以影响公正裁决的证据的；（6）仲裁员在仲裁该案时有索贿受贿、徇私舞弊、枉法裁决行为的。

此外，最高人民法院《关于审理劳动争议案件适用法律问题的解释（一）》第 24 条也未将认定事实错误规定为不予执行的情形。这就导致了从规则上来看，用人单位面对事实认定错误且发生效力的裁判是无能为力的。

不过在司法实践中，基于公平的考虑，当地中级人民法院也可能会基于此而撤销。理由可以是法定的“对方当事人隐瞒了足以影响公正裁决的证据的”事由。

4 终局裁决适用的部委规章及地方政府规章错误，是否应当撤销？

没有法律依据。根据《劳动争议调解仲裁法》第49条的规定，仅适用法律、法规确有错误时才可以撤销，其与实践严重脱节，严重损害用人单位的利益。

相关人事政策、规章和规范性文件不属于法律、法规的范畴。当然，在理论上规章只是劳动人事争议仲裁机构在审理案件时作为的参照，并不能代替法律、法规的施行，但在实践中，大量的规章恰恰是裁决的根本标准，比如人力资源和社会保障部的《企业职工带薪年休假实施办法》《劳动人事争议仲裁办案规则》等，均是处理劳动争议案件的重要依据，如果因适用这些规定不当而作出相应错误裁决的，按法律规定，用人单位也是无法撤销的。

5 《劳动争议调解仲裁法》规定的终局裁决数额，会带来什么样的争议？

终局裁决数额标准不明，会导致同案不同判的结果。

最高人民法院《关于审理劳动争议案件适用法律问题的解释（一）》第19条规定，“仲裁裁决书未载明该裁决为终局裁决或者非终局裁决，劳动者依据调解仲裁法第四十七条第一项规定，追索劳动报酬、工伤医疗费、经济补偿或者赔偿金，如果仲裁裁决涉及数项，每项确定的数额均不超过当地月最低工资标准十二个月金额的，应当按照终局裁决处理”。根据该规定，终局裁决分项计算，但对于最低工资标准，依据的是用工所在地、用人所在地、仲裁或法院受理地等没有明确，此会导致裁判者难以适从。

6 为什么说“枉法裁决”可撤销终局裁决的规定，难以适用？

按照仲裁裁决的规定，用人单位对于认定事实错误的不能撤销，但又规定，仲裁存在“仲裁员在仲裁该案时有索贿受贿、徇私舞弊、枉法裁决行为的”，可以申请撤销，笔者认为，在现时的司法环境下，对于劳动争议存在索贿受贿、徇私舞弊的可能性不大，但是否可以存在“枉法裁决行为”为由解除劳动合同似有相应的希望，但实际上，根据我国《刑法》第399条之一“依法承担仲裁职责的人员，在仲裁活动中故意违背事实和法律作枉法裁决，情节严重的，处三年以下有期徒刑或者拘役；情节特别严重的，处三年以上七年以下有期徒刑”可知，所谓的枉法裁决，需要存在故意违背事实和法律的主观情形下，才可认定属于枉法裁决，“具体而言包括以下三种情况：一是对有确实、充分证据证明的事实不予以认定；二是对证据不确实、不充分的事实予以认定；三是伪造、毁灭证据”，而对于仲裁员并无故意的粗心行为，明显是被排除在外的。当然，即便不论是否有刑法的明确排除，但根据罚过相当的原则，无主观故意的错误裁决，也明显不属于该种情形，所以认定需要枉法仲裁才可撤销，不够合理。

7 劳动争议除了终局裁决以外，可否一审终审？

可以。对于劳动关系清楚，且相应的赔偿仅是给付数额和时长存在争议的小额（单项请求为省、自治区、直辖市年平均工资的30%以下）争议，可一审终审。

《民事诉讼法》第165条第1款规定："基层人民法院和它派出的法庭审理符合本法第一百五十七条第一款规定的简单的民事案件，标的额为各省、自治区、直辖市上年度就业人员年平均工资百分之三十以下的，实行一审终审。"

8 申请人的裁决同时涉及终局及非终局时，是否出具两份不同的裁决书？

如果按规定，应该分别出具。原人力资源和社会保障部《劳动人事争议仲裁办案规则》第50条第4款规定："仲裁庭裁决案件时，裁决内容同时涉及终局裁决和非终局裁决的，应当分别制作裁决书，并告知当事人相应的救济权利。"但上述规定在实践中却带来极大的争议，如终局裁决中认定的事实，却在一方对另一份可起诉的非终局裁决起诉后，经法院审判后所否定。此于裁判的权威是极大的伤害，也带来很多争议，所以很多劳动仲裁机构变通执行。人力资源社会保障部、最高人民法院《关于劳动人事争议仲裁与诉讼衔接有关问题的意见（一）》（人社部发〔2022〕9号）第11条规定"裁决事项涉及确认劳动关系的，劳动人事争议仲裁委员会就同一案件应当作出非终局裁决"。涉及劳动关系的，也要对同一案件作非终局裁决。

例如，广东省高级人民法院、广东省劳动人事争议仲裁委员会《关于劳动人事争议仲裁与诉讼衔接若干意见》（粤高法发〔2018〕2号）第23条规定，"申请人的仲裁请求同时涉及终局裁决事项和非终局裁决事项的，仲裁机构在同一份裁决书中分别列明终局裁决事项和非终局裁决事项，并分别告知权利救济途径，视为已分别制作仲裁裁决书"。

广州市劳动人事争议仲裁的实践中，只要有非终局的裁判项，一般都作非终局的裁决。

另外，深圳市劳动人事争议仲裁院《2011年全市劳动人事争议疑难问题研讨会纪要》第10条规定，被申请人在规定时限内就本申请提出反申请的，仲裁机构在审理时应按同一案号将反申请与本申请合并审理。仲裁裁决同时包含终局裁决事项和非终局裁决事项的，作非终局裁决处理。

深圳市《2017 年劳动人事争议疑难问题研讨会会议纪要》第 4 条规定，仲裁庭裁决案件时，裁决内容同时涉及终局裁决和非终局裁决事项的，应当分别制作裁决书，并告知当事人相应的救济权利。但终局裁决和非终局裁决事项存在密切关联性，分别制作裁决书可能影响当事人实体权利的除外。相比较而言，后面的规定既合理也在一定程度上符合《劳动人事争议仲裁办案规则》第 50 条第 4 款的规定。

9 劳动者追索劳动报酬、经济补偿等劳动仲裁案件中，适用终局裁决的标准应当是以劳动者申请的数额为准还是以裁决确定的数额为准？

以裁决确定的数额为准。首先，司法实践中，最高人民法院观点认为，适用终局裁决的数额标准应以裁决确定的数额为准。最高人民法院在《对最高人民法院〈关于审理劳动争议案件适用法律若干问题的解释〉中“当地月最低工资标准”问题的回复》明确：“我们认为，当劳动者依据《劳动争议调解仲裁法》第 47 条追索劳动报酬、经济补偿、工伤医疗费或者赔偿金，申请仲裁的数额与仲裁裁决的数额不一致的，应当以仲裁裁决的数额为准。”其次，人力资源和社会保障部发布的部门规章明确，关于适用终局裁决的数额标准应以裁决确定的数额为准。原人力资源和社会保障部《劳动人事争议仲裁办案规则》第 50 条第 1 款规定，仲裁庭裁决案件时，申请人根据《劳动争议调解仲裁法》第 47 条第 1 项规定，追索劳动报酬、工伤医疗费、经济补偿或者赔偿金，如果仲裁裁决涉及数项，对单项裁决数额不超过当地月最低工资标准 12 个月金额的事项，应当适用终局裁决。

10 涉及社保待遇问题，如工伤赔偿，不管金额多大，都是终局裁决吗?

各地司法实践不同，不过就广东而言，这个问题本来没有争议，但新规定的公布却带来了争议和混乱，劳动者或家属在申请仲裁时，需要有技巧才能快速获得赔偿。根据《劳动争议调解仲裁法》第 47 条第 2 项的规定："因执行国家的劳动标准在工作时间、休息休假、社会保险等方面发生的争议。"这些都是终局裁决，以广东[①]和广州[②]为例，对此也有明确规定。最典型和广为人知的是工亡待遇，即便是百万以上的金额也是终局裁决。

人力资源和社会保障部、最高人民法院《关于劳动人事争议仲裁与诉讼衔接有关问题的意见（一)》（人社部发〔2022〕9 号）第 10 条规定："仲裁裁决涉及下列事项，对单项裁决金额不超过当地月最低工资标准十二个月金额的，劳动人事争议仲裁委员会应当适用终局裁决：……（四）工伤医疗费；……"这个规定给司法实践带来了混乱，明确了超过 12 个月就不是终局，且排除了工伤的其他项目为终局的可能性。据了解，目前广州一些仲裁处理的原则是如果涉及工伤赔偿时，其中的工伤医疗费用超过标准的，则全

---

① 广东省高级人民法院、广东省劳动争议仲裁委员会《关于适用〈劳动争议调解仲裁法〉、〈劳动合同法〉若干问题的指导意见》（粤高法发〔2008〕13 号，已废止，但仍是重要参考）第 9 条规定，《劳动争议调解仲裁法》第 47 条应作如下理解：（1）劳动者追索劳动报酬、工伤医疗费、经济补偿金或赔偿金，其仲裁请求涉及数项，分项计算数额不超过当地最低工资标准 12 个月金额的，仲裁裁决为终局裁决；（2）劳动者要求按国家法定标准执行工作时间、享受休息休假的争议，以及劳动者与用人单位发生本意见第 2 条规定的社会保险争议，仲裁裁决为终局裁决。

广东省高级人民法院、广东省劳动人事争议仲裁委员会《关于审理劳动人事争议案件若干问题的座谈会纪要》（粤高法〔2012〕284 号，已废止，但仍是重要参考）第 37 条第 2 款规定，劳动者请求用人单位支付工伤保险待遇，属于《劳动争议调解仲裁法》第 47 条第 2 项规定的因执行国家的劳动标准在社会保险方面发生的争议，劳动人事仲裁机构对此作出的仲裁裁决为终局裁决。

② 广州市劳动人事争议仲裁院一裁终局案件适用规定（穗劳人仲发〔2018〕27 号）第 4 条第 1 款规定，以下劳动争议属于《劳动争议调解仲裁法》第 47 条第 2 项规定的终局裁决项目：（1）工伤保险待遇类，包括停工留薪期工资、一次性伤残补助金、一次性伤残就业补助金、一次性工伤医疗补助金、伤残津贴、工伤医疗费、住院伙食费、护理费、劳动能力鉴定费、丧葬补助金、供养亲属抚恤金、一次性工亡补助金、辅助器具费用等项目。

部不能终局。

如果申请人希望部分诉求尽快获得生效的裁决的，可对终局及非终局事项分开仲裁。

11 劳资双方的调解协议可否申请法院作司法确认？

可以申请司法确认。根据《民事诉讼法》第205条的规定，经依法设立的调解组织调解达成调解协议，申请司法确认的，由双方当事人自调解协议生效之日起30日内，共同向下列人民法院提出：（1）人民法院邀请调解组织开展先行调解的，向作出邀请的人民法院提出；（2）调解组织自行开展调解的，向当事人住所地、标的物所在地、调解组织所在地的基层人民法院提出；调解协议所涉纠纷应当由中级人民法院管辖的，向相应的中级人民法院提出。

以广东为例，对此也有明确的规定。根据广东省高级人民法院、广东省人力资源和社会保障厅、广东省总工会、广东省工商业联合会、广东省企业联合会《关于进一步加强调裁诉衔接多元化解劳资纠纷的意见》、广东省高级人民法院《关于非诉讼调解协议司法确认的指导意见》的规定，劳动争议纠纷在非诉讼调解组织主持下达成调解协议后，当事人可向有管辖权的人民法院申请确认调解协议效力，人民法院依法审查后对符合条件的可出具民事调解书予以确认。

至于依法成立的劳动争议调解组织，根据《劳动争议调解仲裁法》第10条第1款的规定，包括以下机构：（1）企业劳动争议调解委员会；（2）依法设立的基层人民调解组织；（3）在乡镇、街道设立的具有劳动争议调解职能的组织。

需要注意的是，上述的调解组织，不包括仲裁委员会，如果是仲裁委员会所作的调解，就具有执行力，无须再作司法确认。

七、一　　审

1 劳动争议，一审时撤回起诉，还能再起诉吗？原裁决效力如何？

在仲裁或一审时，申请人或原告可能对于申请仲裁或起诉后的诉求内容甚至庭审表现不大满意，或基于其他原因，有可能会主动撤回申请或起诉，按照法律规则，对于仲裁阶段而言，在仲裁处理结果作出前，申请人可以自行撤回仲裁申请。撤回后申请人再次申请仲裁的，仲裁委员会应当受理。但对于一审而言，原告申请撤诉的，其法律后果完全不同，具体如下：

（1）原告不能再起诉。2015 年《全国民事审判工作会议纪要》第 58 条规定，当事人不服劳动人事仲裁机构作出的仲裁裁决或不予受理裁决、决定或通知向人民法院起诉后，撤回起诉或被人民法院按撤诉处理的，当事人又提起诉讼的，人民法院不予受理，已经受理的，裁定驳回起诉。

（2）原仲裁裁决自裁定送达之日起发生法律效力。最高人民法院《关于人民法院对经劳动争议仲裁裁决的纠纷准予撤诉或驳回起诉后劳动争议仲裁裁决从何时起生效的解释》（法释〔2000〕18 号）第 1 条规定，当事人不服劳动争议仲裁裁决向人民法院起诉后又申请撤诉，经人民法院审查准予撤诉的，原仲裁裁决自人民法院裁定送达当事人之日起发生法律效力。

（3）权威观点

人民法院出版社 2021 年出版的最高人民法院民事审判第一庭编著的《最高人民法院新劳动争议司法解释（一）理解与适用》也与上述两规定的观点一致。

八、执　　行

1 劳动者向劳动仲裁所在地法院申请强制执行会受理吗？

看情形。申请执行应该向被执行人住所地或被执行财产所在地基层人民法院申请。如果仲裁委员会不在这两个地方，不应受理。

《民事诉讼法》第235条规定："发生法律效力的民事判决、裁定，以及刑事判决、裁定中的财产部分，由第一审人民法院或者与第一审人民法院同级的被执行的财产所在地人民法院执行。法律规定由人民法院执行的其他法律文书，由被执行人住所地或者被执行的财产所在地人民法院执行。"

以广东省高级人民法院的规定为例。广东省高级人民法院、广东省劳动人事争议仲裁委员会《关于劳动人事争议仲裁与诉讼衔接若干意见》（粤高法发〔2018〕2号）第21条第2款对此明确规定"生效仲裁裁决书或调解书，申请人应向被执行人住所地或被执行财产所在地基层人民法院申请执行"。

2 劳动者能否追加有限责任公司的股东为被执行人并采取限制消费措施？

（1）最高人民法院《关于民事执行中变更、追加当事人若干问题的规定》对于可追加的情形作出了相应的规定，一般在于股东履行出资义务存在瑕疵①、

① 第17条规定："作为被执行人的营利法人，财产不足以清偿生效法律文书确定的债务，申请执行人申请变更、追加未缴纳或未足额缴纳出资的股东、出资人或依公司法规定对该出资承担连带责任的发起人为被执行人，在尚未缴纳出资的范围内依法承担责任的，人民法院应予支持。"第19条规定："作为被执行人的公司，财产不足以清偿生效法律文书确定的债务，其股东未依法履行出资义务即转让股权，申请执行人申请变更、追加该原股东或依公司法规定对该出资承担连带责任的发起人为被执行人，在未依法出资的范围内承担责任的，人民法院应予支持。"

抽逃出资①、一人股东不能证明公司资产独立性②、违反注销程序③以及无偿接受原单位资产情形。④

（2）针对股东采取限制消费措施的问题由于法律规则不明，故实践中存在争议。法律规则不明，以广东省高级人民法院的规定为例。在《关于限制消费及纳入失信被执行人名单工作若干问题的解答》中明确："如何认定《限消规定》第三条中单位被执行人的'影响债务履行的直接责任人员'？答：1. 影响债务履行的直接责任人员，是指虽不具有法定代表人、主要负责人等特定身份，但能够通过其行为（包括作为和不作为），直接对单位的实际经营活动产生重要影响的人。2. 人民法院确定影响债务履行的直接责任人员时应当根据相关人员的身份、行为性质、影响和后果综合判断。可重点审查原法定代表人、股东（尤其是控股股东）、董事、监事、高级管理人员等。高级管理人员包括经理、副经理、财务负责人，上市公司董事会秘书和章程规定的其他重要人员。"

据此，如果股东不作为，也可能构成过错行为。但根据该规定，其主要的规制对象是"直接责任人员"，特指的应是人而非经营主体。因此，公司作为股东的，应不属于可规制人员的范围。

---

① 第18条规定："作为被执行人的营利法人，财产不足以清偿生效法律文书确定的债务，申请执行人申请变更、追加抽逃出资的股东、出资人为被执行人，在抽逃出资的范围内承担责任的，人民法院应予支持。"

② 第20条规定："作为被执行人的一人有限责任公司，财产不足以清偿生效法律文书确定的债务，股东不能证明公司财产独立于自己的财产，申请执行人申请变更、追加该股东为被执行人，对公司债务承担连带责任的，人民法院应予支持。"

③ 第21条规定："作为被执行人的公司，未经清算即办理注销登记，导致公司无法进行清算，申请执行人申请变更、追加有限责任公司的股东、股份有限公司的董事和控股股东为被执行人，对公司债务承担连带清偿责任的，人民法院应予支持。"

④ 第22条规定："作为被执行人的法人或非法人组织，被注销或出现被吊销营业执照、被撤销、被责令关闭、歇业等解散事由后，其股东、出资人或主管部门无偿接受其财产，致使该被执行人无遗留财产或遗留财产不足以清偿债务，申请执行人申请变更、追加该股东、出资人或主管部门为被执行人，在接受的财产范围内承担责任的，人民法院应予支持。"